박정희 시대와 파독 한인들

이 도서는 조은문화재단의 지원을 받아 간행되었습니다.

박정희 시대와 파독 한인들

초판 1쇄 발행 2013년 4월 30일
초판 2쇄 발행 2014년 7월 10일

엮은이 정성화
펴낸이 윤관백
펴낸곳 선인

등록 제5-77호(1998.11.4)
주소 서울시 마포구 마포동 324-1 곶마루 B/D 1층
전화 02)718-6252 / 6257   팩스 02)718-6253
E-mail sunin72@chol.com

정가 · 22,000원
ISBN 978-89-5933-618-0 94900
ISBN 978-89-5933-333-2 (세트)

· 저자와 협의에 의해 인지를 생략합니다.
· 잘못된 책은 바꿔 드립니다.

박정희 시대와 파독 한인들

정성화 엮음

책을 내면서

　1950년대 후반부터 1970년대까지 진행된 광부와 간호여성들의 파독은 한국전쟁 이후 국가주도로 한국인의 활동 범위를 국제적으로 확장한 최초이자 대표적인 사례로 한국의 산업화 과정을 상징적으로 보여준다. 독일에 파견된 한인들의 활동은 개인적으로는 자신의 삶을 개척한 활동이자, 근면한 한국인의 이미지를 구체적인 구성원들의 활동을 통해 제고한 대표적이고 극적인 사례이다.
　광부·간호여성 파독은 애초 단기간의 노동이주가 목적이었으나 상당수의 파견 노동자들이 귀국하지 않고 현지 교민으로 장기 체류를 하거나 재이주를 선택하여 독일 인접 유럽국가나 미국, 캐나다, 브라질, 오스트레일리아에 이르기까지 한국전쟁이 이후 형성된 해외 한인 디아스포라의 시발점이 되기도 했다. 특히 올해는 노동자 파독 50주년이 되는 해로 국내와 독일 현지 교민사회에서도 다양한 기념행사가 진행되고, 관련된 연구사업도 진행되고 있다.
　현재 광부·간호여성 파독 관련 자료는 어느 정도 정리되어 있다.

'진실과 화해를 위한 과거사정리위원회'에서 한국과 독일의 정부 차원에서 생산된 기록을 수집한 바 있으며, 파독 과정에 관여했던 인사나 파독 노동 경험자들의 회고기 등이 적지 않은 것도 사실이다. 그러나 과거사위원회에서 수집한 자료는 국가기록원에 소장되어 있으면서도, 아직 연구자들에게 열람이 허용되지 않고 있는 상태이고, 적지 않은 회고기 등에는 이른바 '임금담보설'과 같이 신뢰하기 어려운 이야기가 많이 포함되어 있다. 문제는 이와 같이 신화화된 이야기가 유통되고, 일종의 집단기억 형태로 많은 사람들, 심지어는 연구자들에게까지 영향을 준다는 것이다. 광부·간호여성 파독은 이제 중요한 한국현대사의 한 사건으로 자리 잡았다. 이와 같은 역사적 사실을 다각도로, 심층적으로 연구하는 것은 미룰 수 없는 일이다.

명지대학교 국제한국학연구소에서는 2012년부터 2013년 초까지 총 9회에 걸쳐 '박정희 시대와 파독한인들'을 주제로 포럼을 진행했다. 포럼에는 독일 파견 노동을 경험했던 분들과 관련 연구자가 초청되어 2편의 연구논문 발표가 이루어졌고, 총 15시간의 인터뷰를 진행했다. 그 과정에서 우리는 광부·간호여성의 파독 과정과 현지에서의 생활, 또 귀국하거나 현지에 정착한 한인들의 삶을 확인할 수 있었다. 이는 애초 포럼을 기획하면서 연구소에서 던졌던 "광부·간호여성 파독은 한국 현대사에서 어떤 의미를 지니는가? 그리고 그것은 정책의 대상자였던 파독 광부·간호여성들의 삶에 어떤 의미가 되었는가?"라는 질문에 대략적인 답을 얻는 과정이었다.

이 책은 그 결과물을 정리하여 엮은 것이다. 특히 당시 파독 노동자 생활을 경험했던 분들의 삶을 살펴볼 수 있는 7회의 인터뷰는 광부·간호여성 파독을 새로운 관점에서 재조명할 수 있는 계기가 될 것으로 기대한다. 역사적 사건을 하위주체의 시선과 삶을 통해 살펴보는 일은 역사를 개개인의 삶에 밀착시키는 일이자, 역사의 의미화 과정이기 때문이다. 이는 대규모 아시아계 이주자들을 맞이하면서 점차 다문화사회로 접어들고 있는 한국 사회에도 시사하는 바가 클 것이다. 예를 들면, 구술에 응해주신 분들에게서 들을 수 있었던 독일 현지에서의 노동과정과 생활환경을 통해서 우리는 부분적으로나마 1960~70년대 독일 사회가 보여준 이주노동자들에 대한 태도와 입장을 확인할 수 있었으며, 이는 다시 현재 한국사회가 당면하고 있는 상황을 객관적으로 살펴보는 계기가 될 수 있기 때문이다. 조금 더 확대해석하자면, 소박하게 구성된 이 책을 통해서도 우리는 한국현대사가 우리의 국경범위 내에 놓인 단순한 지역사가 아니라, 국경과 지역을 넘나드는 분산과 재회의 역사라는 점을 확인할 수 있다.

  소박한 책이지만 이 책이 세상에 나올 수 있도록 도움을 주신 분들은 많다. 바쁘신 중에도 자신의 연구결과를 글로 정리해 주신 이영조, 이옥남, 나혜심 선생님께 감사드린다. 또 자신의 이야기를 전해주신 파독광부간호사간호조무사협회 김태우 회장님, 권이종·황보수자·윤기복 부회장님. 멀리 베를린에서 사명감을 가지고 한인들의 말년을 동행하고 계신 동행호스피스 김인선 회장님, 또 오종식 선생님께는 뭐라 감사드려야 할지 모르겠다. 이분들 모두 자신의 이야기를 전해주시는 동안 눈물을 보이시기도 했는데, 이는 우리의 역사와 삶이 달려온 궤적을 상징적으로 보여주는 장면이었다. 특히 책이 나오기 전에 듣게 된 김태우 회장님의 부음은 착잡한 감정을 참기 어려운 일이었다. 이 자리를 빌려 다시 삼가 선생님의 명복을 빈다.

  명지대 국제한국학연구소 식구들에게도 고마운 마음을 전하고 싶다. 각기 다른 분야의 연구자들이면서도 늘 포럼을 함께 기획하고 진행하고 있는 조영재, 손동유, 김택호, 김상민 네 분의 연구교수님들께 감사드린다. 국제한국학연구소가 즐거운 공동체가 될 수 있었던 데에는 이 네 분의 공이 크다는 것을 알고 있다. 포럼 진행을 위해 궂은일을 맡아야 했던 김하나 연구원과 권용찬, 송영랑 연구원에게도 이 자리를 빌려 감사를 표하고 싶다. 좋지 않은 영상과 음성 상태에도 불구하고 늘 정확하고 성실하게 인터뷰를 녹취해주시는 조성희 선생님께도 감사드린다. 또한 이 책의 산파이신 도서출판 선인의 윤관백 대표님과 직원 여러분께도 감사한 마음을 잊지 않고 있다는 말을 전하고 싶다. 마지막으로 국제한국학연구소 정기학술포럼을 지원해주시는 조은문화재단과 김승남 이사장께도 감사의 뜻을 전한다.

  이 책은 하나의 작은 결과물이면서 동시에 시작이기도 하다. 국제한국학연구소에서는 앞으로도 광부·간호여성의 삶과 관련된 연구를 지속할 것이며, 타 지역으로의 한인 이주사로까지 연구 영역을 확장할 것이다. 그리고 그 과정을 많은 이들과 공유할 수 있는 방법도 모색할 것이다. 이런 우리의 계획을 많은 분들이 응원해 주었으면 좋겠다는 바람을 고백하면서 엮은이의 말을 정리한다.

2013년 4월

엮은이 정성화

목 차

책을 내면서 ·· 5

제1부 연구

- 한인 간호여성의 독일이주사와 그 역사적 의미 / 나혜심 ···· 13
- 1960년대 초 서독의 대한 상업차관에 대한 파독근로자의
  임금 담보설의 진실 / 이영조·이옥남 ························· 27

제2부 구술

- 김태우 ··· 53
- 황보수자 ··· 93
- 권이종 ·· 137
- 김인선 ·· 175
- 오종식 ·· 215
- 윤기복 ·· 241

｜일러두기｜

1. 이 책은 명지대학교 국제한국학연구소 정기학술포럼에서 이루어진 박정희 시대 체험자들의 증언을 모은 것이다.

2. 1부 연구에 수록된 두 논문은 각기 필자가 선택한 주 활용방식을 그대로 두었다. 각기 다른 연구 분야의 연구자들이 사용한 글 형식을 인위적으로 조정하지 않겠다는 판단이었다.

3. 2부 구술의 수록 차례는 구술이 이루어졌던 시간 순이다.

4. 구술의 표기는 구어를 최대한 살리는 것을 목표로 하였다. 다만 독자의 편의를 위하여, 지나치게 긴 문장이나 애매한 일부 표현을 교정했으며, 필요한 경우 주석을 붙였다.

5. 구술자의 약력은 구술 내용에 상세하게 드러나고 있는 바, 따로 분리하여 정리하지는 않았다.

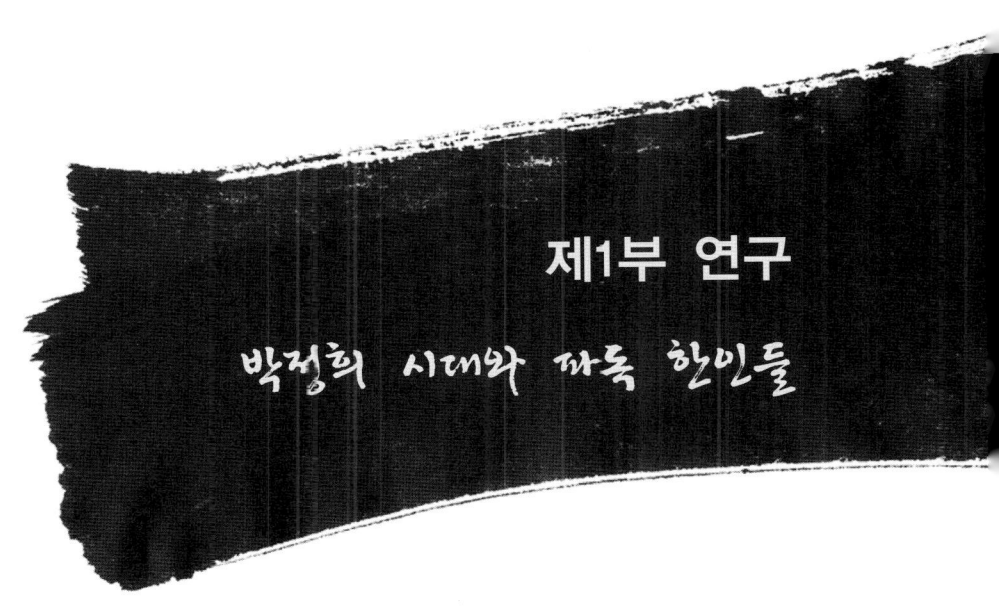

제1부 연구

박정희 시대와 파독 한인들

나혜심 | 한인 간호여성의 독일이주사와 그 역사적 의미

이영조·이옥남 | 1960년대 초 서독의 대한 상업차관에
대한 파독근로자의 임금 담보설의 진실

한인 간호여성의 독일이주사와 그 역사적 의미

나 혜 심

성균관대학교 인문과학연구원 연구교수

> I. 머리말
> II. 한인간호여성의 독일이주사
>   1. 한인간호여성 독일이주의 배경
>   2. 한인간호여성 독일이주의 역사
>   3. 그들의 노동
> III. 한인간호여성의 독일이주사가 갖는 의미
>   1. 한국과 독일 양국 현대사로서의 한인간호여성의 이주역사
>   2. 삶을 개척하기 위한 이주노동
> IV. 맺음말

I. 머리말

오늘날 한국사회에서 이주노동자라는 말은 '한국인들이 별로 선호하지 않는 고되고, 저임금이며 상대적으로 열악한 환경에서 장시간의 노동을 하는 외국인노동자'로 받아들여진다. 그러나 우리에게도 다른 나라로 이주노동자를 보낸 시기가 있다. 1960년대와 1970년대 독일, 중

동지방으로 보냈던 이들이다. 1962년 해외이주법이 제정되고 1965년 한국해외개발공사가 만들어지면서 우리에게 필요한 외화를 벌어들이는 유일한 수단이 해외노동이라고 판단하고 있던 시기에 그러했다. 이 글에서는 독일로 이주노동을 갔던 한인 중 특히 간호여성에 대해서 이야기 하고자 한다. 소위 파독한인으로 불리는 그들은 1960년대와 1970년대에 가난한 한국에 외화를 벌어다주었던 이들이라는 평가를 받으면서 시기를 뛰어넘어 현대사적인 의미를 부여받고 있는 이들 중 일부이다. 다른 이들이란 간호여성들과 비슷한 시기에 독일로 갔던 광부들을 의미함은 물론이다. 한국경제의 발전을 위하여 그들이 희생하였고 한국의 오늘날은 그들의 희생 위에 있다는 의식이 오늘날 우리의 인식 속에 있으며 그런 이유에서 우리에게는 은연중에 그들에 대한 부채의식이 있다.

이 글은 크게 두 부분으로 나누어진다. 하나는 한인 간호여성의 파독사와 관련된 것이다. 그리고 다른 하나는 그들의 이주와 노동에 대한 역사적 의미를 점검하는 것이다.

II. 한인간호여성의 독일이주사

1. 한인간호여성 독일이주의 배경

2차 대전 후 독일은 분단되면서 서독과 동독 각기 자본주의권과 사회주의권의 지원을 받으며 전후복구의 시대를 지나게 된다. 그 과정에서 서독은 1950년대 중반에 이르면 유례없는 경제적 호황을 맞이하면서 산업 분야에 따라서 극심한 노동력 부족 현상을 겪게 된다. 이런 노동력 부족은 외국인의 국내 취업허용을 통해서 해결하게 되는데 이들이 취업하는 분야는 대부분 단순한 육체노동을 요구하는 제조업이나 건설 분야 등이다. 원칙적으로는 주로 남유럽이거나 유럽근방 국가들로부터 인력이 유입되도록 하였지만 분야에 따라서는 그 영역을 넘어서 노동력을 구해야 할 상황에 이르기도 했다. 그래서 아주 원거리에 있는 한국도 독일에 노동력을 보내게 된 나라 중 하나가 되었다. 한국에서 갔던 이주노동자들은 주로 광산과 병원, 결핵요양원, 양로원 등에서 근무할 대상들이었으며 그 이외에 양말공장이나 초콜릿 공장 등에 기술실습생 명분으로 가게 되기도 했다. 이 중 여성들은 주로 간호업과 관련된 분야, 그리고 의류공장 등에 실습성 형식으로 갔다.

한국사회의 경우, 한국전쟁 이후 고단한 복구과정과 군사 쿠데타, 그리고 국가주도의 경제발전 속에서 외국으로부터 외화유입이 필요했던 것이 그 배경 중의 하나이다. 특히 1950년대 말 미국의 경제적 상황의 어려움은 쿠데타로 정권을 잡은 박정희 정권에 대한 부정적인 인식과 겹치면서 한국에 대한 물적지원의 지속의 어려움을 밝혔던 것도 동기가 된다. 이런 상황에서 한국정부는 유럽으로 방향을 틀어 차관교섭을 위한 외교활동을 하게 된다. 그리고 독일로부터 차관과 기술지원을 받게 되었다. 사회적으로는 전후의 경제적 어려움에 이은 급속한 산업화의 시도 속에서 젊은이들에게 교육과 취업의 기회가 좀처럼 주어지지 않았던 점, 그리고 가족 내에서 종종 차별적인 대우를 받으면서 도시로 나가 가족의 경제에 보탬이 되거나 남자형제의 교육을 지원하여야 했던 많은 여성들의 상황을 변화시키고자 하던 의도가 다른 한 편의 동기로 작용하였다. 이와 같은 한국 내의 국가적, 개인적인 상황은 앞서 언급 했던 독일의 상황과 서로 맞물리면서 당시로서는 25~30시간이 걸리는 비행거리를 사이에 둔 나라 사이의 이주노동이 이루어졌던 것이다. 기실 한국여성들이 독일로 고용되게 된 상황은 한국과 독일 사이에서만 일어난 일도 아니며 외국인 노동자를 고용한 것은 당시 서유럽 선진

자본주의 국가들의 일반적인 상황이었기 때문에 이를 만들게 되었던 국제적인 관계도 이러한 이주노동을 가능하게 한 요인이다.

이런 배경 속에서 실제로 이주고용이 성사되게 된 경위에 대해서 우리 사회에 널리 퍼져있는 설이 있다. 최근에 〈진실·화해를위한과거사정리위원회〉의 보고서나 몇 몇 역사연구 결과들 속에서 이 이야기는 사실이 아니며 따라서 수정되어야 할 내용이라는 것이 분명해졌음에도 불구하고 지속적으로 언급되고 전달되고 있는 상황이어서 우선적으로 이 부분에 대해서 언급하는 것이 필요할 것 같다. 그 설이란 한국인 간호여성의 경우뿐만 아니라 독일로 갔던 한인 광부의 경우를 포함한 한인 독일이주고용의 성사가 독일 측이 한국에 제공하였던 차관을 위한 교섭과정에서 일종의 성과물로 획득된 기회라는 주장을 의미한다. 이 주장에 의하면 한인 이주노동자들의 노동과 체류, 그리고 그들의 임금이 독일이 한국에 제공하기로 한 차관에 대한 담보였다는 것이다. 결국 그 담보설은 그들의 고용계약이 일종의 노예계약이라는 루머로 이어져 심지어 죽기 전에는 계약기간 중에는 한국으로 돌아갈 수 없었다는 이야기까지 퍼져나갔다. 이는 『아우토반에 뿌린 눈물』(한국산업개발연구원, 1997), 『한강에 흐르는 라인강의 기적』(한국산업개발연구원, 2001)을 썼던 백영훈 박사에서 비롯되는 것으로 알려지고 있다. 그러나 명백하게 이는 사실과 다르다. 아직 광부의 파독에 대한 역사가 자료를 기초로 정리되지 않았기 때문에 여기서 파독인력 전체의 역사와 관련해서 이야기 하기는 이르지만 적어도 간호여성의 경우만 해도 그의 언급은 사실과 부합하지 않는다. 하지만 유감스럽게도 이 설은 박정희 정권이 '현대사에서 만든 경제적 기적의 성과'를 부각시키는 글과 함께 계속 반복되어서 언급되고 있으며 그 시기의 "성과"에 대해 비판적으로 평가하는 이들 조차도 그 설을 수용하고 있는 상황이다. 이는 전적으로 독일로 보냈던 인력고용의 역사를 제대로 연구하고 정립하지 못한 역사학자들에게 원인이 있다. 그러나 무엇보다도 중요한 것은 차관과 관련된 성과나 차관을 위한 담보설은 사실이 아니며 독일과 한국, 그리고 더 나아가 냉전시기 세계의 질서 속에서 만들어진 노동이주의 역사의 하나였다는 점을 인식하는 것이 우선적으로 필요하다.

2. 한인간호여성 독일이주의 역사

이들의 역사에 들어가기 전에 우선 언급해야 할 것이 있다. 간호사 대신에 간호여성이라는 명칭을 사용한다는 것이다. 그 이유 중 하나는 한인 간호여성의 역사를 시기적으로 좀 더 확장하여 '간호'라는 일로 갔던 한국여성을 좀 더 많이 포함하기 위해서이다. 단약 간호사라는 명칭을 그대로 사용하면 이들의 역사는 개인적인 몇 몇 경우를 제외하고는, 1966년경, 이수길 박사와 이종수 박사의 중재에 의한 건이 그 역사의 시작이 된다. 하지만 발표자가 주목하는 간호여성의 역사는 좀 더 시기가 거슬러 올라가 1950년대 말부터 시작된다. 다른 하나의 이유는 그들의 노동이 갖고 있는 의미를 확장하고 독일이 이주노동을 통하여 해결하려했던 문제를 간호여성의 이주사를 통하여 좀 더 드러내기 위해서이다. 당시 간호를 위해 갔던 여성의 일은 우리가 생각하는 간호가 아니라 간병을 포괄하는 좀 더 넓은 범위의 것이었다. 이런 전제하에서 한인 간호여성의 역사를 다음의 세 단계로 나누어서 이야기 하겠다.

첫 번째 단계는 1950년대 말부터 1966년까지의 시기이다. 그 이전시기에도 한인들이 소수이지만 다양한 이유에 의해 독일로 갔지만 간호일을 명분으로 한 이주노동이 언제 최초로 이루어졌는지는 정확하게 알 수 없다. 하지만 1950년대 말부터 주로 종교 단체나 종교 단체에 소속된 개인의 중재에 의해 인력 이동이 이루어졌다. 그리고 초기의 시기에는 고교를 막 졸업했거나 어떤 경우에는 졸업을 앞 둔 여성들이 주로 갔으며 이 여성들은 교육을 마친 정식 간호인력은 아니었고 "간호학생"으로 소위 '유학'을 간 것이다. 간호학교를 들어가서 교육을 마친 후에 원칙적으로 한국으로 돌아와 간호사로 일하는 것을 명분으로 해서 갔던 이 시기의 여성이주는 몇 가지 이유에서 의미심장하다. 하나는 그 시기 한국사회에서 교육의 기회를 맘껏 누리지 못했던 여성에게 일종의 유학의 기회가 제공된 셈이었다는 점에서 그러하다. 간호유학을 떠나는 일부 여성들의 경우에는 신문에 보도되기도 할 정도로 뉴스거리였음은 물론이고 그 기회를 잡은 개인에게는 자신의 삶을 개선하는 획기적인 기회로 인지되었던 것이었다. 그러나 그 획기적인 기회라는 것은 한국여성에게만 주어졌던 것은 아니었다. 독일이 19세기 이래로 직업교육을 실습위주로 하는 전통을 가지고 있어서 이들의 교육은 주로 현장에서 이루어졌기 때문에 그들이 현장에서 소위 교육이라는 이름으로 진행하는 많은 일들은 당시 독일이 극심하게 필요로 했던 노동 그 자체였다는 것이다. 특히 한국과 독일은 독일로부터 기술을 제공받기로 하는 의정서를 맺은 상태였기에 일종의 기술적인 원조를 한국 측에 제공하는 모양새였지만 실질적인 의미에서 독일의 노동시장에서 이들의 교육, 즉 현장실습은 그들에게 심각하게 닥친 어려움을 해결하는 데에 유용한 것이었다. 이 부분은 당시 독일사회에서 간호가 갖고 있는 의미가 무엇인지를 살펴보면 더 명확해 질 것이고 이에 대해서는 뒤에 더 이야기 할 것이다. 한 가지 여기서 부언해야 할 것은 당시 한인여성들은 이 간호분야 만이 아니라 다른 분야로 기술교육생으로도 파견되었고 이 과정에서도 이들은 간호학생과 마찬가지로 독일의 낮은 수준의 노동력 부족을 해결하는데 유용하게 사용되었다.

두 번째 단계는 1966년을 시작으로 해서, 당시 마인츠 대학의 소아과 의사로 근무하던 이수길 박사, 그리고 역시 독일에서 의사로 일하던 이종수 박사의 주선에 의해 이주노동 주선이 이루어지던 시기이다. 이 때 이후로 정식 간호사의 파독이 대규모로 진행되었다. 간호학생 파견이나 기독교 선교단체에 의한 중재도 이 시기에 여전히 진행되고 있었지만 다음의 몇 가지 이유에 의해 이 시기는 구분된다. 그중 하나는 한국에서 간호 인력으로 정식 교육을 받은 사람들이 주로 파독되기 시작했다는 것이다. 이전에 파견된 정식간호사가 없었다는 이야기는 아니나 적어도 간호학생과 같은 개발지원 사업의 일환이 아닌, 인력수출 유형의 파독이 본격화 되었다는 것이다. 다른 하나는 한국 측에 이를 행정적으로 주관할 기구인 해외개발공사가 중재 기관으로 일을 하기 시작했다는 점이다. 그러나 어디까지나 독일 병원협회의 일을 대신하는 한국인 개인과 한국개발공사가 협의를 하는 차원의 것이었다. 이 시기에는 이 이외에도 독일의 노동관련 기관에서 아주 소수, 그리고 다른 몇몇 개인들에 의해 중재가 이루어졌고 그런 까닭에 중재와 관련된 많은 문제와 잡음이 있었다. 또한 한국전쟁 후의 복구지원과 차관제공을 받는 한국에서 독일이 교육된 인력을 데려감으로 인해서 독일은 물론 한국 역시 국내외적인 비난을 받았다. 이런 과정은 정식간호사와 함께 간호보조원(오늘날의 의미로는 간호조무사)을 보다 많이 주고 받는 것으로 방향이 전환되어 간호학생과 간호사 이외에 간호보조원 역시 파독의 대상이 되었다.

세 번째 단계는 1970년 이후 양 국가의 적어도 공적인 기관들이 주도해서 일이 진행되던 시기이다. 독일 병원협회와 한국의 해외개발공사는 1969년 8월에 간호사 고용문제에 관한 정식 협약을 맺고 또한 고용인원들의 계약조건을 일원화하였다. 이는 1955년 직후 독일이 주변의 몇몇 국가와 정식 협약을 맺고 노동력을 독일로 받아들였던 그 형식과는 완전히 같은 것은 아니었지만 적어도 개인들이 중재하던 상황은 더 이상 아니었다. 이 변화가 의미하는 보다 의미심장한 부분은 그동안 고용계약이 각 기관이나 개인마다 달랐던 것이 공적인 기간 간의 협의로 동일하게 정해졌다는 점이다. 그러나 사실상 고용계약서가 영어와 독일어로 되어 있어서 정작 먼 고용의 길을 떠나는 한국여성들이 자신이 정확하게 어떤 조건으로 가는 것인지, 어떤 기관으로 가는 것인지는 여전히 모르는 상태에서 갔다. 하지만 세 번째 단계 말기, 1973년 독일이 오일쇼크로 인한 경제 위기를 경험하면서 노동시장이 얼어붙고 간호일처럼 고된 일에도 독일 젊은이들이 관심을 보이는 상황이 도래하면서 한국인의 고용은 물론 계약 연장이 불가해졌다. 그러나 이에 대한 한인과 관심 있는 독일인들의 항의로 계약과 체류연장이 취해지면서 한인들의 독일 정착의 계기가 마련되었다. 공식적으로 독일에 이주노동을 가는 것은 그러나 1976년 이후에는 중단되었다.

이와 같은 과정을 거치면서 약 만 여명의 여성들이 독일 땅을 밟았다. 그들은 병원뿐만 아니라 결핵원, 요양원, 양로원, 그리고 공동체 간호사라는 업종 등 다양한 분야로 고용되었고 1969년 이전까지 각기 근무하는 직장에 따라서 대우가 달랐다. 언어교육기간 역시 다양했다. 당시 독일이 외국인 고용하던 것은 초청노동자(Gastarbeiter)라고 해서 실은 단기계약직 노동자였고 이는 정착을 하지 않고 계약 기간이 끝나면 귀국해야 하는 조건하에서 고용되는 이들이었기에 언어교육 등을 통한 독일사회로의 동화는 독일 측에서 전혀 염두에 두지 않는 상황이었다. 그런 이유로 언어교육은 상대적으로 미약하게 진행되었다. 그들이 생활하는 곳은 주로 병원의 기숙사이거나 병원에서 빌린 공간이었고 이런 측면은 그들의 독일사회에 적응하는 데에 적지 않은 부정적인 영향을 미쳤다.

3. 그들의 노동

한인 간호여성의 역사를 연구하는 동안 받은 질문 중 반복되는 것이 크게 두 가지인데 그중 하나가 "한국간호사가 정말 시체 닦는 일을 했느냐"는 것이다. "시체닦은 일"에 대한 이야기는 한인 간호인력이 매우 듣기 거북해 하는 것이며 2005년 시사저널이 보도된 한 간호사 출신 여성 역시, "…하지만 시체를 닦았다고 하는 말을 들어본 적이 없다.(중략)…치가 떨린다"라고 그들의 불편함을 대변하고 있다.[1] 그들이 모두 병원뿐만 아니라 양로원, 결핵원, 요양원 등에 대부분 소수로 분산되어 있었으므로 모두의 경험을 포괄할 수는 없지만 원칙적으로, 그리고 이제까지의 자료에서 시체 닦는 일을 전문적으로 하는 경우는 없었다. 그럼에도 불구하고 이 말이 나도는 것은 그들의 노동이 그만큼 고된 것이었고 우리가 생각하는 간호와는 다른 것이었기 때문이다. 보다 정확하게는 간병일에 가까운 것이었다. 하지만 이는 그들이 외국인이어서가 아니었고 물론 모든 것이 낯선 외국인에게 처음에 의식적으로 더 불편한 일을 시켰던 경우가 없지 않았지만 그것은 그들의 독일로 가게 된 직업적인 일에 속하는 것이었다.

역사적으로 유럽 대부분의 나라에서 간호는 종교적인 선행과 빈곤구제와 관련되어 있었고 19세기 말에 이르기까지도 전문 직업인의 일이기보다는 하인계층의 일이었다.[2] 능력 있는 집안의 경우에는 의사 역시 집안의 하인층(Dienerschaft)에 속하였으며 간호일은 그 집 하녀의 일이었다. 가정 바깥에서 간호가 이루어지는 경우는 대개 거리의 빈자나 부랑아에 대한 구호와 연관되어 있었고 역사적으로 이런 일을 하는

---

[1] 「독일 대통령도 울었다고?」, 『시사저널』 2005, 통권 840, 2005.11.29.

[2] Antje Grauhan, "Krankenpflege-ein Beruf mit offenen Grenzen", 『Deutsche Krankenpflege-Zeitschrift』 10, 1992, p.715.

사람들은 주로 수녀들이었다. 독일 역시 이러한 범주에서 크게 벗어나지 않았으며 더구나 다른 국가들이 20세기 전반기에 간호교육을 대학 수준으로 높이고 간호일을 세속적이고 전문적인 일이 되는 변화를 겪는 동안에도 독일의 경우에는 간호라는 직업이 여전히 낮은 수준의 교육을 요구하는 힘든 업종에 속하였다. 1960년경에 이르기까지도 간호일은 선호되지 않는 직업이었다. 1960년대와 70년대에도 간호는 중등학력 이하의 여성들이 하는 낮은 수준의 육체적인 노동이었던 것이다.

당시 한국사회에서 간호유학을 가는, 소위 '유학'의 기회를 얻었다는 것은 다른 이들보다 영특했었음을 전제로 하는 것이었고 간호대학이나 간호고등학교를 졸업한 정식 간호사들의 경우 당시로서는 상당한 교육을 받았던 이들이었던 것을 생각해보면, 그런 여성들이 독일에 가서 환자를 씻기고, 병원 복도를 청소하고 독일 간호사들의 식사를 준비하면서 어떤 느낌을 가졌을지 짐작할 수 있다. 특히 언어적으로 서툰 초기에는 한국에서 간호대학을 나온 여성들조차도 청소 등의 일로 상당한 시간을 보내기 일쑤였다. 하지만 그것은 당시 간호사들의 일반적인 일이었으므로 이후 한인여성들에게 그것은 차별받는 것으로 인지되지 않았다는 것이 흥미로운 점이다.

Ⅲ. 한인간호여성의 독일이주사가 갖는 의미

1. 한국과 독일 양국 현대사로서의 한인간호여성의 이주역사

1883년, 수호통상조약을 맺으며 한국과 독일 양국이 공식적인 교류를 시작한 이후 일제 강점기를 거쳐 현대사에 이르기까지 한국인이 독일에 대해 가지고 있는 이미지는 매우 긍정적이다. 이는 그대로 간호인력의 파독사에도 적용되어져 이 관계에서 독일은 우리에게 차관을 제공해주고 한인 노동력을 통하여 한국에 경제적 근대화를 위한 경제적 도움을 주었다는 것으로 이어진다. 또한 그들이 매우 합리적이고 공정한 시각을 유지해왔고 특히 사민주의적 전통 속에서 노동자들의 정치적인 목소리가 적지 않아, 그 사회가 한인들에 대한 부당한 대우를 했을 리 없다는 생각으로 이런 인상은 쉽게 발전한다. 더구나 그때 떠났던 이들 중 1/3이 남아 상대적으로 성공적인 해외한인으로 남아 있기에 어느 모로 보나 이주노동의 교환을 통하여 우리는 일방적으로 혜택을 받은 것으로 인식해왔다.

하지만 1955년에 이주노동력의 자국 내 고용을 공식적으로 시작했던 당시 독일은 노동력의 극심한 부족에 시달리는 상황이었고 백화점에는 "부인들이여 제발 일자리도 하나 사가세요" 하는 문구를 걸었던 시기이다. 또한 병원의 병상을 줄이거나 병동을 아예 폐쇄해야 할 정도로 간호인력은 극심하게 부족했다. 1961년경에는 환자들을 간이시설에 수용해서 사회적인 문제로 논의될 정도로 병원의 상황은 심각했다. 이는 경제적으로 호황을 누리고 있는 상황에서도 종사할 수 있는 인력이 충분치 않아서 발생한 것이었다. 일자리가 일할 수 있는 인력에 비해 넘쳐났던 당시 독일에서 간호일은 대부분의 젊은이들이 기피하고 있었고 지원한다고 해도 독일의 직업교육 과정상 3년 이상의 교육기간이 필요했기에 급박한 노동부족은 매우 큰 사회문제였다. 거기다가 당시 라인강의 기적을 지휘하고 있던 에어하르트 수상의 정치적 목표는 모든 국민이 행복감을 느끼게 하는 사회국가로서의 그것이었고 이에 국민들의 의료, 요양, 노인들의 질적인 생활영위는 국가에 요구할 수 있는 권리였다. 그것을 지탱할 인력은 돈으로도, 기술로도 해결할 수 없는 것이었다. 그 자리에 한인 간호여성들이 들어갔던 것이다. 독일 현대사에서 갖는 한인 간호인력의 의미는 너무나 간과되어 왔고 이는 한국사회에 이들이 갖는 의미 이상으로 주목되어야 한다.

2. 삶을 개척하기 위한 이주노동

독일로 이주노동을 갔던 한인에 대한 한국사회의 부채감은 생각보다 깊다. 그들의 희생을 기반으로 해서 우리의 경제가 오늘에 이르렀다고 생각하기 때문이다. 이런 인식 속에서 그 길을 나섰던 여성들을 가난한 가정의 여성으로, 그리고 한국경제에 도움을 주기 위한 희생을 자처한 이들로 우리사회는 이미지화해왔다. 1960년대와 1970년대, 한국사회는 전반적으로 어려웠고 그것은 경제적인 것뿐만 아니라 정치적으로, 그리고 문화적으로도 이들 여성들이 자유로운 삶을 살아가기에 어려운 시기였다. 그리고 그들의 송금이 우리사회에 주었던 긍정적인 기능 역시 부정할 수 없다. 이런 인식이 상당히 과장되는 경향이 없지는 않지만 어느 정도는 이들의 기여는 사실이기 때문이다.

그러나 한 가지 더 추가해서 인식되어야 할 것은 그들의 단순히 가난한 가정을 위해서 희생하였던 이들만은 아니었다는 것이다. 간호학생으로 선택된, 자존심 강한 여성들은 보다 나은 교육기회와 가능하다면 대학을 다니겠다는 각오로 독일 땅을 밟았다. 간호전문학교와 간호대학을 졸업하고 간호사 자격을 갖고 있던 당시로서는 엘리트층의 여성이나 간호조무사로 단기 교육을 받은 여성들은 한국사회에서 구하기 어려운 직업을 갖기 위해, 그리고 더 발전한 의료기술을 경험하기 위하여 독일로 나섰다. 이들 중에는 한국사회가 여성에게 부여하는 전형적인 역할을 거부하고 보다 나은 세계를 경험하기 위해서 국경을 넘었다. 그들의 이주노동의 선택은 자신의 삶을 개선하기 위한 보다 다양한 목적들 속에서 이루어졌고 그 과정에서 그들의 임금은 가족의 경제를 살리는 동안 사회를 돕는 방식으로 간접적으로 한국사회의 경제적 상황의 개선에 기여한 것이다.

IV. 맺음말

"우리 병동에서 휴가계획을 이야기 하면 한바탕 난리가 벌어져요. 모든 독일인들은 예외 없이 여름에 휴가를 가려고 하거든요. 아이들의 방학이다, 이미 휴가계획이 확정되어 있다, 친구들이 그때에 휴가를 얻었다 등 수 많은 이유를 들어서 모두 여름에 휴가를 가려고 해요. 그들은 모두 제가 희생하는 들에 원하는 대로 할 수 있었어요. 하지만 화가 나는 것은 내게 의견을 묻기 전에 모두 자신들의 시간을 정해놓고 있었다는 것이에요."3)

독일로 갔던 한인 간호여성들은 독일의 노조가 지켜보는 중에 임금이나 대우에서 독일인과 동일하게 다루어졌다. 원칙적으로는. 하지만 노동계약의 내용을 정확하게 인지하지 못하고 있었고 많은 인원이 같이 비행기를 탔지만 버스를 갈아타고 처음 보는 풍광을 어리둥절하게 지켜보면서 한 참을 달리고 나서 한 명 한 명, 낯선 곳에 내려졌다. 버스에서 내려 근무지로 가는 사람이나 버스에 남아 거리를 더 가야 하는 사람 모두 불안함은 그지없었다. 그리고 소수로 흩어진 여성들은 모두 각 근무지에서 정해놓은 대우조건에 따라서 자신들이 한 번도 간호라고 생각해보지 않았던 일들을 해야 했다. 청소하고 침대갈고 환자들의 식사를 준비하고 배변과 목욕을 도왔다. 더구나 말이 통하지 않는 이들에게 청소나 침대갈이 등은 전담되는 일이었다. 독일로 가기 위해서는 원칙적으로 미혼이어야 했고 젊었던 그들은 가족이나 사회적 관계들이

---

3) 1948년생으로 1973년에 독일로 간 간호사 여성.

없었으므로 남아도는 시간에는 돈을 더 벌수도 있었고 그래서 밤 근무를 자청하기도 했다. 추가 수당을 받을 수 있었기 때문이다. 한참의 시간이 지나 결혼하고 육아를 해야 하는 여성들의 경우 밤 근무는 거의 필수적으로 하는 일이었다. 추가수입은 물론 낮에 아이들의 학교로 가서 상담을 받을 수 있었고 아이들을 돌볼 수 있었기 때문이다. 오랜 세월을 근무한 여성들은 오늘날 상대적으로 안정적인 연금을 받으며 생활하고 있고 자녀교육에서도 다른 나라에서 간 이민자들과는 달리 성공적으로 평가 받는다. 그래서 아마도 우리는 그들을 이주노동자였다고, 우리 땅에 와서 현재 살고 있는 이주노동자와는 다른 이들이었다고 생각할지 모른다. 하지만 그들은 어디까지나 국민의 사회적 권리, 특히 의료와 요양, 양로의 권리, 그리고 위의 인용문에 나오는 것처럼 휴가와 가족과 함께하는 주말의 권리를 국민들에게 향유하게 해주려는 독일 정부의 대책이 만들어놓은 이주노동자였다. 당시로서는 매우 중요한 소위 결혼적령기에 단기간의 노동력만을 팔기 위해서 갔던 이들이었고 그중에 약 1/3의 사람들이 험난했던 시기를 지나 지금 다소 성공적인 정착민으로 그곳에 살고 있어 매우 좋은 기회를 가진 것이었노라고 자부하는 이들이 있기는 하지만 낯선 땅에서의 시간들은 그리 녹록치 않았다. 그 과정에는 양국의 사회, 경제적, 정치적인 요인들, 국제적인 관계들이 작용하고 있었고 그 계기를 선택한 개인들의 용기가 있었다. 그들의 긍정적인 기여에 대해서는 인정하되 그것을 어느 정권이나 개인 또는 국가적인 공으로 돌리는 일은 더 이상 일어나서는 안 될 것이다.

# 1960년대 초 서독의 대한 상업차관에 대한 파독근로자의 임금 담보설의 진실*

이영조 · 이옥남
경희대학교 국제대학원 교수 · 통일연구원 연구원

I. 들어가는 말
II. 1960년대 초 서독 차관 도입의 배경
III. 서독의 대 한국 차관의 규모와 성격 그리고 승인절차
  1. '의정서'에 나타난 서독차관의 규모와 성격
  2. 재정차관의 승인절차
  3. 상업차관의 승인절차
IV. 추가적인 증거
V. 결론 그리고 하나의 수수께끼

I. 들어가는 말

1961년 12월 대한민국정부와독일연방공화국간의경제및기술협조에

---

* 이 논문은 『한국정치외교사논총』 34(2)(한국정치외교사학회, 2013.2)에 수록된 논문을 재수록한 것임.

관한의정서'(이하 '의정서'로 약칭)를 체결함으로써 대한민국 정부는 정부수립 후 최초로 미국 이외의 다른 외국으로부터 차관을 확보하는데 성공했다.[1] 이 의정서에 의해 한국 정부가 서독으로부터 확보한 차관은 총 1억 5천만 마르크로 이 가운데 7,500만 마르크는 공공차관, 나머지 7,500만 마르크는 이른바 '상업차관'이었다.

당시의 교섭과정에 참여한 것으로 주장하는 한 민간인사가 이 상업차관을 교섭하는 과정에서 1960년대 초에 독일로 파견된 광부·간호사의 임금을 독일의 코메르츠방크(Commerz Bank)에 3년간 강제 예치하는 조건으로, 다시 말해 이들의 임금을 담보로 제공함으로써, 상업차관을 얻어내는 데 성공했다고 회고록에 썼고(백영훈 1997) 이후 이 이야기가 파독 광부·간호사를 다룬 책과 기사 등에서 거의 아무런 검증 없이 거듭 인용됨으로써 일반인들은 물론이고 파독 광부 간호사들 사이에서도 '사실'로 받아들여지고 있다.[2] 하나의 예를 소개하면 다음과 같다.

> "가난한 한국에 돈 빌려 줄 나라는 지구상 어디에도 없었다. 지푸라기라도 잡고 싶은 마음에 우리와 같이 분단된 공산국 동독과 대치한 서독에 돈을 빌리려 대사를 파견해서 미국의 방해를 무릅쓰고 1억 4000만 마르크를 빌리는 데 성공했다. 당시 우리는 서독이 필요로 한 간호사와 광부를 보내주고 그들의 봉급을 담보로 잡혔다."(김충배 2003)

사실 이러한 주장은 우선 연대기적으로만 보아도 설득력이 없다. 제

---

[1] 영문으로 2부가 작성되어 독일 본(Bonn)에서 체결된 이 '의정서'에는 한국과 서독 간의 "기술원조"와 "재정원조"에 관한 구체적 협력방안이 명시되어 있다.
[2] 대한간호협회(2002, 8); 한·유럽연구회(2003, 402); 강천석(2003); 박용근(2003); 한종태(2004); MBC(2004); 김충배(2003); 홍하상(2005, 제2장 폐허에서 재건으로); 박성원(2006); 김용출(2006); 우승현(2006); 가칭 사단법인 파독 광부·간호사 협의회(2008, 제3조) 외 다수. 이후 건국 60주년을 기념한 KBS 1TV의 다큐멘터리(2008)에서도 같은 내용이 되풀이되었다.

1차 차관 교섭이 타결된 것이 1961년 12월이고 상업차관을 공여 받기 시작한 것이 1962년인 반면 광부 파독이 구체화된 것은 1963년, 정부가 관여한 간호사 파독이 이루어진 것은 1966년이 처음이었다(진실·화해를위한과거사정리위원회 2009).

만약 차관협상의 조건이 광부·간호사의 파독이었다면 광부·간호사는 1961년 12월 이전에 파독이 이루어지거나 준비되어야 했을 것이다. 하지만 장면 정부하에서 미국 대한원조국(USCM: United States Operations Mission)의 주선으로 추진되다 중단되었던 광부 파독이3) 다시 언급되는 것은 1963년 초반이고, 그것도 한국 측이 아니라 독일 측에서 먼저 제의한 것이었다(이유재·최선주 2006). 정부 차원의 간호사 파독은 광부 파독보다도 한참 뒤인 1966년에야 시작되었다(진실·화해를위한과거사정리위원회 2009). 아직 근로자들의 파독이 확정은 고사하고 채 의논도 되지 않은 상태에서 근로자 개인의 임금을 담보로 상업차관을 성사시켰다는 것은 정황상 맞지 않다.

이처럼 반대되는 정황증거에도 불구하고 적어도 세간에는 파독근로자들의 임금을 담보로 삼아 상업차관을 성사시킨 것으로 알려져 있다. 파독근로자들의 임금에 의한 차관 지불보증설은 파독 근로자들이 한국 정부에 파독 근로자를 위한 각종 복지사업을 요구하는 도덕적 근거로도 이용되고 있다(예컨대 『재외동포신문』 2007.07.12; 가칭 사단법인 파독 광부·간호사 협의회 2008, 제3조).

이 논문의 목적은 당시 독일의 대(對) 한국 차관의 성격과 도입절차에 대한 문서자료 등의 분석을 통해 과연 한국정부가 파독근로자들의 임금을 담보로 서독정부로부터 차관을 제공 받았는지 여부를 밝히는

---

3) Botschaft der Bundesrepublik Deutschland, "Entsendung koreanisher Bergleute nach Deutschland."(1961.1 31). 독일연방문서보관소 B 149, Nr. 6246, Ber. Nr. 82/61(400-84.03).

것이다. 이를 위해 먼저 서독 차관의 근거가 된 1961년 12월의 '의정서'와 관련문서를 통해 서독 차관의 내역과 내용을 살핀다.[4] 이어 이 '의정서'에 입각해 실제로 차관이 들어올 때의 차관승인절차의 검토를 통해 차관수여국의 담보 제공이 필요했는지의 여부를 가린다. 마지막으로 관계자의 진술 등을 통해 문서분석의 결과를 확인한다.

II. 1960년대 초 서독 차관 도입의 배경

정부 수립 이래 대한민국 정부는 재정의 상당부분을 미국으로부터의 무상원조(grants-in-aid)에 의존했다. 한국전쟁 이후 전후복구자금도 대부분 미국으로부터의 무상원조에 의존했다. 당시 미국은 전 세계적인 유동성(liquidity) 부족 현상을 해결하기 위해 무상대외원조, 해외군사비 지출 등을 통해 거의 의도적으로 달러화를 해외로 방출했다. 달러화의 가치를 금에 고정한 상태에서(금 1oz = 35US 달러) 달러화의 무제한 태환도 보장했다(Spero 1985, chap.2).

그러나 1958년을 기점으로 하여 서구 주요 통화의 태환성(convertibility)이 회복되어 서구의 유동성 부족, 특히 달러 부족 현상이 해소되는 반면 미국 경제는 국제수지가 사상 처음으로 적자 기조로 바뀌는 등 상대적인 지위의 하락을 경험하게 된다(Spero 1985). 당시 브레튼우즈체제를 사실상 홀로 관리해 왔던 미국은 해외보유달러가 미국이 보유한 금

---

[4] 이 논문에서 활용한 공문서자료는 외교사료관 소장 외교문서, 국사편찬위원회 소장 독일연방문서고 자료, 독일외무성문서고 자료, 그리고 주독대사관 본 분관에서 입수한 미공개 자료이다. 이들 공문서 자료의 상당 부분과 인터뷰 자료는 저자들이 진실·화해를위한과거사정리위원회에 근무하면서 '파독 광부·간호사의 한국경제발전에 대한 기여의 건'을 조사하는 과정에서 입수한 것이다(진실·화해를위한과거사정리위원회 2009, 173-257 참조).

의 양에 맞먹게 되게 됨이 따라서 달러화에 대한 신뢰가 떨어질 것을 우려하고 있었다.[5] 이러한 상황에서 미국은 국제수지대책의 일환으로서 개발차관기금(Development Loan Fund)을 설치하는 등 개도국에 대한 무상원조를 유상원조로 전환하기 시작했다.[6]

당시 단일국가로 가장 많은 무상원조를 받고 있었던 한국도 예외는 아니어서 미국의 대한 원조는 1957년 3억 8,920만 달러를 정점으로 1958년 3억 2,127만 달러, 1959년 2억 2,220만 달러, 1960년 2억 4,539만 달러, 1961년 1억 9,920만 달러로 감소하였다(홍성유 1966).

한국정부는 무상원조의 감소 징후가 본격화되자, 1958년에는 외자관련 기업 관리의 효율성을 높이기 위해 '외자관리법'을, 1961년 1월에는 '외자도입촉진법'[7]을 제정하여 투자 자금 조달을 위해 노력한다. 원조 공여자도 미국 중심에서 일본과 다른 서방 국가까지 다양하게 확대하려고 시도했다. 다른 한편에서 스스로의 대외지원을 축소하기 시작한 미국도 급속히 경제부흥에 성공한 독일과 일본에 미국의 다른 우방에 대한 지원을 늘리도록 종용하고 있었다.[8]

---

[5] 달러화의 공급과 신뢰 사이의 이 같은 딜레마는 1960년 미국 상원의 청문회에서 이 문제를 처음 이론적으로 지적한 미국 예일대학교의 트리핀(Robert Triffin) 교수의 이름을 빌어 '트리핀 딜레마'(Triffin Dilemma)로 불리고 있다.

[6] 이러한 고려는 미국의 군사전략에도 영향을 주어 이전까지 추구되던 대칭적 봉쇄 (symmetrical containment)에서 대량보복전략과 같은 비대칭적 봉쇄(asymmetrical containment)로 전환하게 된다. 대칭적 봉쇄란 국제공산주의가 도발한 곳에서, 같은 종류의 무기체계로 국제공산주의를 저지한다는 개념이며 비대칭적 봉쇄란 국제공산주의가 어디에서 어떤 무기로 도발하든 미국이 선택한 곳에서 미국이 선택한 무기체계로 저지한다는 개념이다(Gaddis 1982 참조).

[7] 외자도입촉진법은 "외자기업(외국인 지분 4분의 1 이상의 기업)에 대한 소득세, 법인세 등의 감면을 비롯하여 외자기업이 기계시설을 도입할 경우에는 관세를 면제하고, 또 외국인 직접 투자의 경우 그들이 수취하는 배당소득이나 이자 소득 등에 대해서는 소득세를 면제해 주는 것 등"을 주요 내용으로 하고 있었다"(김세중 2006, 6).

한국의 경우 〈표 1〉과 〈표 2〉를 보면 실제로 1950년대부터 1960년대 초반까지는 미국의 원조가 대부분을 차지하는 반면, 1960년대 중반에 접어들면서 원조공여국이 다양해지는 것을 알 수 있다.

〈표 1〉 공공차관의 국별 현황(협정기준)

(단위: 천달러)

	1952~62 금액 (건)	1963 금액 (건)	1964 금액 (건)	1965 금액 (건)	1966 금액 (건)	1967 금액 (건)	1968 금액 (건)	1969 금액 (건)	계 금액 (건)
미국	49,994 (9)	9,200 (1)	29,875 (4)	71,512 (5)	95,520 (11)	36,131 (4)	48,715 (7)	117,900 (8)	458,847 (49)
일본	-	-	-	-	-	33,362 (8)	18,613 (4)	11,245 (5)	110,081 (23)
서독	9,563 (1)	.	4,405 (1)	5,191 (1)	13,660 (3)	4,918 (1)	-	-	37,737 (7)
영국	-	-	1,199 (1)	-	-	-	-	-	1,199 (1)
IBRD	-	-	-	-	-	-	5,000 (1)	65,000 (2)	70,000 (3)
IDA	14,000 (1)	-	-	-	-	11,000 (1)	3,500 (1)	14,800 (1)	43,300 (4)
ADB	-	-	-	-	-	-	6,800 (1)	24,500 (3)	31,300 (4)
기타	-	-	-	-	-	925 (1)	-	2,667 (1)	3,592 (2)
합계	73,557 (11)	9,200 (1)	35,479 (6)	76,703 (6)	154,041 (20)	88,336 (15)	83,628 (14)	236,112 (20)	756,056 (93)

*출처: 경제기획원(1970).

---

8) 미국이 한일국교정상화를 위해 양국에 음으로 양으로 상당한 압력을 넣고 있었던 것도 잘 알려진 사실이다.

〈표 2〉 상업차관의 국별현황(확정기준)

(단위: 천달러)

	1952~62		1963		1964		1965		1966		1967		1968		1969		계	
	금액	(건)	금액	(건)	금액	(건)	금액	(건)	금액	(건)	금액	(건)	금액	(건)	금액	(건)	금액	(건)
미국	-		3,796	(7)	6,298	(2)	3,281	(4)	3,391	(7)	16,846	(14)	135,640	(36)	218,358	(55)	417,610	(125)
일본	-		-		380	(1)	-		67,125	(14)	36,249	(10)	109,984	(23)	71,884	(17)	356,400	(72)
서독	1,366	(1)	16,607	(5)	16,366	(5)	-		22,690	(9)	34,569	(18)	48,654	(6)	48,096	(14)	188,348	(48)
프랑스	-		2,475	(1)	20,498	(1)	-		11,252	(1)	12,500	(1)	29,295	(3)	129,065	(8)	205,085	(15)
이태리	-		-		19,726	(1)	-		-		3,603	(4)	62,526	(4)	-		85,855	(9)
스위스	-		280	(1)	-		4,068	(2)	-		4,524	(1)	2,138	(2)	5,489	(2)	16,529	(9)
기타	485	(1)	2,123	(1)	-		-		-		36,324	(7)	24,107	(5)	93,339	(17)	155,893	(30)
합계	1,851	(2)	55,281	(15)	63,263	(10)	78,127	(13)	105,158	(32)	146,372	(47)	465,839	(91)	623,700	(130)	1,539,596	(340)

*출처: 경제기획원(1970).

    서독과의 경제 및 기술 협력은 이 같은 배경하에서 이루어졌다. 1961년 12월 13일에 체결된 '의정서'는 같은 해 3월 18일에 장면 정부하에서 체결된 서독과의 기술원조 협정을 이은 것이지만, 중요한 차이는 비록 무상은 아니었지만, 재정원조가 포함되었다는 점이다. 미국원조에 대한 지나친 의존을 우려하던 군사정부는 미국 이외의 원조공여국을 찾고 있었다(박정희 1963; 정일준 2011, 17~18). 뿐만 아니라 이미 1961년 7월에 제1차 경제개발5개년계획(1962~1966)을 발표하는 등 경제개발을 최우선적인 정책과제로 설정한 한국의 '군사혁명'정부는 모든 동원

가능한 재원을 확보해야 하는 상황에 놓여 있었다.

다른 한편 한국의 1, 2공화국에 대해 비민주적 정치와 부패를 이유로 매우 부정적인 평가를 하고 있었던 서독정부는(권오중 2006, 특히 305~306) 5·16 후의 군사정부에 대해서는 상당히 긍정적인 평가를 내리고 있었다(권오중 2006, 311~316). 특히 베를린봉쇄 사태와 관련하여 한국정부가 서독정부에 대한 적극적인 지지를 표명하고 군사지원까지 제의한 것을 계기로 독일정부는 한국정부에 대해 호의적인 태도를 갖게 되었다. 정치적으로도 독일정부는 베를린사태 이전에는 같은 분단국가임에도 불구하고 한국정부의 지나치게 강경한 반공노선을 부담스럽게 생각하고 있었다(권오중 2006, 298). 새로운 정부의 등장과 베를린장벽 건설을 계기로 서독은 같은 분단국가인 한국의 반공노선을 인정하고, 한국의 경제력과 생활수준을 개선하는 것이 북한 나아가 공산진영과의 경쟁에서 중요하다는 정치적, 경제적 판단에서 한국에 대한 개발협력에 적극적인 자세를 보이기 시작했다(권오중 2006, 314~316). 물론 앞서 지적한 대로 이 과정에서 미국의 '보이지 않는 손'도 작용했다.

Ⅲ. 서독의 대 한국 차관의 규모와 성격 그리고 승인절차

1. '의정서'에 나타난 서독차관의 규모와 성격

앞서 언급한 대로 1960년대 독일의 대 한국 차관은 1961년 12월에 양국 간에 체결된 '경제및기술협조에관한의정서'에 기반하고 있었다. 이 의정서는 전문과 4장으로 구성되어 있는데 이 논문의 주제와 관련된 내용은 2장의 '재정개발원조'(Financial Development Assistance)에

담겨 있다.9) '의정서'에 따르면 독일이 한국에 제공할 '재정개발원조'는 총 1억5000만 마르크로 이 가운데 "7천5백만DM은 장기개발차관의 형식으로" 그리고 나머지 "7천5백만DM은 장기수출거래로부터 발생하는 청구에 대한 보증을 하는 형식으로" 공여하게 되어 있었다.10) 이에 비추어 볼 때, 정부 내의 보고서나 국내 언론에서 전자를 정부차관(공공차관), 후자를 민간차관(상업차관)으로 불렸지만(예컨대 주독대사관 1961; 주독한국대사관 1962;『조선일보』 1961.12.19, 조간 1) '의정서' 2장의 제목에서도 드러나 있듯이 당시 한국정부가 독일로부터 얻은 차관은 당시 독일정부가 32개 후진국에 제공하던 '유상원조'였다(주독한국대사관 1962).

이른바 상업차관이라는 것도 담보나 지불보증을 제공하고 상업은행으로 빌리는 통상적인 의미의 상업차관이 아니라 독일정부가 제공하는 '장기수출거래를 위한 보증'(Garantienund Buergschaften)으로 개발원조의 일종이었다. 이것은 '의정서' 2장 2조에 포함된 보증에 대한 설명을 보면 더욱 분명해진다.

"5년을 초과하는 신용조건을 가진 거액의 장기수출거래를 집행하기 위하여 독일연방공화국은 총액 7천5백만DM까지의 주문에 대한 수출보증을

---

9) 1장은 기술원조를 다루고 있고, 한 문장으로 된 3장과 4장은 각각 필요에 따라 양국이 토의를 한다는 의사 그리고 수송에 관한 2장 3조의 합의가 서베를린(Land Berlin)에도 적용된다는 선언만 담고 있다.

10) 중앙정보부로부터 접수해 최덕신 외무부장관 명의로 경제기획원장관에게 전달한 정보보고에 의하면, 1961년 12월 제1차 독일경제차관교섭에서 한국 측의 "열성과 적극적인 태도"에 힘입어 당초 정부차관이 5,000만 마르크($1,250만), 상업차관이 1억 마르크($2,500만)의 비율로 되어 있던 것을 결과적으로 상업차관은 7,500만 마르크로 줄고 다신에 정부차관이 2,500만 마르크 증액된 7,500만 마르크로 결정되었다고 한다. 외무부장관, "주서독대사관 업무현황중 경제관계 정보", 외통상5291(1962.06.18).

독일공급자에게 허용할 용의가 있다. 이의 한도액은 현행정상수출거래의 범위들에 초과해서 이용될 것이다. 독일연방공화국 정부는 상기한 한도액의 범위 내에서 대한민국이 또한 원하는 거래의 집행을 위해서만 그러한 보증을 할 것이다."

이 설명에 따르면 당시의 외환보유고 등을 감안할 때 한국의 업체가 신용장 개설 등과 같은 정상적인 수입절차를 밟기에는 어려운, 플랜트 등과 같은 고가의 물품을 독일의 업체로부터 수입할 경우에 신용장 개설 등에 가름할 수출보증을 독일정부가 해준다는 것이었다. 한마디로, 민간베이스의 연불수출(延拂輸出)에 대해 독일정부가 보증을 해주겠다는 약속이었다. 연불수출(export on deferred payment basis)은 산업설비, 기계류, 선박 등 수출금액의 일시지불이 어려울 때 대금을 여러 해에 걸쳐 지불 받기로 계약을 맺는 수출로 흔히 정부나 민간 은행의 지불보증을 전제로 수출금액의 지불을 연기한다. 이 지불보증을 한국 정부나 은행이 한 것이 아니라 독일정부가 한다는 내용이다. 당시 이 연불수출보증을 국내에서는 "차관"이라고 불렀지만 돈이 실제로 한국으로 들어오는 것은 아니었다. "상업"이라는 수식어를 더한 것은 수출입거래의 주체가 기술적으로 독일과 한국의 정부가 아니라 민간업체였기 때문인 것으로 보인다.

적어도 '의정서'상으로는 공공차관은 물론이고 이른바 상업차관도 한국 측의 지불보증이 필요하지 않았다. 문제는 실제로 차관을 들여오는 시점에서도 그러했는지 혹은 다른 이면조건은 없었는지의 여부이다. 이를 규명하기 위해 아래에서는 차관의 실제 승인절차를 살핀다.

2. 재정차관의 승인절차

'의정서' 체결 후, 한국에서는 경제기획원, 외무부, 산업은행, 독일 측은 경제성, 외무성, 독일부흥금융금고(KfW: Kreditanstalt fuer Wiederaufbau),[11] Hermes 신용보험공사(Hermes Kreditversicherungs-Aditengesellschaft; Hermes Credit Insurance Corporation)[12] 등이 재정원조에 관한 실무에 착수하였다.

당시 서독정부는 외무성, 경제성을 비롯한 관계 각성(省)으로부터의 위원으로 관계성합동심사위원회(IMA: Interministerieller Ausschuß)를 구성하여 원조문제를 취급했다. 원조정책은 정치·경제 양면으로 조정했는데, 기술원조는 주로 외무성, 자본원조는 경제성이 주도했고 상업원조는 양 성의 합의하에서 이루어졌다. 각 성은 거부권을 가지며 동위원회에서 의견이 일치되지 않을 경우 각의에서 결정하게 되어있었다.[13]

대외차관을 위한 사무절차를 보면 수개월 전 수원국의 사업계획서를 검토·결정하여 Kf에서 연구·기초하도록 한 후에 관계정부 간의 협의와 승인 등의 단계를 거쳐서 서명하게 되어 있었다(한국산업은행조사부 1965). 차관이 IMA에 의해 최종적으로 결정되면 경제성은 이를 KfW에 정식으로 통고하고 해당 차관의 협정문 초안을 작성하게 하며, 동 초안에 대한 쌍방의 합의에 따라 정식차관협정이 체결되었다(한국산업은행조사부 1965).

---

[11] KfW는 제2차 세계대전 후 마샬 플랜에 의한 원조자금을 주요 재원으로 하여 독일의 경제 부흥을 위한 중장기 저리자금을 공급할 목적으로 1948년 설립된 공적수출신용기관(ECA: Export Credit Agency)이다. 주요업무는 ① 국내 투자금융, 중소기업지원, 주택사업지원, 환경보호사업 지원, 교육부문 지원, 인프라 지원, 신기술 사업 지원 등 ② 수출금융, P/F, 기업금융, ③ 개발원조(정부 간 원조(KfW Entwicklungsbank) 및 민간부분 원조(DEG) 등) ④ 기타 자문서비스 등으로 구성되어 있다. 공적수출신용과 관련하여, KfW는 대출 및 보증업무만을 담당하고 있다(이윤관 2006, 31).

[12] 1917년 설립된 신용보험공사로서 보험 업무를 담당하고 있다(이윤관 2006, 31).

[13] 외무부장관, "주서독대사관 업무현황 중 경제관계 정보", 외통상5291(1962.6.18).

서독 재정차관(공공차관)의 조건은 '경제하부구조건설사업'인지 혹은 수익성이 있는 산업인지에 따라 각각 3.5년 혹은 2년 거치, 20년 혹은 15년 분할상환, 연리 3% 혹은 5.5%였다(한국산업은행조사부 1964). 전체적으로 증여율이 30%에 달하는 당시로서는 비교적 양호한 조건의 차관이었다(한국산업은행조사부 1965).[14] 이 재정차관은 일반영리 사업과 사회간접자본 건설 및 개발은행(한국산업은행)을 통한 전대(轉貸) 자금으로 사용되었다(한국산업은행조사부 1965). 되갚아야 한다는 점에서 서독차관은 유상원조였으며 동시에 사실상 독일 제품을 구매해야 한다는 점에서 조건부 원조이기도 했다.[15] 이것은 미국의 국제개발처(AID: Agency for International Development) 사업차관[16]이나 오늘날 한국이 개도국에 제공하는 경제개발협력기금(Economic Development Cooperation Fund) 원조와 유사한 성격의 것이었다.

3. 상업차관의 승인절차

독일의 이른바 '상업차관'은 앞서 지적한 대로 민간베이스의 연불수

---

[14] 증여율(grant element)은 원조가 상업베이스의 융자에 비하여 개도국에 어느 정도 유리하게 되어 있는가를 나타내는 지표로 25%를 넘으면 공적개발원조로 간주된다.

[15] 예를 들어, 1963년 주독대사관 경제기획원 주재관의 보고서에서 Telex 사업을 위한 차관협정의 수정안이 독일의 IMA에서 "독일제품을 구입한다."는 조건으로 통과되었다는 내용이 보이는데, 이는 전형적인 '조건부 원조'(tied aid)이다. "차관상황에 관한 종합보고," 주 독기302-994호. 외통협321(1963.6.27)에 첨부.

[16] 1961년 대외원조법에 의해 설립된 미국의 국제개발청(Agency for International Development: AID)이 제공하는 개발차관으로 미국물자의 도입을 조건으로 하는 조건부 원조였다. AID차관자금에는 AID/SA(Supporting Assistance)와 AID P/L(Program Loan)이 있다. 전자는 개도국에 제공되는 무상원조이며, 후자는 경제개발을 촉진하고 산업을 현대화하는 데 필요한 물자 중 특히 기계류와 그 부속품 및 부대용역을 지원하기 위하여 제공되었다.

출을 위한 신용으로 우리나라에 대한 서독의 상업차관은 장기 상업차관과 단기 상업차관(또는 일반상업차관)으로 나뉜다. 이는 원래 서독 Hermes 신용보험공사가 제공하는 '장기보증(Extended Hermes Guarantee)'과 '단기 보증(Normal Hermes Guarantee)'을 가리킨다. 둘 사이에 사실상 큰 차이는 없으며 단지 차관 조건에 약간의 차이가 있었다. 장기 상업차관의 경우는 연리 5.75%에 상환기간 10년이 통례인 데 비하여, 단기상업차관은 연리 6~7%에 상환기간 5~7년이 상례였다(한국산업은행조사부 1965, 27).

상업차관을 위한 절차는 재정차관과 크게 다르지 않았지만 한국의 사업주와 독일의 공급업체가 추가되었기 때문에 재정차관보다는 복잡한 단계를 거쳤다. 〈그림 1〉에서 보듯이, 먼저 한국의 민간 사업주들이 사업계획서를 경제기획원에 제출하면, 이를 접수한 경제기획원은 사업의 경제적 타당성을 검토한다. 검토 결과 타당하다고 판단되면 주무부에 기술검토와 재력 조사를 의뢰한다. 재력조사는 주무부가 한국산업은행에 의뢰해서 실행한다. 경제적, 기술적 타당성 및 재력조사의 결과를 회보받은 경제기획원은 이를 종합 검토하여 사업의 적격성과 추진방안에 대한 경제각의(經濟閣議)의 승인을 얻는다.

경제각의의 승인이 나면 경제기획원은 사업계획이 승인되었음을 사업주에게 통보하고 서독 공급자와 인도계약(delivery contract)을 체결케 종용하는 동시에 동 사업에 대한 정부의 방침을 서독정부에 통고하고, 사업주는 공급자와 인도계약을 체결한다. 이때 한국의 사업주는 인도계약 중에 조건이 가장 좋은 것을 선택하여 자본재도입계약신청서와 함께 경제기획원에 제출하면 경제기획원은 도입기계의 타당성을 상공부로 하여금 검토케 한다.

한편 서독의 공급자는 인도계약을 첨부한 Hermes 보증신청서를 Hermes 신용보험공사에 제출한다. Hermes 사는 이를 검토한 후 의견을 첨부하여 경제성을 경유하여 차관급 회의체인 Hermes IMA에 상정한다. Hermes IMA에서 승인되면 경제성은 KfW로 하여금 한국사업주와의 차관계약서 초안을 작성케 하고 KfW는 한국사업주에게 차관신청서를 제출하도록 요청한다.

한국의 사업주는 KfW의 요청이 있으면 곧 차관신청서를 직송하고 그 부본을 경제기획원에 제출한다. 경제기획원은 이를 외무부 경유 주독한국대사관에 송부해 KfW와의 교섭에 참고케 한다.

한국의 사업주는 차관계약서의 서명에 앞서 KfW가 송부한 초안을 경제기획원에 제출해 사전승인을 얻는다. KfW로부터 확정차관계약서가 송부되면 사업주는 이에 서명, 회송하고 KfW는 접수 즉시 서명해 이를 확정한다. 차관계약을 체결한 사업주는 차관계약서 부본과 함께 차관허가신청서를 경제기획원에 제출해 최종 승인을 얻는다(한국산업은행조사부 1965, 30).

〈그림 1〉 장기산업차관 신청 및 승인절차

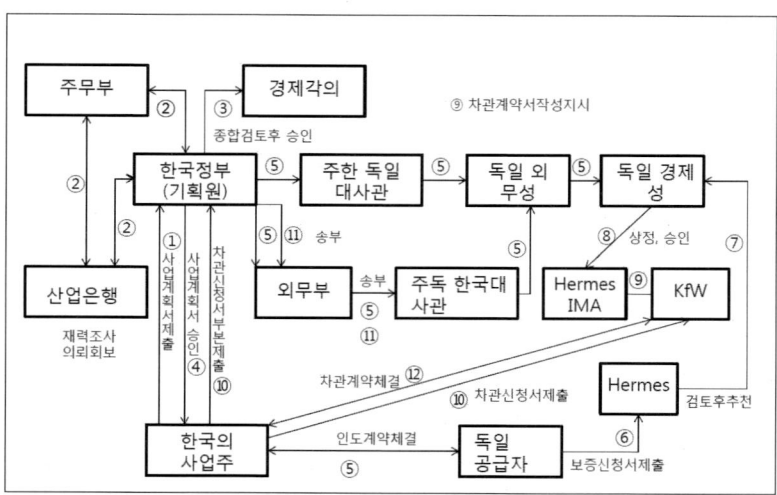

※ 출처: 한국산업은행조사부(1965, 32, 도2).

상업차관이 최종적으로 승인된 후 차관이 실행되는 단계, 즉 물품을 실제로 도입하는 단계에서 한국정부가 지불을 보증한 경우도 있었고 그렇지 않은 경우도 있었다. 서독으로부터 들여온 최초의 상업차관은 금성사(현재의 LG) 계열의 한국케이블공업이 후어마기스터사로부터 얻은 295만 달러(1,180만 마르크)였는데 이 차관은 "정부보증 없이 약속어음 발행"만으로 성사되었다(『전자신문』 2008.04.21).

  하지만 상업차관의 경우 대개는 사업주가 차관을 상환하지 못할 경우 한국정부가 대납하겠다는 지불보증을 했던 것으로 보인다.17) 이러한 지불보증은 Normal Hermes Guarantee가 적용되는 단기상업차관에 있어서 주로 있었던 것으로 보인다. 왜냐하면 단기상업차관의 경우 Hermes/KfW가 제공하는 보험이 총 차관(=수출)액의 30~40%에 그쳤기 때문이다(한국산업은행조사부 1965, 28).

  지불보증은 사업주는 산업은행에 담보를 제공하고, 산업은행은 다시 한국은행에 원화지불보증을 하고, 한국은행은 차관공여자인 KfW와 독일의 공급자에게 현금으로 제공하는 착수금을 제외한 나머지에 대해 외화(=마르크화)지불보증을 하는 형태를 취했다(한국산업은행조사부 1965, 30; 33).

  그런데 중요한 것은 이 지불보증이 백영훈 박사(1997)가 주장하는 것처럼 독일의 특정은행에 보증금을 예치해야 하는 것이 아니었다는 점이다. 지불보증은 한국의 사업자가 대금을 못하게 될 경우에 대납을 약속하는 편지(Letter of Guarantee)의 형태를 취했다(한국산업은행조사부 1965, 33; 1964, 36~38).

  이러한 절차를 거쳐 서독으로부터 가용하게 된 상업차관은 제1차 독

---

17) 이 경우도 독일정부 측에서 한국정부의 지불보증을 요구했다는 증거는 아래에서 보듯이 없다. 이로 미루어 볼 때 아마도 미상환에 대한 우려를 불식시킴으로써 독일 측의 차관승인을 촉진시키기 위해 한국정부가 취한 조치로 판단된다.

일경제차관 교섭 시(1961년 12월) 7,500만 마르크였다(주독대사관 1961; '의정서', 2장). 이 상업차관은 한국 측이 독일정부에 제시하여 독일 측의 원칙적 양해를 얻은 사업에 쓰도록 되어 있었다. 대부분이 재정차관과 유사하게 사회간접시설이나 제조업 부분에 투자되었다.[18]

IV. 추가적인 증거

지금까지 살펴본 것처럼 한국정부가 1960년대 초 서독으로부터 공여 받은 차관은 한국을 포함한 32개 후진국을 지원하는 개발원조자금이었다. 한국의 개발 사업을 위해 7,500만 마르크를 프랑크푸르트 소재 국영 KfW에서 공공차관으로 주고, 또 다른 7,500만 마르크는 장기연불조건에 의한 기계류의 도입을 돕기 위해 독일정부가 독일공급업체에 7,500만 마르크까지의 수출 보증을 Hermes 신용보험회사를 통하여 선다는 것이었다. 이른바 '상업차관'은 서독정부가 보증을 설 테니 한국정부 혹은 한국정부가 승인한 민간업체가 7,500만 마르크 물건을 독일에서 외상으로 구입할 수 있다는 내용이었다. 당연히 세간에 알려진 것과 달리 코메르츠방크와 같은 독일 현지 은행이나 제3국 은행에 돈을 예치하는 형태의 지불보증이 필요하지 않았다.

이러한 사실은 다른 여러 증거에 의해서도 추가적으로 확인된다. 첫째, 한국근로자의 파독과정을 연구한 베를린 자유대학 이유재 연구원[현재는 독일 튀빙겐대학 교수]은 독일연방문서고에서 파독근로자에 관한 독일 측 문건을 수집, 분석했지만, 어디에서도 상업차관 지급보증에

---

18) 이 차관으로 이루어진 사업은 인천중공업공장, 나주비료공장, 기계공업개발, 교과서 용지 공장 건설 등이다(주독대사관 1961).

대한 여하한 언급도 찾아볼 수 없었다고 한다.[19] 이유재 연구원은 "광부와 간호사가 차관 보증을 위해 파독되었다는 것은 근거가 없다. 문서고 어디에서도 이에 관련된 자료를 찾을 수도 없었고, 이것은 그 당시 독일의 개발원조 정신에도 어긋나는 것이다. 7,500만 마르크는 (재정)차관이고, 7,500만 마르크가 장기투자보증(Bundesbuergschaft) 즉, 광부·간호사 임금을 담보로 했다는 상업차관인데, 간호사는 차관과 무관하게 파독되었고, 광부의 파견도 이미 박정희 정부 이전에 차관과 무관하게 협상이 시작된 바 있다"고 증언했다(이유재 증언, 2007년 7월 및 12월 독일 베를린). 이후 이유재 연구원이 수집해 국사편찬위원회에 제공한 독일정부 문서를 입수해 직접 확인해 보았지만 마찬가지 결과가 나왔다.

둘째, 파독근로자들의 임금을 담보로 상업차관을 얻었다는 설이 세간에 파다해지자 초기 민간차원의 간호사 파독에 큰 역할을 했던 이수길 박사(독일 마인츠 거주)가 당시 차관의 실제 집행자인 독일부흥은행(KfW)에 광부·간호사의 임금을 담보로 했는지 문의한 결과 차관과 근로자 파독과는 무관하다는 회신을 받았다. 이 답신의 일부를 소개하면 다음과 같다.

"Die finanzielle Zusammenarbeit, die die KfW Entwicklungsbank im Auftrag der Bundesregierung mit der Republik Sued-Korea durchfuehrte,

---

[19] 예컨대 독일연방문서고 자료 중 주한독일대사관이 독일 외무성에 보낸 한국광부 고용에 대한 보고 [B 149/5246, Botschaft der Bundesrepublik Deutschland Seoul an das Auswaertiges Amt, Betr.: Beschaeftigung koreanischer Bergleute in der Bundesrepublik (1963.2.8)] 그리고 독일외무성문서고 자료 중 독일 외무성이 주한독일 대사관에 보낸 한국기술자의 독일 내 취업에 관한 서한 [B 85/634 Auswaertiges Amt an die Botschaft der Bundesrepublik Deutschland Seoul, Beschaeftigung von koreanischen Absolventen Technischer Hochschulen als angelernte Arbeiter in der Bundesrepublik (1961.2.7)].

wurde 1994 eingestellt. Bis zu diesem Zeitpunkt wurden im Rahmen der FZ 300.845.263,62 Mio. Euro zugesagt, die Zusagen und Auszahlungen aus den Jahren 1960-1969 fuer koennen Sie der Anlage entnehmen. Diese Projekte der KfW waren nicht an die Gewaehrung der von Ihnen genannten Auflagen (Entsendung von Bergarbeitern und Krankenschwestern) gebunden. [독일 연방정부의 지시로 KfW 개발은행이 한국정부와 수행한 금융협력은 1994년 종료되었다. 이때까지 [KfW는] 300,845,263.62유로의 한도를 승인했다. 1960~69년간의 승인액과 지출액은 첨부물에서 도출할 수 있을 것이다. 이 KfW 프로젝트는 귀측이 언급한 과업(광부와 간호사의 파견)의 승인과는 무관하다.]"[20]

끝으로, 세간의 정설에 의하면 '광부·간호사의 임금을 코메르츠방크(Commerz Bank)에 강제 예치하는 조건'으로 상업차관을 받은 것으로 되어 있지만 파독근로자들의 증언에 의하면 이들의 임금은 한 번도 코메르츠방크에 예치된 적이 없었다. 이들의 임금을 담보로 했다면 한국정부가 특정은행을 지정했어야 하겠지만, 은행의 선택이나 임금의 예치와 관련해 한국정부가 강제하거나 강압한 사실이 없었다고 한다. 광부들의 경우, 보수는 소속 광산 회사가 거래하는 은행인 폴크스방크(Volks Bank)와 도이체방크(Deutsche Bank)로 주로 입금되었으며, 송금은 한국은행 뒤셀도르프 지점을 이용했고 1967년 한국외환은행이 설립된 후에는 한국외환은행 프랑크푸르트 지점도 이용했다고 한다(베를린 지역 파독근로자 집단 면담, 2007.7.14; 뒤셀도르프 지역 파독근로자 집단 면담, 2007.7.18). 간호사의 경우도 임금은 도이체방크 등 소속 병원에서 거래하는 은행에 입금되었으며, 송금도 독일은행에서 직접했

---

[20] 독일상업차관과 광부·간호사 임금의 담보 여부에 대한 이수길 박사의 질의에 대한 KfW Bankgruppe(은행그룹) 답변서한(2004. 7. 16). 2007년 7월 16일 독일 마인츠에서 이수길 박사 면담 시 입수.

다고 진술하였다(독일 남해마을 파독 간호사 6명 증언, 2005.5.22; 로스앤젤레스, 시카고, 토론토 지역 파독 간호사 증언, 2008.6.18~26).[21]

V. 결론 그리고 하나의 수수께끼

결론적으로 1961년 '의정서'의 틀 안에서 이루어진 차관 중 재정차관은 지불 보증이 필요하지 않은 차관이었으며, 상업차관은 독일정부 산하의 Hermes 신용보험공사가 보증을 섰다. 따라서 파독근로자의 임금을 담보로 하여 상업차관을 얻었다는 세간의 주장과 인식은 사실이 아니다. 이 같은 사실은 독일 측 자료의 어디에도 상업차관지급보증에 대한 것은 없었다는 점과 당시 상업차관의 실제 집행자인 KfW 측의 상업차관지급보증과 광부·간호사 파독은 무관하다는 회신 그리고 한국정부가 특정은행에 파독근로자들의 임금을 예치하도록 요구하지 않았고 임금은 근로자들 자신에 의해 관리되었다는 점 등에 의해서도 재확인된다.

하나의 수수께끼는 이 같은 거짓이 진실로 둔갑하여 횡행하게 되었는가이다. 추가적인 연구가 필요하지만 현재까지 드러난 것으로도 신화가 탄생되는 과정을 어렵지 않게 짐작할 수는 있다. 신화탄생의 출발점은 백영훈 박사가 1997년에 쓴 책 『아우토반에 뿌린 눈물』이었다. 백영훈은 독일에서 경제학박사를 받고 귀국, 1960년대 초 상공부장관 특별보좌관으로 일한 바 있으며 1964년 박정희 대통령의 독일 방문 때 통역을 맡았던 인물이다. 이 책에서 백영훈 박사는 진실과 반(半)진실

---

[21] 1970년대에 파견된 간호사들은 조흥은행도 이용했다고 한다(파독간호사 김말순 증언, 2007.7.17).

그리고 비(非)사실을 씨줄과 날줄을 엮어 천을 짜듯이 교묘하게 얽어 그럴듯한 이야기를 만들었다. 거기에 파독광부·간호사들의 애환과 고초, 성실과 헌신의 감동적인 스토리로 염색을 했다. 그 결과 백영훈 박사의 책을 바탕으로 파독근로자들과 관련된 이야기를 꺼내는 사람들은 그 가운데 진실된 부분을 꺼낼 경우에조차 뜻하지 않게 사실이 아닌 부분도 함께 유포하게 된 것이다.

대표적인 예가 김충배 전 육사교장의 편지(2003)로 보인다. 김 교장은 젊은 세대를 계도할 목적에서 선배들이 온갖 신산을 겪으면서도 국가발전을 위해 헌신했다는 예로서 파독근로자의 얘기를 꺼낸 것으로 보인다. "감동을 전한" 이 편지는 이른바 보수 성향의 일간지는 물론이고(예컨대 박용근 2003; 강천석 2003), 진보성향의 인터넷 매체인 『오마이뉴스』(2004.02.26)에서도 소개되었다. 이어 각종 인터넷 사이트에 게재되어 널리 퍼져 나갔다. 9년이 지난 오늘날에도 인터넷을 검색하면 YouTube, 블로그 등 수없이 많은 곳에서 김 교장의 글을 찾아볼 수 있다. 결과적으로 김 교장은 전혀 의도하지 않은 채 사실 아닌 사실을 유포시킨 셈이다.

이후에도 김용출의 『독일아리랑』(2006) 같은 책은 광부, 간호사의 파독과 관련해 백영훈 박사의 책(1997)을 거의 그대로 옮겨 놓았다. 뿐만 아니라 백영훈 박사 자신도 인터뷰나 강연을 통해 같은 이야기를 되풀이했다(예컨대 박성원 2006; 우승현 2006; 대덕 Innopolis 벤쳐협회 2006). 이처럼 워낙 오래 전일인 데다 백 박사의 경력 때문에 많은 사람들이 그 책의 내용을 의심할 생각조차 하지 못했던 것으로 보인다. 하지만 파독근로자 임금을 담보로 서독에서 상업차관을 얻어 왔다는 신화가 전국민적으로 확산되는 데 결정적인 역할을 한 것은 전국적인 시청지역을 확보하고 있는 주요 지상파 방송사의 다큐멘터리들이었다(MBC 2004; KBS 2008).

파독근로자 가운데는 백 박사의 책 내용 가운데 부분적으로 자신이 아는 사실과 다르다고 생각한 사람들도 없지 않았을 것으로 생각한다. 하지만 이들에게도 백 박사가 엮어낸 감동스토리는 굳이 객쩍은 소리를 할 필요 없는 "편리한 거짓"이었을 것이다.

〈참고문헌〉

1. 외교문서 등
가칭 사단법인 파독 광부·간호사 협의회. 2008. "가칭 사단법인 파독 광부·간호사 협의회 정관(안)"(9월).
외무부장관. "주서독대사관 업무현황 중 경제관계 정보." 외통상5291(1962.06.18). 외교사료관.
주독대사관. 1961. "경제차관교섭에 관련한 종합적 건의." 2007년 12월 주독한국대사관 본 분관에서 입수.
주독한국대사관. 1962. "경제차관교섭에 관한 종합적 건의"(3월 2일). 2007년 12월 주독한국대사관 본 분관에서 입수.
"차관상황에 관한 종합보고." 주독기302-994호. 외통협321(1963.06.27). 외교사료관.
Auswaertiges Amt an die Botschaft der Bundesrepublik Deutschland Seoul. Beschaeftigung von koreanischen Absolventen Technischer Hochschulen als angelernte Arbeiter in der Bundesrepublik (1961.2.7). 독일외무성문서고 PA, B 85/634.
Botschaft der Bundesrepublik Deutschland Seoul. "Entsendung koreanisher Bergleute nach Deutschland"(1961.1.31). 독일 연방문서보관소 BA, B 149, Nr. 6246, Ber. Nr. 82/61(400- 84.03).
Botschaft der Bundesrepublik Deutschland Seoul an das Auswaertiges Amt. "Beschaeftigung koreanischer Bergleute in der Bundesrepublik"

(1963.2.8). 독일연방문서고 BA, B 149, Nr. 6246.
KfW Bankgruppe. 2004. 이수길의 독일상업차관과 광부·간호사 임금의 담보 여부에 대한 답변서한(7월 16일). 2007년 7월 16일 독일 마인츠에서 이수길 박사 면담 시 입수.
"Protocol concerning economic and technical co-operation between the Government of the Republic of Korea and the Government of the Federal Republic of Germany"[大韓民國 政府와 獨逸聯邦共和國 間의 經濟 및 技術協助에 關한 議定書] (1961.12.13). 국가기록원 국가기록 포털(http://contents.archives.go.kr). 출력확인 문서번호: WDDB288887.

2. 무기명 기사
『오마이뉴스』. 2004.02.26. "감동을 전한 육사 교장의 편지." http://www.ohmynews.com/NWS_Web/view/at_pg.aspx?CNTN_CD=A0000167526 (검색일: 2012.11.15).
『재외동포신문』. 2007.07.12. "파독 간호사·광부 국가유공자로." http://www.dongponews.net/news/articlePrint.html?idxno=10604 (검색 일: 2008.08.12).
『전자신문』. 2008.04.21. "전자산업 50년, 새로운 50년 (15) 태동기: 금성사와 구인회의 활약." http://www.etnews.co.kr/news/print.html?id=200804180116 (검색일: 2008.08.25).
『조선일보』. 1961.12.19. "차관증액은 가능 - 정상공, 대서독교섭경위에 언급." 조간 1면.

3. 단행본, 논문, 기명기사, 다큐멘터리 등
강천석. 2003. "눈물 젖은 역사를 가르쳐라." 『조선일보』(9월 2일).
경제기획원. 1970. 『경제백서』. 경제기획원.
대한간호협회. 2002. "테마기획 국민과 함께 한 간호의 역사 III." 『대한간호』 (5-6월).
대덕 Innopolis 벤쳐협회. 2006. "과학기술도시 공무원 울린 백영훈원장의 명강연." 2006년 6월 17일 대전광역시청 대강당에서 열린 제5기 주말대학 강연 기사. www.diva.or.kr/news_via.php?page=743&no=15890 (검색일: 2008.8.24).
권오중. 2006. "초기관계발전과정에서 나타난 독일연방공화국과 대한민국의 외교갈등과 그 해결과정(1956~1961): 독일연방공화국의 외무부 미공개사료에 근거하여." 『역사교육』 99집.
김용출. 2006. 『독일아리랑』. Essay.
김충배. 2003. "김충배 육사교장의 편지"(11월). 『오마이뉴스』(2004.02.26), "감동을 전한 육사 교장의 편지"에 전재.
박성원. 2006. "백영훈 한국산업개발연구원장에게 듣는 개발연대 비화." 『신동아』(6월).
박용근. 2003. "플래시백-되돌아본 한국경제: ① 1962년 서독 차관 비화." 『조선일보』(9월 10일).
박정희. 1963. 『국가와 혁명과 나』. 자문각.
백영훈. 1997. 『아우토반에 뿌린 눈물』. 한국산업개발연구원.
우승현. 2006. "실록 수출 40년: 시장경제대상 수상 계기. 백영훈 산업연구 원장에 듣는 서독차관 秘史." 『문화일보』(12월 11일).
이유재・최선주. 2006. "전드된 개발원조: 독일의 한국인 노동이주." 『교포 신문』(3월 25일).
이윤관. 2006. "주요 공적 수출신용기관(ECA)들의 최근 지원정책 및 활동 내용 고찰." 『수은해외경제』(8월).
정일준. 2011. "5・16과 박정희 군부의 정치참여." 한국정치외교사학회, 〈5・16과 박정희 근대화 노선의 비교사적 조명〉 학술대회 발표논문(5월 13일).
한・유럽연구회. 2003. 『유럽한인사』. 재외동포재단.
한국산업은행조사부. 1964. "西獨의 開發援助와 韓獨經濟協力." 『조사월보』(10월).
_____. 1965. "西獨借款의 審査 및 承認節次." 『産銀다이제스트』 202호(3월).
한종태. 2004. "독수리의 눈과 긴 호흡." 『서울신문』(3월 5일).

홍성유. 1966. "발전이론과 농공병진정책." 『정경연구』(9월).
홍하상. 2005. 『주식회사 대한민국 CEO 박정희』. 국일미디어.
KBS. 2008. "대한민국 60년: 역사가 움직인 순간들, 2부: 절대자의 시대"(8월 6일).
MBC. 2004. "다큐멘터리 독일로 간 광부·간호사들." 3부작(6월 11일~13일).
Gaddis, John Lewis. 1982. *The Strategies of Containment: A Critical Appraisal of Postwar American National Security Policy*. New York: Oxford University Press.
Spero, Joan E. 1985. *The Politics of International Economic Relation*. 3rd Ed. New York: St. Martin's Press.

4. 인터뷰
김말순. 2007.7.17. 독일 아헨.
이수길. 2007.7.16. 독일 마인츠.
이유재. 2007.7.13; 2007.12.2. 독일 베를린.
파독 간호사 6명 면담. 2007.5.22. 남해 독일마을.
파독 근로자 집단 면담. 2007.7.14. 독일 베를린.
파독 근로자 집단 면담. 2007.7.18. 독일 뒤셀도르프.
파독 근로자 집단 면담. 2008.6.18~26. 로스앤젤레스, 시카고, 토론토.

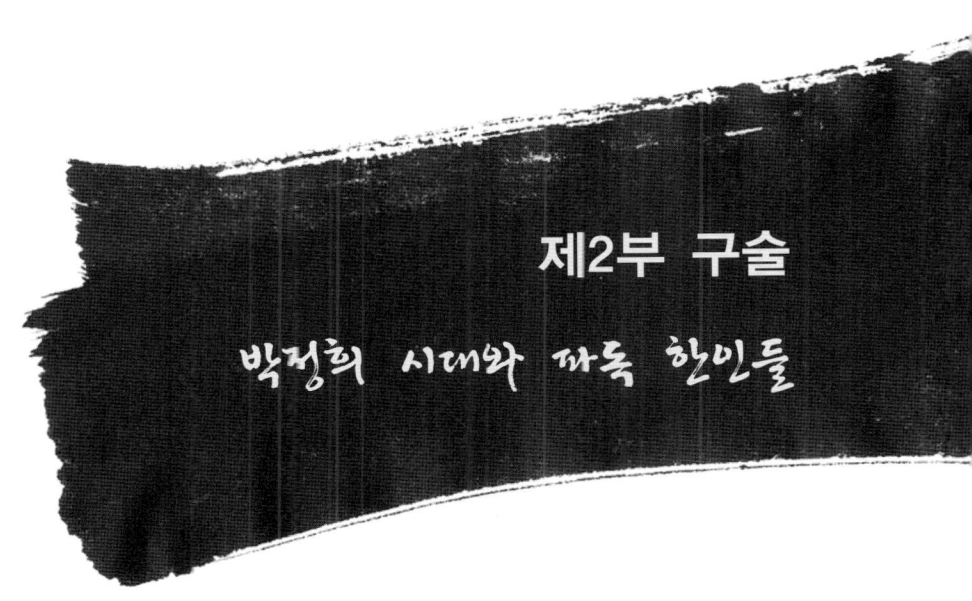

제2부 구술

박정희 시대와 파독 한인들

김태우 (전 신영필름 대표,
           전 파독광부간호사간호조무사협회 회장)
황보수자 (전 인제대 교수,
           파독광부간호사간호조무사협회 부회장)
권이종 (전 교원대 교수,
           파독광부간호사간호조무사협회 부회장)
김인선 (베를린 동행 호스피스 대표)
오종식 (파독광부 생활 경험자)
윤기복 (대한간호조무사협회 감사,
           파독광부간호사간호조무사협회 부회장)

**김태우 (전 신영필름 대표,
전 파독광부간호사간호조무사협회 회장)**

□ 사회자 : 손동유 (명지대 국제한국학연구소 연구교수)

손동유 : 이렇게 자리 해주신 여러 선생님들께 감사 인사드리겠습니다. 감사합니다. 제59회 명지대학교 국제한국학연구소 정기학술포럼을 시작하겠습니다. 오늘은 김태우 회장님을 모시고 파독광부, 간호사 분들의 삶을 조명해보고 그것을 통해서 박정희 전 대통령 집권 시기에 우리사회의 한 단면을 연구하는 자료로 남기려는 자리입니다.

오늘 말씀을 해주실 김태우 회장님을 소개해 드리겠습니다. 1941년생이시고, 1960년에 고려대학교 정경대학에 입학을 하셨다가, 잠시 후에 더 구체적으로 이야기가 나오겠지만 졸업을 2008년에 하셨습니다.

김태우 : 그렇습니다, 예.

손동유 : 48년 만에 졸업을 하셨는데 그 이야기도 있다가 재미나게 들려주실 예정이구요. 그리고 독일에 다녀오신 후에 귀국해서는 신영필름이라는 회사를 운영하시면서 문화사업면에 종사를 해 오신 분입니다. 한국파독광부협회 회장으로 계시기 때문에 저희가 오늘 호칭을 회장님이라고 하겠습니다. 더 자세히 정성껏 소개를 해드려야 되는데, 시간관계상 간략하게 했습니다.

이제 질문을 드리겠습니다. 우선 뭐 바쁘신데 이렇게 직접 와주시고 시간 내주셔서 대단히 감사합니다.

김태우 : 예. 저도 역시 감사 드리구요, 이렇게 명지대학교 국제한국학연구소에서 포럼을 해주신데 대해서 독일에 갔던 광부의 한 사람으

로서 정말 감사를 드리고 뜻있게 생각합니다.

손동유 : 감사합니다. 사단법인 한국파독광부총연합회라고 명칭이 되어 있고, 2008년에 회장에 취임하신 것으로 알고 있는데, 현재에도 회장으로 재직 중이세요?

김태우 : 예. 지금까지 하고 있습니다.

손동유 : 연합회의 주요 활동과 결성 배경부터 듣고 싶습니다.

김태우 : 예. 우리 우리 단체는 사단법인 파독광부 그리고 간호사의 모두의 모임입니다. 이 뿌리를 보면은 1963년 12월 21일 독일에 광부로 처음 가게 되고 그 후에 1966년에 간호사들이 가게 됐죠. 그분들이 독일에 간 인력이 광부가 7,967명 그리고 간호사가 12,000여 명 그래서 그 동안에 독일에서 모임체는 있었지마는 한국에서 이런 모임체가 없었어요. 모임을 만들려면 여러 가지로 필요한 것도 있고 또 기금이 필요하기도 해서 그동안 결성이 어려웠습니다. 그런데 계기가 된 게 뭐냐 하면 광부들이 일하고 전부 정산이 끝난 자투리 돈이 약 20억이 있었어요. 그 돈을 독일 정부에서 하나도 소모를 시키지 않고 1980년에 우리 정부에 넘겨줬습니다. 근데 그 돈을 우리 한국의 고용노동부에서는 어떻게 할지를 몰르니까 가지고 있었어요. 그러다가 2008년 현 정부가 들어오면서 이러한 돈은 정부가 가지고 있을 이유가 없다고 판단해서 처리하게 된 겁니다. 그래서 독일 미국 캐나다 한국에 있는 그분들에게 활동을 할 수 있는 조직 단체를 엄선해서 받아서 지급을 해야된다라고 여론이 형성돼서 시작이 됐습니다.

그 다음에 저는 인제 뭐 2006년, 7년부터 동료들과 모여가지고 이제는 독일에 간지가 45년이 되는데 뭔가 역사적으로 정리를 할 필요가 있지 않겠느냐 그래서 제가 그러면 뭐 한 번 시작을 해보자 해서 2008년 2월부터 본격적으로 시작했다가 2008년 10월 13일에 사단법인 허가를 받았습니다. 그 후부터 우리 파독협회가 하는 게 뭐냐면 간호사로 가고 광부로 간 분들의 아들 딸 손자 손녀까지 약 50,000명에서 60,000명이 돼요. 이분들에 대한 뭔가 네트워크를 구축할 겸 적립을 좀 해야 되겠다라고 판단해서 사업을 시작 하고 있구요, 두 번째는 지금까지 독일 정부나 노동부나 뭐 각계의 언론기관에서 관심은 있지만 기록이나 내용이 정리가 잘 안되어 있어서 그 작업을 해야 되겠다 해가지고 2009년에 백서를 한 번 만들어봤습니다.

손동유 : 네. 여기 갖고 오신 거죠.

김태우 : 예. 그렇습니다. 그다음에 인제 역사적으로 남기려는 기념관 건립을 해야 되겠다 생각했는데, 금년 12월에 대한민국 역사박물관이 광화문 앞에 옛날 문화관광부 자리에서 지금 준비를 하고 있습니다. 여기에 우리 파독광부 기념코너가 한 열다섯 평 준비돼서 지금 작업을 하고 있습니다.

그 다음에 저희가 작년 12월에 우리 국회로부터 25억 기금, 기념관 건립비를 받았습니다. 저희가 국회에 말한 게 뭐냐면 우리가 비록 독일에 가서 일했지만 이건 역사적으로 의미가 있다. 그래서 그 역사적인 의미와 그분들이 한 일을 기록으로 충분히 기념관 차원으로 남겨서 우리 대한민국이 새롭게 발전하는 역사적인 계기를 마련했으면 좋겠다고 해서 그게 잘 이루어졌습니다.

그 다음에 이제 교과서에 초등학교, 중학교 교과서에 등재할 필요가 있다고 해서 김황식 국무총리께서 인정을 해주서가지고 지금 교과부에서 작업을 하고 있습니다. 제 스스로 독일에 갔던 사람으로서 이런 일을 하는 것은 제가 한 거를 좀 알아달라는 의미는 아니고, 왜 우리가 독일에 갔는가를 한 번 재평가 할 필요가 있겠다 하는 것입니다. 정말 1960년대는 밥 한 그릇 제대로 쌀밥 한 그릇 먹고자 했던 게 우리 어머니 아버지들만 아니라 저 본인이 그랬던 시절입니다. 정말 가난했거든요. 그런 것들을 우리 협회를 통해서 일을 하는 것이고, 그리고 나가서 우리 협회가 그렇게 만드는 걸로 끝나는 게 아니라 우리 협회가 후세대들인 젊은이들에게 어떤 교육적인 가치를 전달해줬으면 하는 생각을 갖고 지금 준비를 하고 있습니다.

손동유 : 네. 그러시군요. 파독광부, 간호사, 간호조무사 이분들이 함께 연합조직도 갖고 계신 거죠?

김태우 : 지금, 예, 그렇습니다. 처음에는 저희가 사단법인 파독광부협회를 조직 했어요. 그래서 고용노동부하고 관계 하다 보니까 간호사들이 독일사회에 대단히 의미가 있었거든요. 경제발전이나 또 인력교류라든가. 그래서 정부 측에서 간호사도 같이 사단법인으로 하는 것이 좋겠다는 권고가 있어서 제가 쾌히 받아들였고, 저 스스로도 평소에 그런 생각이 있었고, 그래서 2011년도 포괄적인 사단법인으로 정부의 승인을 받아서 준비를 하고 있습니다.

손동유 : 회장님께서는 그 당시 독일에 광부생활 하시러 가신 거였잖습니까?

김태우 : 예, 그렇습니다.

손동유 : 회장님 이력을 보니까 대학을 다니시다가 가시게 됐더라구요. 어떻게 그런 결정을 내리셨는지 그 과정을 좀 말씀해주시면 좋겠습니다.

김태우 : 네, 그러죠. 저는 1960년에 대학교 입학을 했어요. 그러니까 제가 육공(60)학번입니다. 그때 대학교에 들어가서 하늘을 보면서 미래를 설계하면서 캠퍼스에서 지내는데, 그런 시기에 4·18을 만나고 4·19를 만나고 우리 동료가 운명을 달리하고 그러고는 학교를 인제 1년을 다니면서 저는 왜 내가 대학교에 들어왔나를 회의를 느꼈어요. 정부가 학생들에게 끌려 다니는 거예요. 4·19를 했으니까 마치 대학생들이 나라의 주인공인양 국가를 이끌고 가는 상황이 되고, 정부의 지도자들이 학생들의 눈치를 보는 거예요. 그래서 저는 대학교 더 다닐

필요가 없겠다고 생각을 하게 되었습니다. 그래도 간신히 제가 1년을 마칠 즈음에 1960년 10월에 어느 선사로 들어갔습니다. 그 동학사로 들어가서 그 스님께 '제가 낙엽 쓸고 일할 테니 저 먹여만 주십시오' 해서 제가 그 겨울을 지냈어요. 그리고 1961년에 복학을 안 했습니다. 뭔가 이 사회가 문제가 있다고 생각했는데, 1961년 5월 16일! 딱 그래서 그다음 날 제가 서울 올라왔어요. 뭔가 좀 뭐 좀 새로운 바람이 부는 시기가 온 것 같다 물론 뭐 군인들이 쿠데타를 하니까 나쁘지만 그래도 느낌이 기대가 되더라구요. 그래서 올라와가지고 바로 군대에 지원을 했어요. 그래서 1961년 6월 20일 날 제가 논산훈련소에 갔는데, 학생이라고 해서 군번이 빵빵이라고 하죠?(웃음) 0031130을 받고 훈련을 마치고 복무기간 1년 반 마치고 나서 복학을 했는데, 1963년이 되어서도 또 뭐가 보이진 않아요. 그래서 학교를 다니는데도 뭐 영 뭐 안 좋다는 생각이었습니다. 그러다가 1963년 8월 13일 조선일보에 서독광산근로자 모집 공고를 제가 보고 무릎을 딱 쳤습니다. 이거다. 뭐 내가 공부 잘해서 국비생으로는 못 갈 거고 우리 집이 가난해서 밥 한 그릇 제대로 못 먹는데 돈은 없고 그래서 독일광부로 가겠다 그때 결심을 하고 독일로 가게 된 겁니다.

손동유 : 그러니까 어쩐 회장님 경우에는 생업적 차원이라기보다도 당시 그 젊은이로서 고뇌하던 중에 탈출구로 독일행을 결심하셨다고 봐야하겠습니다.

김태우 : 그렇습니다. 지금 저는 그렇게 생각하는데요 탈출구를 생각한 제 그 당시 1960년대 때 20대의 저나 지금 이 명지대학교 캠퍼스에 다니는 20대의 학생들이 탈출구를 생각하는 거나 초등학교나 중학교 다니는 제 손자 같은 학생들이 그 나름대로의 탈출구를 생각하고 있는 게 변함없는 젊은 세대들의 꿈이자 탈출구라고 저는 생각을 합니다. 그 사람들에게 어떤 걸 열어주자 하는 것은 바로 우리 몫이죠.

그래서 저의 경우에 독일하면 정말 꿈의 나라였어요. 그러니까 문화, 종교, 철학, 뭐뭐뭐 일반적으로 다스 카피탈(Das Kapital) 같은 세계적인 것도 1800년대의 독일 아닙니까? 여기에 비행기를 내주면서 일자리를 주면서 독일로 데려가겠다는데 안 갈 사람이 어디 있겠습니까. 그래서 지원했습니다.

손동유 : 네. 대학 다니시다가 가셨는데 그래서 졸업을 못하셨다 최근에 복학을 하셔서 졸업을 하셨죠?

김태우 : 예. 그렇습니다. 독일에 남아서 공부를 할까도 생각해 봤는데, 한 1년 지나고 보니까 독일에서 내가 더 공부를 할려면 좀 머리가 짧고, 머리가 모잘라고 또 한 3년 번 돈 다 써야하고 학위를 마칠려면 열심히 해도 7~8년 걸리고, 그럴 바에는 내 독일을 좀 사회를 봐야 되겠다 생각하고 독일사회를 공부하면서 열심히 일했는데 제가 있다가 말씀드리지만 제가 받던 임금이 독일사람들보다 높았어요.

그래서 제가 1년 반 번 돈으로 서울에 집을 하나 샀습니다. 그리고 1년 반 번 돈으로 한국에 와서 필름프로덕션을 할 수 있는 기반을 만들었어요. 그래서 있다 말씀을 드리겠습니다만 독일사회에서 제가 배운 거는 정과 부가 분명한 나라다. 옳고 그름이 분명한 거예요. 어디에서 디스커션(discussion)을 하더래도 합리주의자들이에요. 자기가 어떤 얘기를 꺼내도 자기가 틀리면 상대방에게 '슈어(sure)', '맞다'하는 겁니다. 서로 그런 속에서 대화를 하니까 합리적으로 일이 이루어지는 거를 배우고 더는 공부 않고 정말 일을 열심히 해야 되겠다 생각하고 그래서 뭐 독일 말로 운터타게(unter Tage, 갱내의) 지하 일을 엄청나게 열심히 했습니다.

손동유 : 예. 있다가 독일에서의 생활 같은 건 좀 더 구체적으로 여쭙겠습니다. 여전히 궁금한 것이요, 당시 회장님 젊으셨을 때 나라 전반이 어려웠고 또 요즘같이 이렇게 대학 진학률이 높지 않을 땐데 어려

운 결정 속에서 입학을 하셨을 텐데 그렇게 어렵게 들어간 학교를 그만 두고 독일로 간다 했을 때 주위 분들 특히 부모님들이나 가족 분들의 반응은 어떠셨는지요?

김태우 : 제가 안암동 캠퍼스 거기서 열심히 공부를 하면 뭐 자기가 살아나가는 데는 꿔 지장은 없었겠죠. 근데 독일로 가기로 결심을 하고 광산에 지원할 때 굉장히 어려움이 있어요. 광산에서 1년 이상 일한 경력증명이 필요했습니다. 아주 어려웠어요. 그러니 경력증명을 만들라니까 안 되겠더라구요. 근데 저의 아버님의 친구 분의 자제분이 서울공대를 나와가지고 삼척탄광에 가 있었는데 거기를 갔어요. 경력증명 좀 해주시오 그랬더니 절대 자기 탄광에서는 할 수 없고 작은 광산들이 많으니 거기 가서 좀 부탁을 해보라고 하더라구요. 그래서 생각을 해보니 부탁만 해서는 안되겠고 조그만 광산에 옷을 입고 가서 '일하러, 취직하러 왔습니다' 하고 위장을 했죠. 그랬더니 받아주더라고, 사람이 부족하니까. '오케이 일하시오' '한 달 봉급 얼맙니다' 하더라구요. 그래서 교육을 한 이틀 받고 가서 한 일주일 일을 했어요. 그러니까 그 광산에 소문이 났어요. '야, 젊은 사람이 열심히 한다. 우리 이상으로 일을 한다.'

그러니까 광산의 일이라는 게 단순해요. 근데 좀 공기가 나빠도 열심히 하면 되니까 열심히 일을 했더니 그 항장이 나중에 부르더니 당신 아무리 봐도 좀 이상하다 좀 털어놓고 얘길 하자 그래서 제가 저는 뭐, 소주 한 잔 먹으면서 얘길 했더니 1년 경력증명을 해주더라구요. 그래서 우리 조상들이 하늘이 무너져도 솟아날 구멍 있다라는 이 말씀은 저는 철학으로 생각합니다. 어느 시대나 어디에서나 하늘이 무너져도 솟아날 수 있다라는 거는 요즘 보도된 칠레 광산사고에서 기적적으로 살아난 광부 이야기나 지금 어디서나 어떤 일 하든 자기가 신념과 의지와 올바른 생각만 있으면 분명히 자기 삶을 극복할 수 있다라고 생각합니다.

경력증명을 가지고 그래서 접수를 해서 합격을 했는데, 아! 통지서가 안 와요. 그러니까 집에서는 난리가 났죠. 정말 뭐 좀 거짓말도 하고 그랬는데, 통지서가 안와서 다시 복학을 했습니다. 복학하고 중간고사를 봤는데 기말고사 보기 전에 통지서가 왔어요. 그래서 포기하고 대학교 3학년 2학기 때 독일을 갔습니다.

손동유 : 1964년에 가셨군요.

김태우 : 그래가지고 독일에서 일하고 다시 한국에 와서 사업을 하다 보니까 산업전선에서 쭉 일을 했어요. 이러다 보니까 뭐 공부할 시간이 없었어요. 그래서 제가 예순여섯 살이 되고 보니까 이 가슴에 점이 하나 남아있어요. 이 점을 빼야 되겠다. 그리고 인제 어디 이력서를 내면 고려대학교 경제학과 3학년 중퇴, 어느 때는 대학교 3학년 수료. 어느 때는 이게 나타나면 제가 뭐 공직생활은 못할텐데(웃음) 고려대학 경제학과 졸업했다고 한 일도 있었는데, 이거 안 되겠다 그래서 제가 대학교를 찾아갔죠. 갔더니 원스톱 서비스센터에서 '아드님 관련해서 왔습니까' 해서 '아닙니다' 그랬더니 과장이 나와서 사정을 이야기하고 확인해 보니까, 제가 자필로 했던 모든 게 자료가 나오더라구요. 그래서 제가 2006년 2학기에 복학을 했는데 그때 이제 학장님한테 갔어요. 그때 명함을 내니까 깜짝 놀라세요. 신영필름 이 영화사는 유명한 영화산데 하시면서 그동안 왜 졸업을 안 했습니까? 그래서 제가 독일광부로 가서 못했다고 하니까 죄송하다고 우시더라고. 그러더니 선배님 꼭 공부하게 하겠습니다. 그 인연으로 제가 졸업장을 2008년에 받았습니다.

손동유 : 네. 그러니까 1년 정도 더 다니신 건가요?

김태우 : 아니, 그러니까 3학기. 전에 97학점을 땄더라구요. 그래 133학점을 130학점을 따야 되는데 33학점 플러스 3학점 더 해서 133학점을 따고 졸업을 했습니다.

손동유 : 늦었지만 축하드립니다.

김태우 : 예, 감사합니다. 강의 듣던 중 일화인데요, 강의가 끝나고 리포트 내라 그래서 내려는데 학생들이 리포트를 막 놓고 가는 거에요. 그래서 제가 다 추려가지고 교수님 드렸어요. 그때 그 교수님이 이만우 교수님인데 이번에 새누리당 비례대표로 십(10)번으로 당선되셨습니다. 제가 축하드린다고 했습니다.

손동유 : 네. 뭐 수업을 그러면 다 들어가시고 하려면 사업도 하시면서 굉장히 힘드셨을 텐데요.

김태우 : 근데요, 오히려 제가 대학교 3학기 다니는 동안 저희 회사 매출이 올랐어요. 소득세를 더 냈어요. 왜냐면 우리 직원들이 그렇게 잘해줘요. 제가 학교다니니까 뭐 제가 워드도 치고 말이죠. 학교에서 그냥 뭐 학교에 수업내용을 속기로 해서 가져와서 저녁에 기억을 더듬어서 워드치고 하는 걸 지금 다 가지고 있어요 제 워드 친 거. 그리고 제일 어려웠던 것은 저보고 영어를 읽고 영어로 이렇게 하라고 그러는데 정말 그 바람에 영어공부 열심히 한 학기를 했었습니다.

제 인생에서 가장 보람 있었던 게 뭐냐 하면, 독일 광산에서 일했던 것입니다. 그래서 제가 남산에 아침에 가게 되면, 독일을 향해서 빌렌당크(Vielen Dank, 매우 감사합니다) 인사를 합니다. 항상 감사함을 가지고 있고. 그 다음으로 늦었지만 68세에 입학 48년 만에 졸업한 거, 이거는 저로서는 대단한 일입니다. 우리 명지대학교에서도 학교를 다니다가 어떤 사정으로 좀 중퇴했던 분들이 뭐 50, 60이 돼도 들어오시면 다시 복학을 해서 공부를 할 수 있게끔 좀 해주시기를 총장님께 제가 부탁을 드립니다.

손동유 : 아마 될 겁니다.(웃음) 다시 인제 광부이야기로 좀 돌아가서요, 아까 1년 이상 일한 경력증명서가 있어야 신청할 수 있다고 하셨는데 선발과정에서 다른 거는 없었나요? 경력만 있으면 됐나요?

김태우 : 네. 우리나라가 경제개발을 할려니까 돈이 필요하잖아요.

그래서 굉장히 어렵게 그 돈을 받을려니까 그 국제적인 관계이지만 지급보증을 해야 돼요. 그때 어느 세계은행에서, 1960년대의 우리나라에게 지급보증을 해주는 나라가 없었어요. 이걸 알아야 됩니다. 우리 젊은이들이.

대한민국의 사정이 1960년대에는 외국에서 차관을 주려고해도 지급보증해주는 나라가 없었습니다. 이점에 대해서는 우리 5,000만 국민이 생각을 해야 된다고 생각을 합니다. 그러니까 한국의 젊은이들을 독일 광산에 좀 보내줄 수 없느냐 그래서 인제 그래도 뭐 서로 국제적으로 뭐가 모양새가 갖추어져야 되니까 그래서 그 물꼬가 터진 거죠.

손동유 : 그래서 인제 지원하는 사람들에 대해서는 경력을 요구했구요.

김태우 : 그렇죠 독일 정부에. 왜냐면 광산에서 일하려면 경험이 있어야 된다.

손동유 : 예. 다른 자격은 특별히 없었구요?

김태우 : 다른 건 전혀 없구요 대한민국 군대를 갔다 오고 건강한 젊은이면 되었던 거죠.

손동유 : 아, 군대는 다녀와야 됐군요.

김태우 : 그리고 광산 1년 경력. 그러니까 이제 정부에서 고민한 거야. 광산 1년 갔다 온 사람들은 우리나라 광산도 지금 인력이 부족한데 그 사람들 빼내면 우리나라 광산은 어떻게 하나. 그리고 그 사람들은 독일에 가도 말도 못하고 어떻게 하나 그래 1년 경력증명을 했는데 가짜가 많았어요. 그래서 쌀 한 가마니만 주면 광산 1년 증명 도장 꽝꽝 찍어서 파는 데 가면 있는데 이걸 우리 정부가 알아도 할 수 없다 그냥 어떻게 보면 거짓말이죠. 하지만, 사실은 사실이니까.

손동유 : 그러니까 위조한 분들도 좀 있었다는 말씀이시죠?

막상 독일로 가서 광부생활을 하시면서 그 작업환경이랄까요 그리고 거기서 우리 동료들과의 프 관계 그리고 거기서의 생활을 좀 말씀해주시면 고맙겠습니다.

김태우 : 예. 그 당시는 고용노동부가 아니고 노동청이었습니다. 노동청에서 독일을 보낼 때 2주간 삼척 도계광산에서 직원교육을 시켰어요. 잘한 거죠. 굉장히 잘한 겁니다. 그때 독일에 가니까 독일에서도 교육을 시켜요. 일 할 수 있는 기본적인 교육을 시키고 이제 밑에 가서 적응할 수 있는 교육을 약 4주 정도 시키고 그 다음에 현장에 투입을 시키는데 우리나라 광산은 산에 있는데 독일의 광산은 도시 밑에 있습니다. 그러니까 우리나라의 광산은 고구마 형이에요. 고구마가 주렁주렁 달려 있잖아요. 그러든은 이 고구마가 들어가면 캐먹고 나면 다른데로 가야 되는데 독일의 광산의 그 매장 구조는 시루떡 같애요. 그러니까 [3단 층을 쌓은 모습을 보여주며] 요렇게. 그러면 인제 돌층이고 석탄층이고 돌층이고 요렇게 한 15° 경사가 있어요. 그러니까 아주 떡고물이 석탄이고 떡이 바위같애요. 근데 이게 쫙 있는 거죠. 그러니까 기계적으로 쫙 쫙 갉아 먹는 거죠. 근데 초창기는 그렇게 했는데 점점 캐다가 못하니까 900m 1,000m. 더 내려가거든요. 100m 내려갈 때 온도가 2°C씩 올라가거든요. 얼마나 덥겠습니까. 그러니까 독일에서 내려갈 때는 수직으로 우물 통 같이 한 800m 900m를 쫙 타고 내려가서 거기서 작업장으로 우리가 말하는 터널 같은 조그만한 터널로 가고 그 담에 가면은 석탄 막장인데 200m씩 기계가 닿으면 캐먹는 방식으로 합니다. 쇠로 된 기둥을 세우고 이렇게 올리면 이걸 받쳐 놓고 여기서 기계가 가면서 석탄을 캐고 그러면 뒤쪽 것은 깨내야 돼요. 뜯어낼 때 잘못 되면 돌층이 무너지니까. 그렇게 하는 게 인제 막장의 구존데 굉장히 힘들죠.

그런데 광산이라는 곳이 쉬운 일도 있어요. 운반한 석탄을 캐낼 때면 스위치만 눌르는 사람도 있고 그리고 인제 운반하는 갱도를 만드는 사람도 있고 석탄이 이렇게 있는데 이걸 인제 200m를 잘라 석탄을 캐는, 이 석탄을 캐내는 게 진짜 주인공이죠. 이게 제일 어려운 자립니다. 돈이 제일 많아요. 그리고 인제 아무 일하기 싫은 사람은 요 스위치만 눌르면 이 사람은 돈이 적어요. 한 500마르큰데 저는 기본 막장에 있으니까 1,200마르크 1,300마르크를 받아. 최고의 돈을 받는, 왜냐면 독일이라는 나라가 합리적인 나라라는 걸 제가 배운 게 뭐냐면 독일은 땀에 대한 대가를 줍니다. 땀을 많이 흘리는데 어떤 시간대에 일 하냐 시간, 제일 힘든 시간이 언제겠어요. 밤일하는 겁니다. 낙시크트(Nachtschicht, 야간근무). 우리는 땀 많이 안 흘리고 펜대 굴리고 그러는 사람이 돈 많이 받았잖아요. 그러기 때문에 독일은 지금도 대학교의 지원자가 어느 과에는 모잘라는 데 있잖아요. 자기가 돈만 많이 벌려면 밤에 지하철에서 땀 많이 흘리며 일하는 사람이 봉급이 많아요. 땀을 많이 흘리는 기준으로 해서 저는 그렇게 힘들게 일했습니다. [500ml 물병을 가리킴] 이런 물통을 하루 일하면 제가 여섯 시간 일하는데 거의 열 개는 먹었어요. 땀이 줄줄나니까 37℃~38℃ 그런 데서 일을 해야 되니까 얼마나 힘들었겠습니까.

근데 저는 그때 행복하다고 나는 행복하다는 생각을 하면서 일했어요. 지금도 길을 걷다가요 멍청이 서 있을 때 있어요. 그때 저는, 나는 행복한 놈이야 지금도 그럽니다. 그러니까 그때 힘들었지만 그렇게 일했습니다.

그리고 이제 우리 동료들 중에요 아이, 농땡이 피는 사람 많았어요. 몸 어디 아프다고 꾀병, 아이고 배야 하고 병원에 크랑켄하우스(Krankenhaus, 병원) 가고 그러는 사람이 많았습니다. 그런데 한 번은 제가 인제 이거는 뭐 우리 동료들이 잘 알아요. 그러니까 이제 한국 사람이 한 여섯 명 처음 힘들지 않은 일을 이제 터널형식의 운반갱도를 만드는데 그 중에 한 두 사람이 지금도 그 사람 나 만나면 꼼짝 못해요. 그냥 농땡이 피는 거예요. 그러니까 독일인 작업책임자가 막 독일말로 욕을 해요. 난 독일어를 대학교 다니면서부터 했기 때문에 알거든, 근데 이제 독일말도 않고 하여튼 숨기고 살았는데. 그래서 제가 한 번은 밥 먹는 사이에 사건이 벌어졌어요. 제가 이제 그때 뭐 운동을 했는데 이런 갱도가 있는데 한 2m 되는데 킥(kick)을 해서 제가 2단 높이차기로 해서 송판을 깨버렸어요. 그러던서 독일어로 막 욕을 했는데 한국 사람을 욕을 했습니다. 독일사람을 욕한 게 아니고. 그러니까 한국사람 못 알아 듣죠. 독일말 욕하니까 독일사람 알아들었어. 그래가지고 그 광산에서 그 다음부터 한국사람들 무시해서는 안 되겠더라 말이 있었다고 합니다.

그래서 저는 우리 동료들에게 우리가 이 땅까지 왔으면 일하고 정정당당하게 돈 벌어서 가야지 여기서 농땡이 피우면 당신 뭐 할거야고 호통을 치고, 그 일이 있은 후에 우리 동료들 후배들이 분위기가 좀 좋아졌다고 합디다. 지금도 독일 광산에서 일어났던 사건 중에 하나로 기억들 합니다.

손동유 : 예, 광부생활을 하시는 동안은 숙소는 어떻게 정하셨나요?

김태우 : 예, 처음에 김포공항에서 난생 처음으로 보잉, 지금 생각하니 요즘 그 비행기가 조그만한데 그때 보니까 어마어마하게 큰 비행기로 생각했는데 그때 보잉727이니까. 그때 김포공항에서 비행기로 걸어갔죠. 그때 겨울에 많이 추울 땝니다. 그래도 비행기타고 독일 공항에 내렸는데 벤츠 리무진이 쫙 있어. 그래서 야 이 독일이란 좋은 나란가 부다 하고 딱 갔는데 하임(Heim, 집) 우리 기숙사- 그때 4층 건물인데 기숙사를 깨끗이 해가지고 세 사람 네 사람 잘 수 있는 침대 등을 너무 깨끗이 정말 깨끗이 준비를 했더라구요.

그렇지만 아무래도 제 경우는 조금 다르겠습니다마는 대부분은 인제 귀 설고 입 설고 눈 설고 그런 걸 극복해야 되니까 닳이 인제 외로움이 있죠. 대체적으로 우리 한국 동료들이 70~80%는 잘 적응하면서 자기네들의 꿈을 이뤄나갔습니다. 개중에는 뭐 사건도 좀 있었습니다. 좀 나쁜 짓도 하고 뭐 예를 들면 뭐 독일 처녀를 교회 가서 영어 좀 한다고 해서 꼬신 사람도 있고 뭐 근데 그건 어느 사회나 그런 것도 있어요. 근데 갈수록 잘 적응을 했던 거 같이 저는 생각이 듭니다.

손동유 : 네. 저희가 인제 파독광부라고 표현하게 되면 파독간호사하고 함께 이렇게 연상되는 부분이 있는데요, 간호사들이 독일로 가게 된 이후에 동포로서의 어떤 동질감이랄까요, 동병상련이 있진 않았을까요? 혹은 실제 집단으로서의 교류 같은 것은 있었는지요?

김태우 : 처음에 우리 광부들이 갔을 때 독일사회는요 사회와 교육과 종교가 아주 잘 돌아가요 지금도 그렇지만. 그러니까 독일에서는 자기가 나면 그러니까 천주교든 기독교든 분명히 왜냐면 학교도 천주교 학교가 있고 기독교 학교 있고, 일단은 세 번은 교회를 가야 되는 거야. 나서, 결혼하고, 죽어서는 가야 되는 거예요.

손동유 : 자료를 가져오셨나 보네요.

김태우 : 예. 이게 제가 봉급 받았던 카든데요 이게 봉급증명.

손동유 : 봉급명세서죠?

김태우 : 명세선데, 제가 독일에 가니까 마켄누머(machen Nummer)라고 우리 주민등록증과 같이 직장의 고유번호가 있어요. 그 사람은 그 직장에 다니는 평생 마켄누머(machen Nummer) 그 마켄(machen)이라는 게 뭘 만든다는거 거든요. 그래 마켄누머(machen Nummer)는, 제가 776이에요. 지븐(sieben, 일곱) 지븐(sieben, 일곱) 섹스(sechs, 여섯). 이거 보면 여기에 인제 자기가 일한 기간은 얼마고 세금은, 종교세, 종교세를 냅니다. 그러니까 자기 돈 받은 데서 론스토이어(Lohnsteuer, 근로 소득세) 고용세 내고 그 다음에 종교세까지 내야 돼요. 그러면 그 종교세가 바로 그 교회를 운영하고 그 교회에서 운영하는 학교 학생들까지 다 해주는, 그러니까 저는 독일사회는 세축이 잘 돌아가는 사회라

고 봅니다. 예를 들어 우리 영화촬영하면 카메라를 세 개의 발로 세웁니다. 수학적으로 물리적으로 가장 안정적인 게 이거 거든요. 독일사회는 종교, 교육, 사회 이 시스템이 잘 돌아간다는 거예요.

손동유 : 당시 독일에 우리 동포들이 광부그룹하그 간호사그룹 또 그 외에 또 뭐 유학생들이라든지 이렇게들 있었을 거 아니에요. 이 분들 상호간의 교류는 어땠는지요?

김태우 : 저희가 이 광부로 가니까 우리 자신도 그 학생들하고는 잘 어울리지 않았어요. 왜냐면 그 당시에 독일에 간 학생은 국비생은 몇 명 안 되고 대체로 집이 부자거나 예를 들면 뭐 도지사 아들이라거나 그런 사람들이 많으니까 굉장히 거들먹대요.

그런데 독일의 신부님들과 목사님들은 외국에 온 광부들에 대해서 굉장히 접근을 좋게 하시고 우리 한국 신부님들 목사님들도 오셨어요. 그래서 인제 일요일 날에 이런 종교 활동을 하게 되니까 돌출구가 생긴 거죠. 정신의 외로움을 달랠 수 있으니까. 그러던 중에 인제 우리 간호사들이 왔어요. 그러니까 간호사들도 마찬가지죠. 종교적인 활동에서 모일 수 있고 또 인제 뭐 그 지역에서 이제 또 이렇게 조직을 잘하는 사람들이 있어요. 그래서 인제 행사 때 뭐 부채춤도 추고 뭐 태권도 시범도 하고 그렇게 교류를 하니까 인제 어울리게 되니까 서로 인제 사랑도 싹트게 되고, 광부들한테는 간호사들이 그야말로 구세주였어요. 전부 총각들이 많이 갔거든요. 그러니까 거기서 열심히 일할 수 있는 그런 서로의 계기도 되고 그리고 3년 마치고 인제 결혼도 하고. 그러고 독일은 3년간 계약으로 갔기 때문에 3년 전에는 절대 다른 일을 못합니다.

유명한 사건이 하나 있었는데 외국어대학교를 졸업하고 독일어를 잘하는 사람이 독일에 광부로 갔었는데 광산에서 독일말을 너무 잘하니까 항장이 통역관으로 데리고 다녔어요. 그러니까 인제 좋았죠. 그래서 이 사람은 우쭐해가지고 그 당시에 그 에쎈대학교에 가가지고 시험을 봤어. 그래서 에쎈대학교에 입학자격증을 받았어. 그러니까 대학교에서 자격증하고 거주허가를 받았어. 그런데 3일 후에 강제 출국명령, 독일을 떠나라고 하는 거야. 당신은 3년간 계약을 하기로 했는데, 그 기간 중에 대학생이 되려고 했다 용서할 수가 없다 그래서 한국에 돌아왔어요. 굉장히 엄합니다. 계약기간 3년간 마치면 얼마든지 공부도 할 수 그 허가에 의해서 할 수 있지만 3년간 마치지 않고는 자기가 서명한 거에 대해서는 절대 바꿀 수 없는 게 독일 사회입니다.

손동유 : 예. 아까 그 봉급명세서도 보여주시고 하셨는데 그때에 경제적인 수준이랄까요 그담에 독일 현지인들하고의 급여 차이나 이런 거는 없었나요?

김태우 : 그 독일에 일하는 사람이나 저와 하나의 차별이 없어요. 똑같은 일하는 여건이면 똑같습니다. 다를 게 없구요. 그담에 어떤 쉬운 일을 하느냐 그건 자유를 주는 거죠. 독일 사람들도 쉬운 일 하면 돈이 적고, 한국사람도 힘든 일을 돈이 많고, 일 한 것에 따라 인건비를 주기 때문에 여기 보니까 제가 1,389마르크를 받았는데 여기서 세금 떼고 뭐 그러면 한 1,000마르크 되거든요. 당시 한국의 은행원 한달 월급이 4,000원이었는데 1,000마르크면 우리 돈으로 50,000원이었어요. 그러니까 한 달 봉급이 은행직원 1년 봉급과 같았어요.

손동유 : 아, 그 정도였군요.

김태우 : 제가 1년 반 번 돈으로 서울에 50평짜리 집을 사났었으니까 1967년에. 그러니까 독일사람, 독일에 광부로 갔으니까 빌(bill)로 차별하지 않냐 이건 절대 없었습니다. 차별했다 하면 차별을 받은 사람은 그 사람의 행동거지가, 어디나 그렇지 않습니까? 그 사람의 행동거지가 잘못했고 일을 잘못하니까 차별을 받았다라고 저는 생각합니다. 독일에서 일하신 분들 대부분 동의할 겁니다.

손동유 : 예. 인제 그럼에도 불구하고 낯선 환경에 적응해서 일을 하시다 보면 권익적인 면에서 동포사회에서 의견들을 대변해 줄 역할이 필요했을 텐데 당시 우리나라 대사관이나 또 한국정부에서는 파독광부나 간호사들에 대해서 이런 역할을 잘 해주었는지요?

김태우 : 그렇습니다. 그러니까 독일에 광부들과 간호사들이 갔는데 그 당시에 경제개발 1차 5개년계획을 하는 중에 국가로서는 큰 자금이 들어오잖아요. 그러니까 지도자 되시는 분도 독일대사들한테 각별히 무슨 트러블이 생기면 안 되니까 문제가 되면 안 되니까 문제가 되지 않게끔 했습니다. 그리고 독일 광산에서 굉장히 합리적으로 한 게 뭐냐면 독일을 잘 아는 통역관들을 돌메쳐(Dolmetscher), 통역관들을 고용을 했어요. 우리 광부로 간 사람 중에 통역관 더러 독일어 잘하는 뭐 대학교 나온 사람들이나 독일어 잘하는 사람도 있으니까, 그 사람을 그냥 통역관으로 임명을 하니까 봉급은 적었죠 통역관이. 한 20%, 30% 쌉니다 왜냐면 힘이 안 드니까. 그렇지만 자기는 통역관 하겠다는 사람들 대부분이 나중에 3년 마치고 바로 학교로 들어갔습니다. 그러니까 통역하면서 공부, 준비들을 했어요.

통역관들이 독일 광산 측과 어떤 트러블이 생긴 것들을 합리적으로 잘 의사전달하고 문제 해결하고 이런 역할들을 했기 때문에 거의 행정적인 역할까지도 통역관들이 했어요. 사실입니다.

손동유 : 아, 그런 역할을 하시는 분들이 계셨군요.

김태우 : 예. 합리적으로 잘했습니다.

손동유 : 예. 그 당시 사회가 우리나라가 인제 매우 어려웠고 경제개발을 주요 화두로 해서 사회가 막 성장해나가는 시기기도 했는데 또 사정을 보자면 남북이 대치돼있는 상황에서 긴장감이 계속 존재하고 있는 그런 시기여서 사회적으로도 여러 가지 사건들도 생겼었는데 마침 회장님께서 독일에 계시던 67년에 동백림사건이 생겼습니다.

김태우 : 예, 베를린 사건 예, 백림사건

손동유 : 그 한국 중앙정보부에서 간첩단 사건이라는 이름으로 발표를 하게 됩니다. 시간이 많이 흐른 후에 그 사건에 대한 진실이 서서히 밝혀지고 있긴 한데 그 당시에는 동포사회에 큰 이슈였을 거 같은데요 혹시 어떤 기억을 갖고 계시는지요?

김태우 : 예. 저는 그렇게 생각을 했어요. 독일에 지나서 이렇게 보니까 이 동독과 서독이 나뉘어 있는데 베를린은 섬이에요. 동독 안에 있습니다. 동독 안에 베를린은 동백림하고 서백림으로 나뉘어 있어요. 그런데 지하철은 우리 2호선같이 동백림 서백림을 빙빙 돌아요. 그래서 서백림에 있는 사람 동백림 가서 내릴 수 있어요 기차가 다니니까. 그러니까 동백림, 서백림 여기 사는 사람이 여기엘 갈라면 천상 이 동독으로 돌아서 여기를 가고 동독으로 가. 기차는 갔다가 와야 되니까 그런 시스템이었어요. 그리고 서독에서 베를린을 가려면 동독을 안 거치면 안 되거든요. 기차로 간단 말이에요. 그리고 한국 사람들이 이제 몇천 명이 몇천, 몇백 명 이렇게 가고 또 한국에서 독일에 갔던 젊은이들이 백림을 한 번 보고 싶을 거 아니에요 누구나. 그리고 1937년에 베를린올림픽 할 때 그쪽에도 한 번 가보고 싶을 거 아니에요. 그리고 또 자유가 있고. 그러고 당시 북한은 국민소득이 우리보다도 다섯 배가 높았어요. 그리고 뭐 또 유럽에 북한 대사관들이 있고. 그러니까 아무래도 이런 그, 좀 깊은 어떤 사상보다도 문제가 생길 수가 있죠. 꽃이 있으면 나비가 날라갈 거 아닙니까. 뭐 꽃이 있으면 벌이 가는 식으로 이런 젊은 사람들이 그런 유혹에 빠질 수 있고 한 번 호기심에 할 수 있거든요. 그런데 이것이 너무 도를 넘는 거예요. 나는 그때 생각을 했습니다. 도가 넘고 한 번 하다 보면 저 사람들에 어떤 이게 말릴 수 있죠. 그런 예가 있었어요. 저도 이거 보면은 제게 아주 찍혀져있어요. 그러니까 백림을 갔거든 기차타고. 그리고 지하철 타고 동백림에 갔었

어요. 동백림이 뭐냐면은 우리나라의 그, 씨어터(Theater) 연극 그런 것이 많았어요. 그래서 저는 영화문화에 관심이 있으니까 가봐야 되겠다 하면 신고하면 가라고를 안 하니까 제가 갔었어요. 근데 이게 가는 사람들이 그러니까 북한대사관까지 간 사람들도 많았어요. 이게 인제 문제가 될 수 있죠. 그러니까 이런 현상에 대한 예방차원이 강했다라고 생각하고 우리가 1960년대 인제 뭐 과잉적인 것도 있다고, 보는 시각에 따라 다릅니다. 시각. 왜냐면 터널 지나다가 보면은 안경을 끼면은 노란색이 검정색 되고 뭐 색깔이 달라지는 거 그거는 국가를 리드하는 사람의 입장과 다르기 때문에 그런 과잉적인 것도 있었지만은 다른 예방적인 차원도 좀 있었다. 그걸 그냥 놔두다 보면은 어디선가 호미로 막을 걸 가래로 막아야 되는 그런 것들이 있었지 않나라고 저는 생각을 하구요.

제가 한국에 와서 박정희 대통령 근접촬영을 다 했어요. 박 대통령 고속도로에서부터 저는 뭐 유명한 작품을 만드는데 이거 다 저는 밝혔어요 전부 다. 그러니까 전연 뭐, 그런 동백림사건처럼 이렇게 사상과 관련된 게 아니다. 국가의 법이 잘못됐다고 처벌한다면 받겠다. 제가 동독을 거쳐서 동백림을 간 거 때문에 제가 그 당시에 박정희 대통령 산업훈장이 내려왔는데 취소당했어요. 취소당해 갔다는 얘길 듣고, 저는 이의제기를 안 했습니다. 그 뭐 산업포상이 중요한 게 아니고 내가 가야할 데를 갔는데 그래서 안 된다 그래서 그거는 저번에 진실화해 이영조 위원장하고 제가 만났었어요. 저하고 술도 많이 먹었어요. 이영조 위원장은 찾아야 된다고 말하는데, 저는 그럴 필요가 없다 역사는 역사로 놔두고 취소되겠다는 그 자체도 중요한 역사니까 거론하지 말자 그랬습니다. 동백림사건은 그런 예방적인 차원에서 국가적인 지도자로서 갈등과 염려와 노파와 그리고 독일에서의 그런 분위기 때문에 있었던 것으로 한 70% 그렇게 생각을 하고요. 더 깊은 내용은 저도 모르겠습니다.

손동유 : 예. 파독광부의 경우 간호사분들과 마찬가지로 독일 측이 우리나라에 제공했던 차관에 대해서 아까 이제, 지급보증을 서줄 외국의 은행들이 없었다라는 말씀하셨는데 이제 그런 상황에서 담보 형태로 파견이 된 거 아니냐 이른바 담보설 얘기가 있잖습니까? 진실 여부에 대해서 약간 이견이 있는 거 같습니다. 그러니까 뭐 심한 경우에는 계약기간 3년인데 죽기 전에는 결코 돌아올 수 없다라는 뭐 루머까지도 발전이 되고 이런 상황이 있었는데, 담보로 제공이 됐다는 일종의 노예 계약이다라고까지 발전된 설에 대해서는 회장님은 어떻게 생각하고 계신지

김태우 : 제가 이건 분명히 말씀드릴 수 있는 건데요, 우리 광산에 간 거는 독일의 광산 게셀샤프트(Gesellschaft, 협회) 그러니까 베그바크 게셀샤프트(Bergwerk Gesellschaft, 광산협회)라고 독일 광산협회가 있어요. 국가와 국가의 관계라고 하더라도 경제주체는 민간협회입니다. 민간협회에서 돈을 먼저 내서 비행기도 보내고 갔으니까 3년 어기면 내가 타고 간 비행기 값은 미리 가불한 거거든요. 그러면 내가 갔는데 그 사람이 인제 죽으면 안 돼, 죽으면 그건 그나마 보험료가 있으니까 되는데, 행방불명이나 도망갔다 그러면 그 비행기 값은 옆에 있는 동료가 물어내야죠. 집단이니까. 그러니까 3년 내는 못 간다는 거는 3년간은 의무적으로 계약을 하고 간 거니까 계약을 마쳐야 된다. 그 대신 부득이 계약을 파기할 경우가 있을 수 있잖아요. 그럴 경우는 합리적으로 뭐 자기 비행기 값 물어낸다든지 그리고 한국에 돌아온다든지 할 수 있지만 3년간은 계약에 의해서 한 거기 때문에 계약 마친 다음에 귀국하든 미국으로 이민가든 캐나다에 가든 독일에 남든. 그래서 3년 잘 마친 사람은 독일에서 공부할 수 있고, 그때 대학교 입학을 해서 그 담에 캐나다로 이민 신청해 이민 가고 미국으로 가고 다 그랬어요. 그

러니까 3년 전에는 독일의 법에 의해서 갈 데가 있어도 못한다는 그런 뜻입니다.

우리가 은행에서 어느 기업체가 돈을 받을 때는 자기가 있는 기업을 담보로 하잖아요. 근데 담보가 없을 때는 그 사람이 어떤 생산할 수 있는 기술력이나 신용평가를 할 수 있잖아요. 그러니까 우리가 독일에서 1억5천만마르크의 차관을 받기로 이루어졌는데 독일 정부에서는 독일국가는 국가대로의 그런 여러 가지 법도 있고 경제, 이제 지급보증을 해야 돼요. 그건 뭐 맞습니다, 지금도 마찬가지로. 우리나라도 어디 외국에다 넣으면 외국에서 지급보증을 해야 되잖아요.

근데 이렇게 하려니까 굉장히 뭐 여러 가지 여건이 있어요 그건 저도 깊이 있는 거는 모르지만 여하튼 지급보증을 맡아야 되는데 여의치 못한 사건들이 있었어요 그건 확실합니다. 그러던 중에 인제 그러면은 이걸 해결해야 된다, 한국은 돈이 필요로 했고 독일정부에서 볼 때는 한국이라는 나라가 남북으로 갈라져 있고 한국이란 나라가 비전이 있다고 판단을 한거죠.

이거는 제가 나중에 제 영화에서 밝혀지지만 천팔백육십(1860) 몇 년에 독일우표에 우리나라의 그림이 우표로 발행이 됐습니다. 나중에 한 번 보세요. 그만큼 1800년대에 독일이란 나라가 우리나라의 문화를 동양의 코리아라는 나라를 평가를 한 거예요. 그러다 이제 남북으로 대치가 돼 있고 그 다음에 독일 대사관에서 5·16 혁명 후에 박 대통령에 대한 평가를 해서 한국이란 나라를 지금 도와주고 경제교류를 잘하면 서로 이득이 될 거라고 본거죠. 그랬는데 지급보증이 어려운데 그러면 어떻게 하느냐 하던 중에 독일에 광부가 필요하다. 이게 맞아 떨어진 거죠. 그러니까 실질적으로 이 문제 광부들이 오면 거기에 돈이 생기잖아요. 그럼 결과적으로 그 돈이 한국에 보내더라도 충분히 떼이지 않을 이런, 그런 명분이 생기잖아요. 그것이 그렇게 공식적으로 백그라운드로 이루어졌다라는 거는 지금 독일정부나 한국정부에서 부정하지 않습니다. 인제 그런 의미로 인제 그렇게 평가를 하는 거고 그건 또 신용적으로 사실이었고.

손동유 : 그러면 당시에 파견됐던 간호사나 광부분들의 경우도 내가 우리 조국에 차관을 위해서 내가 파견 나와 있구나라는 인식을 하고 계셨나요?

김태우 : 아니, 그거는 아니었어요. 그건 아니고 독일에 갈 때는 모집이에요. 그러니까 아까 제가 말씀드렸잖아요. 젊은 꿈을 이루고 독일에 가서 내가 공부를 할 수 있다든지, 그러니까 간호사로 간 분이 독일의 의학박사를 딴 사람이 열여섯 명이나 됩니다. 그리고 독일에 간 중에서는 뭐 여기 한국에 와서 뭐 고대교수 뭐 어디 교수, 공학박사 뭐 교육학박사 딴 사람들이 많고 거기서 다른 분들은 뭐 미국에 건너가고 그런 분들도 있습니다. 그러니까 이제 갈 때에는 내가 뭐 내가 돈 벌러 가고 독일 직장에 간 거죠. 그러나 큰 역사가 지나면서 비하인드스토리로 이게 독일과 한국의 경제교류를 위해서 차관을 얻어야 되고 맞아떨어져야 되는 시기에 광부가 파견이 됐으니까 일종의 그런 신용 크레디트(Kredit, 신용)가 됐다라는 거를 이제 좀 각색을 하고 표현을 하는 그런 의미죠. 그러나 어디에 뭐 이 사람들 이렇게 보내야 된다라는 어디에도 그런 문구는 국가 대 국가에서 넣을 수가 없죠. 묵계적으로 이뤄진 거죠. 그건 확실히 제가 말씀드릴 수 있습니다.

손동유 : 독일에 계실 때의 상황을 지금까지 계속 여쭙고 있는데요 한 가지만 좀 더 여쭤보면 독일의 광산노조 있지 않습니까? 그 분들하고의 어떤 연대나 교류 같은 건 없으셨나요?

김태우 : 예. 그 독일에 광산의 노조가 있었죠. 근데 우리 한국에서 간 분들한테는 노조가입 이 해당이 없었습니다. 그리고 원칙적으로는 한국정부의 가스트아르바이트(Gastarbeiter, 외국인 노동자)로 갔지만

개인 개인의 계약이거든요. 주선은 한국정부와 독일정부가 했고 그 경제적인 문제는 독일의 광산협회에서 했기 때문에 우리가 일시적으로 간 거기 때문에 노조는 결성을 할 수가 없었구요, 그 뒤에 정확한 건 아니지만 칠십몇 년도에 노조를 결성하려는 움직임이 있었는데 그것도 성사는 안된 것 같습니다. 왜냐하면 시한적으로 3년씩 간 사람들이 노조를 하는 거는 독일의 노동법에 있어서는 불가능했고 제가 광산에 일하면서 제 개인적으로 그 광산노조들을 보면 아까 말씀하신대로 합리적인 임금이라든가 일하는 조건이라든가 이런 것들이 노조에서 합의된 내용이 우리에게 적용된 거는 확실합니다.

그러니까 독일의 광산 노조에 적용되는 규정이면 우리에게도 정확히 똑같이. 그러니까 노조원으로 참여하는 갑과 을의 관계만 아니지 그 광산에 일하는 독일사람들의 노동조건이나 이런 것들은 똑같이 이루어졌습니다.

손동유 : 네. 노조결성 자체는 이제 어려운 상황과 조건이었다고 말씀해주시는 것으로 듣고요, 그럼에도 불구하고 자치조직이랄지 친목을 위한 모임 같은 거는 혹시 없었나요?

김태우 : 그러니깐 그런 게 있었죠. 왜냐면은 우리가 독일에 간 뭐 어느 광산에 조직을 뭐 가지고 뭐 한인회를 구성한다든지 이건 없었고, 하임(Heim, 집)별로 기수별로 서로들 뭐 모여가지고 친목을 도모하는 것 등이 있었습니다. 다만, 우리가 단체를 하기 위한 법적인 협회라든가 모임은 없었습니다.

손동유 : 네. 선생님께서 64년에 독일로 가신 거구요 저희가 기록을 보니까 68년 4월에 귀국하셨는데요, 3년 동안은 일을 하시고 1년을 더 체류 하셨습니다.

김태우 : 예. 1년 6개월이요.

손동유 : 예. 그렇게 지내시다가 들어오셔서 영화제작 및 보급 활동

을 쭉 하시게 되는데요 독일에서 카메라라든지 아니면 촬영에 대한 기술이라든지 이런 걸 습득하신 건가요?

김태우 : 예. 그렇습니다. 저는 인제 학교에서 전공은 경제학을 했고 인제 젊어서의 직업은 광부고 독일 가서 이렇게 쭉 보니까 뭔가 독일에서 뭘 하나를 배워가야겠다 생각하고 보니까 독일이 시청각 영화가 첨단이었어요. 그게 우리말로 사이언스 필름. 그런 것을 제가 접하게 됐고, 그래서 제가 거기서 영화를 본 중에서 '쇠가 살아있다'라는 영화를 봤어요. 왜냐면 이 기차 레일이 여름이면 늘어나고 겨울이면 반대로 그렇지 않습니까? 바로 이러한 영화를 통해서 예를 들면 항공기 프로펠러에 어떤 부분에 아주 미세한 이물질이 끼어있을 경우 프로펠러가 끊어지면 그 비행기는 추락하고 말잖아요. 그래서 쇠가 숨 쉬는 거를 현미경으로 슈나이든(schneiden; 잘라내다)하면서 촬영한 영화를 보고 내가 이 기술을 배우고 가면 좋겠다 생각했죠. 그래서 끝나갈 때쯤 됐는데 그러한 촬영장비가 독일께 최고에요. 그 독일 카메라 브랜드 아리플렉스(ARRIFLEX)입니다. 아리플렉스 그게 뭐냐면 아리란 말은 아놀드와 리키타라는 사람의 이름을 합성한 플렉스라는 건 밀라(mirror)에요 반사. 그거를 그 카메라를 개발한 게 히틀러 때 개발한 것으로 유명한데, 그래서 히틀러가 베를린 올림픽 때 히틀러의 여자친구가 아테네에서 올 때부터 그 간접촬영을 했다는 거 아닙니까. 그 카메라를 뮌헨에서 생산하는 걸 알고 인제 돈을 차곡차곡 모으고 공부를 그 방향으로 했죠. 그래가지고 이제 3년 마쳤는데 독일 광산에서 너 가지마라 독일 광산에도 학교도 있으니까, 그러니까 슈타이거 슐러(Steiger Schule), 학교도 다니고 여기서 공부해도 좋다고 했는데 저는 추호도 그런 생각이 없었고 그래서 좀 연장을 했더니 바로 연장을 해주더라구요, 거주허가를. 그래서 제가 뮌헨에 가서 통장 가지고 가서 그 카메라를 아리플렉스 카메라를 한 대당 2만 2천 마르크 그 당시에 2만 2천 마르크면 집

한 채예요. 우리 한국에서도 집 한 채고 독일에서도 뭐 집을 하나 살 수 있었는데 그런 굉장히 고가 돈인데 그걸 가서 계약을 하니까 거기서야 어떡해서 이 젊은 놈이 이런 돈이 있냐.

그때 내가 쭉 얘길 했어요 독일 광산 갔더니 너무 잘해주더라고. 그래서 6개월 반 독일어공부를 하고 그 카메라를 가지고 1968년 4월에 귀국해가지고 5일 만에 충무로에 입성을 한 겁니다. 그래서 충무로 입성할 때 엄청나지. 신상옥 감독, 독일제 그 카메라가 역회전할라면 저 건물에 막 확 뛰는 거 있죠 그런 걸 찍을라면 역회전해야 돼. 훅 내리는 거를 찍으면 되거든. 그런 카메라를 첨단 카메라를 가지고 들어왔어요. 그러니까 난 영화를 할 걸 계획을 하고 기술 배우고 그 촬영기를 사고 그래서 이거 그 아리플렉스(ARRIFLEX) 회사에 가서 카메라를 딱 계약했는데 그게 바로 올 수가, 6개월 있어야 계약을 하니까 그 기간 동안에 공부를 하겠다 했는데 교육을 시켜줘요. 시켜주는데 아침에 여덟 시에 출근인데 제가 일곱 시쯤 가가지고 이 교육실에 청소를 다 해놨어요. 다 했더니 한 달 후에 거기서 돈을 주더라구요. 열심히 잘 했다고. 그리고 나중엔 뭐 기술상도 주고 그랬는데 독일 분들이 굉장히 합리주의자들입니다. 합리주의자고 전 지금도 그 뒤에 제가 독일에서 봉급 받은, 3년간 번 돈의 6,000배 해당하는 독일장비를 수입한 사람이에요. 지금 필름카메라 한 대 카메라 바디 한 대가 15만 유로, 20만 유로 디지털카메라는 알렉사(ARRI ALEXA)라는 카메라 하나가 지금 한 10만 유로 하거든요. 렌즈를 라이카(LEICA)라는 렌즈를 개발했는데 렌즈 여덟 개가 15만 유로에요. 제가 다섯 대를 주문했는데 1년이 됐는데도 아직, 아직 안 도착했어요. 그러니까 독일은 뭐냐면 최고의 하이 퀄리티(high-quality)를 만들어 내는 나라입니다. 최고 아니면 안 된다는 겁니다. 대한민국의 '쉬리' 'JSA' 이런 영화들 다 독일제 장비였는데 지금 이번에 인제 종방이 생겨가지고 뭐 '뿌리 깊은 나무' 이런 것도 다 독일

제 장비로 제가 지금 보급을 하고 기술지원을 하고 있는데, 독일이란 나라가 1945년 이후에 아데나워(Konrad Adenauer) 수상 같은 그런 사람이 외국학생들에게 장학금제도도 만들고, 참 독일 보면 좀 참 그런 정치하는 사람들이 나 같은 광부로 데려간 사람이 6,000배에 해당하는 독일의 물건을 사갈 정도로 포섭을 했잖습니까? 그래서 바로 이런 먼 날을 내다보는 그런 인력교류가 가장 중요하다는 생각입니다.

손동유 : 관련해서 조금 아까 말씀 중에 인제 'JSA'나 '쉬리'에 장비를 대여하고 이런 일도 최근엔 하셨다 그랬는데 그 전까지는 보면은 인제 이른바 문화영화라고…

김태우 : 예, 홍보영화.

손동유 : 예. 홍보영화를 주로 작업하셨죠?

김태우 : 예.

손동유 : 뭐 어떤 그런 특별한 이유가 있으신가요?

김태우 : 아니, 제가 독일에서 시청각 영화를 많이 보고 한국에 와서 제안을 하니까 그 제도를 김종필 총리께서 받아들였어요. 한국에서도 1972년, 1973년도에 170군데 교육청에 시청각영화를 정부에서 그 당시에 5억의 엄청난 돈을 들여가지고 제도를 만들었는데 장사를 엉뚱한 사람이 하더라구요. 막 외국 거 복사 해다가 다 하고 도저히 그거는 생리에 안 맞는다 해서 제가 그런 영화를 많이 만들었어요.

그래서 세계탐구 예를 들면 성심병원에서 현미경으로 촬영하는 거 그담에 심장판막 이식수술 뭐 이런 교육영화를 쭉 하니 만들다 보니, 그런데 그 전에는 제가 고속도로 건설 근접촬영, 소양강 댐 촬영 이런 것들처럼 70년대에 한국경제발전 현장을 촬영했죠. 독일에선 광산에서 땀을 흘렸고 한국에선 홍보영화를 이렇게 쭉하니 하다 보니까 돈이 안 벌리더라구요. 그러다가 1993년 대전엑스포를 했잖아요. 근데 인제 우리 정부주제관에 20분짜리 영화를 만드는데 20분짜리 영화가 저한테

23억을 주더라고요, 23억을. 그래도 인제 감사원하고 총리께서 이 영화는 신영필름을 김태우가 만드는 수의계약 명령이 났는데도 제가 서명을 안 했어요. 그래도 꼭 해주셔야 한다고 해서 3년간 제가 그 영화를 만드는데 이어령 선생님이 시나리오를 써주시고 '달리는 한국인' 그래 최초로 70mm 영화를 한국에서 성공적으로 제가 만들어서 대전엑스포를 끝나고 나니까, 야! 내가 독일의 광산에서 땀 흘렸고 70년대 80년대 이만큼 시청각 공보영화를 했는데 인제 돈을 좀 벌어야 되겠다 그래가지고 제가 1996년부터 인제 영화산업에 뛰어들어서 첫 작품이 '쉬리'입니다.

손동유 : 그 이후는 그럼 상업영화를 하셨나요?

김태우 : 예. 산업 쪽으로 이제 돼서 제가 인제 조금 내년에는 파주 출판영상단지에 연구소를 제 개인적으로 준비 중이어서 오픈할 겁니다.

손동유 : 예. 1970~1980년대에 주로 홍보영화를 많이 하시긴 하셨지만 그 시대에는 우리 영화산업이나 뭐 영화계에 정권의 특성상 간섭이나 통제 이런 것들이 많아서 좀 문제가 되기도 했던 그런 시기이지 않습니까? 영화계에 계시면서 그런 점들에 대해서는 어떤 기억을 갖고 계시는지.

김태우 : 아, 근데 저는 실질적으로 저는 그렇게 생각을 합니다. 모든 게 국가의 통제가 있으면 있을수록 저는 발전의 저해요인이다 근데 또 안 하면은 판이 깨지죠. 근데 70년대 80년대 국가가 통제를 했기 때문에 영화가 발전 못했다라는 점에는 대해서 동의를 안 합니다. 영화인들이 노력을 안 한 거예요. 좋은 영화를 만들려고 하지 않고, 문방구 가서 그냥 수표 사가지고 발행해서 팔아서 얼렁뚱땅 했는데 그러면 자본이 들어오지 않죠.

그래서 정부에서는 굉장히 노력을 했죠 1973년에 영화법을 개정해서 좋은 영화를 만들면 쿼터를 줘서 외국영화를 수입하겠다. 그 돈 다 벌어가지고 다 나갔어요. 그 돈 번 사람들이 충무로 영화계에 있지 않고 다 가서 호텔사고 땅장사하고 다 했어. 그래 실질적으로 영화육성을 하겠다는 돈이 다른 데로 흘러가버린 거죠. 아주 묘한 나라에요. 그래서 저는 이제 이런 말씀드리는데 제가 굉장히 좋은 영화를 몇 편을 만들었는데요, 제가 독일에서 딱 돌아가와지고 1967년에, 우리나라 산림청이 생겼습니다. 최초로 산림청을 만들었는데, 이런 얘기해도 괜찮을까요?

손동유 : 아, 예. 편히 하십시오.

김태우 : 저는 박정희 대통령께서 이런 말씀을 하셨어요. '국토가 이렇게 황폐된 국토에서는 나라가 잘 살 수 없다. 여하튼 이 산에 푸른 산으로 만들어야 되겠다'라고 해서 산림청을 했거든요. 제가 그 일에 뛰어들었습니다. 유명한 영화 '산을 푸르게'라는 영화를 만들었는데 청와대에서 시사회를 하는데 그때가 제 나이가 30대일 땐데 젊었을 때거든요, 서른하나. 젊은 사람이 그렇게 영화를 잘 만들어. 대통령께서 그 얘길 하시는데 제가 독일 광산에 있던 64년에 대통령 오셨을 때 내가 울고 했던 광부입니다 이 얘길 안 했어요. 했으면 제가 영화 못했죠. 지금까지 못해서 아마 뭐 좀 끌려가서 어디 정치판에 뛰어 들어가서, 하여튼 숨기고 쭉 했거든요. 여튼 그 영화가 미국 하버드 대학교에 지금도 교재로 쓰고 있습니다. 우리의 불모의 땅에서 산을 푸르게 만든. 근데 저번에 12월 2일 날 독일 대사께서 우리 그 모임에 특강을 했는데 아! 저는 그날 아주 가슴 아팠어요. 한국 분들이 너무 모르는 게 있다 이거예요.

손동유 : 어떤 부분 말씀이시죠?

김태우 : 1960년대 독일이 한국에 제일 먼저 도와준 게 나무 심는 사업이었어요. 그리고 그런 황폐한 산이 지금 푸른 산으로 변했다는 거

는 한국분이 잊어서는 안 된다는 얘기야. 그리고 한국의 그 불모의 산이 푸른 산으로 만들었다는데 한국민의 무한한 발전의 힘이 있다고 대사가 그런 얘기를 했어요. 저는 동의합니다. 그 영화는 제가 몇 군데서 특강으로 했는데 학교에서 그런 영화 봐야 됩니다.

바로 우리 국토가 그렇게 과거에 황폐됐던 시기에 그런 영화를 만들면서 재미있었어요. 한 컷 찍기 위해서 설악산에 가서 일주일간 살면서 영화 만들고 너무 재밌었어요.

손동유 : 예, 그러다가 인제 상업영화에

김태우 : 예, 상업영화르 인제 전환을 하게 됐는데 바로 그 당시 나름대로의 영화들을 뭐, 참 임권택 감독이라든가 뭐 김수용 감독 열정적인 영화인들이 많았어요. 사실 많았는데 자본이 들어오질 못해요. 큰 자본이 들어오질 못하고 그냥 정부의 정책이 이러면 그냥 돈 번 사람은 나가고, 영화는 잘 만드는데 흥행이 안 되니까 망하고 뭐 이렇게 되는데 1990년대부터 이제 외부의 자본이 조금씩 들어오면서 투자자도 들어오고.

그리고 좋은 영화가 나오게 된 계기가요 엘리트들이 영화계에 들어온 겁니다. 대학교에서 훌륭한 젊은이들을 교육을 시켜주신 거예요. 이게 1990년대부터 지금 한국영화의 급진적인 성장은, 영화는 뭐로 만드느냐 세 가지예요. 두뇌와 기술과 자본입니다. 한국영화는 아직 지금 아주 자본이 부족하죠, 그리고 시장이 부족하고. 그러나 한국영화는 꾸준히 성장하는데 작년에 '최종병기 활' 그거는 제가 열정적으로 후원한 작품입니다. 2007년까지는 모든 영화가 필름이었어요. 지금 미국시장은 필름 많이 허요. 근데 우리나라는 지금 100%가 필름에서 디지털로 전환했습니다. 근데 우리나라에 지금 디지털 영화의 기술은 미국에 뒤지지 않을 정도로 발전을 했어요. 완전히 전환이 됐는데 저도 2008년 학교를 졸업하자 필름장비 기술로 올인(all in)을 했던 이유가 그런 상황태문인 거죠. 그래서 제가 졸업하자마자 2008년 4월 달에 미국에 실리콘벨리에 들어가가지고 디지털기술을 들여와서 작년에 '최종병기 활'에 성공을 했습니다. 그래서 지금 완전히 디지털기술이 정착을 했고 독일이, 필름, 카메라 기술의 첨단 나라가 디지털로 완전히 전환해서 그런 선진국의 그 테크니컬 한 장비, 하드웨어와 한국의 그 인력들이 접목을 하고 그리고 자본이 들어와가지고 한국영화가 지금 시장점유율 60%로 지금 가고 있어서 이번에 인제 '건축학개론' 같은 거는 상당히 그 기술도 좋은, 저희 장비 기술인데, 연출을 비롯해서 전부 대학교에서 공부한 분들이라 굉장히 머리들이 좋아서 한국영화 앞으로 좀 계속 발전할 수 있을 거라고 생각을 합니다.

손동유 : 네. 그렇게 영화계에서만 줄곧 몸담고 쭉 매진해오시다가 아까 잠깐 배경은 설명해주셨지만 2008년에 파독광부총연합회를 인제 만드시면서 다시금 파독광부 간호사 간호조무사들의 삶과 역할에 대해서 여러 가지 역할을 지금 맡아서 하고 계시지 않습니까? 협회를 만드시고 나서 현재까지 회원으로 등록된 분들은 몇 분이나 되시나요?

김태우 : 예. 지금도 어떤 갈등이 있냐면요 제가 굉장히 가슴 아팠던 게 뭐냐면 열심히 하다 보니까 1985년에 협회를 만드는데 영화인 협회를, 그때 인제 KBS, MBC, 우리 광고대행사 뭐 이런 사람들이 회장선출을 하는데 다른 사람들이 '아 김태우 씨 젊기도 하고 뭐 하니까 회장 나오시오.' 그래서 어디 떠밀려가지고 회장하는데 저 뒤에서 누가 한 분이 "독일에 광부로 갔다 온 놈이 회장자격 있어?" 그때 제가 깨달았어요. 야 맞아. 뭐 독일의 광부로 갔다 온 사람이 광산에서 일한 놈이 이런 문화계 회장을 할 수 있어? 그러고는 제가 그때 가슴 속으로 엄청난 충격을 먹고 내 일이나 해야겠다 내 일이나 해야겠다. 그러고 있는데 2006년에 인제 학교 들어가서 복학을 하고 있는데 독일 광산에서 똑같이 일하던 친구가 이정의라고 베를린 공과대학교를 나와가지고 광산의

최고의 경영자까지 오른 친구가 이정의인데 그 친구는 2006년에 왔어요 나 만나러. 만년필 하나를 가지고. 자기가 학위 딸 때부터 최고 경영자까지 꼭 썼던 그 만년필을 나한테 줘야겠다는 거죠. 이건 역사적 일입니다. 근데 그 만년필을 가지고 오는데 백영훈 박사님이 저한테 밤에 오셨어요. 백영훈 박사님이 『대한민국에게 고함』이라는 책을 열다섯 권을 가져오셨어요. 주시길래 제가 책값을 20만 원 드리니까 무슨 소리냐고 거절하시는 거에요. 나는 책을 절대 공고로 받아본 적이 없다. 받으시면 나하고 오늘 얘길 하고 안 받으시면 얘기를 안 합니다. 이때에 백영훈 박사께서 협회를 해야 된다고 권고하셔서 제가 결심을 하게 되었고, 기념관 건립비를 국회에서 20억을 받았고 대한민국 역사박물관의 전시공간도 확보하고, 그렇게 되었습니다.

손동유 : 예, 근데 지금 그 협회는 회원이 어느 정도 되시나요?

김태우 : 예, 그래서 독일정부에서 우리정부로 반환되었던 돈을 정리를 해야 되는데 독일에 간 광부는 약 8,000명인데 한 3분지 1이 독일에 남고 3분지 1은 한국에 들어오고 3분지 1은 인제 캐나다 미국 호주 그렇게 해서 그래서 주소톤을 만들려니까 이 뭐 30~40년 전이니까 주소록이 없잖아요. 근데 행정자치부에 고용노동부하고 그, 나온 주소록이 있어서 달라고 하니까 개인정보라 줄 수가 없다는 거에요.

우리 협회를 만든다고 어떻게든 편지를 발송해 오니 답변이 온 것이 100명 정도인데, 그 뒤에도 편지를 보내니까 제발 이 편지 보내지 마시오. 내가 독일에 광부로 갔다는 얘기를 누구에게도 안 했는데 우리 며느리가 아버지 독일 광부로 갔다는 거 알면 집안이 난리가 나다. 그러니 보내지 마시요. 그런 일들이 있었습니다.

그런데도 제가 꾸준히 해서 지금 매일 회원이 늘어나고 있습니다. 그리고 그 4년 전부터 방송국 티비 작년 이번에 티비에서 2011년 1월 1일 날 이걸 보신 분들 있어요. 2011년 1월 1일 K3S에서 100년드라마에 우리 광부 얘기를 처음으로 다뤘습니다. 그리고 김황식(金滉植) 총리 취임식에서 독일 광부 때문에 손수건을 꺼내서 우셨어요. 독일 광부가 있어서 그리고 간호사가 있어서 부끄러운 게 아니라 자랑스럽다 그리고 꼭 자랑스러운 것만 아니지만 어쩔 수 없이 배고파서 가난해서 독일에 갔다 하더라도 그 힘이 오늘의 대한민국이 있는데 보탬이 되지 않았냐.

그래서 그 정신적인 것을 이해 해주고 어떤 식으로라도 이 이야기가 책으로 나와야 되겠다라고 생각했는데 이번에 명지대학교에서 여기에 이런 디자인을 해주신 거에 대해서 제가 처음에 연락오고 해서 참 야 이거 우리가 열심히 하다 보니까 이렇게 하시는 대학교도 있구나 생각했습니다.

손동유 : 예, 잘 알겠습니다. 아까 인제 파독광부분들 중에는 3분의 1씩 파독 노동 이후에 대략 거주하시는 지역적 분포가 그렇다고 말씀해주셨는데요. 간호사분들도 비율이 비슷한가요?

김태우 : 간호사로 가신 분은 약 12,000명 되는 데요 거의 비슷해요.

손동유 : 독일에 남아계신 분, 귀국하신 분, 제3국으로 가신 분 비중 말씀입니다.

김태우 : 네, 맞습니다.

손동유 : 그럼 그분들 최대한 연락관계를 맺으려면 시간이 좀 많이 필요하겠네요.

김태우 : 지금 네트워크를 금년에, 금년에 인제 본격적으로 좀 완성을 해낼라고 지금 준비를 합니다. 그래서 기념관을 만드는 거는 이제 기념관도 하지만 한 층 정도는 유스호스텔 식으로 독일에서나 미국에서나 자녀들하고 오시면 좀 자고 가고 쉬어갈 수 있는 그런 거까지 만들어서 우리가 역사적으로 이렇게 얘기도 해주고 이렇게 하는 자리를 금년에 완성이 될 겁니다.

손동유 : 네, 그러면은 뭐 지금 부지라든지 이런 것도 다 확정되었나요?

김태우 : 예, 그러니까 토지를 받은 걸로 할랬더니 행정적으로 좀 시간이 많이 걸릴 거 같아서 금년에 양재동 시민의 숲 옆에 한 5층 건물을 리모델링해서 시행을 하려고 하고 있습니다.

손동유 : 예, 알겠습니다. 종합적인 질문 한 가지 좀 여쭙겠는데요, 파독광부 간호사 이분들은 우리나라 현대사에 있어서 특별한 의미를 지니는 키워드라고 생각이 됩니다. 그럼에도 불구하고 관련학계에서 깊이 있는 연구가 많이 진행된 형편은 못되거든요. 그래서 오늘 이런 자리가 그런 향후 연구를 위한 어떤 기본적인 자료를 축적해놓는 그런 자리이기도 하다고 생각하는데요, 그런 의미에서 회장님께서 생각하시는 파독 광부 간호사들의 삶이 우리나라 현대사에서 어떤 의미를 지닌다고 생각하시는지 말씀 부탁드립니다.

김태우 : 예. 저희가, 독일로 간 20대들이 이제 60을 넘어서 70 전후 나이가 됐거든요. 그래서 제가 몇 년 전부터 서둘르는 이유가 우리 세대가 가버리고 나면 영원히 그냥 말로만 남고 어떤 역사적인 기록이, 기록과 보존이 없을 거 같다라는 생각을 해서 시작한 거예요. 그리고 이게 기록을 남기고 보존하는 것도 중요하겠지만 더 중요한 거는 우리가 경험했던 것을 이제는 되돌려 줘야 되는 거라는 생각입니다.

그러니까 저희가 3년 독일에 간 그 인력들이 한국경제발전에 밑거름이 됐다면 우리 한국이 이제는 경제적으로 성장이 되고 발전해서 50년 전 독일 같이 됐거든요. 그러면 우리가 독일로 갔을 때의 환경 중에서 있는 저개발국가나 가난한 사람들에게 독일이 했던 정책 같은 걸 펴면 어떻겠느냐. 그래 되돌려 주는 것이 필요하겠다는 겁니다.

그래서 저는 우리 협회 차원만이 아니라 우리 국민 전체차원에서 우리가 우리에게 베푸는 것 뿐만 아니라, 외국에도 그렇게 하자는 겁니다. 외국 근로자들이 지금 국내에 와있는 이 자원은 대단한 자원이거든요. 석유 전기만이 자원이 아니라 이런 사람들이 한국에 와서 생산하는 인적 자원인건데, 그 사람들에게 한국에서 행복한 마음으로 일할 수 있고 그 사람들이 안전하게 일을 할 수 있고 그 사람들이 일하는데 보답을 할 수 있는 그런 우리 국민의 자세가 돼야 되겠고, 우리 협회는 실질적으로 독일의 광산이나 병원에 가서 시체를 닦고 그 궂은일을 하고 37~38°C에서 일하고 그 역경스러웠던 그날이 있었기 때문에 오늘이 있다. 그러기 때문에 대한민국에 와 있는 외국 근로자들에게 그런 일을 꼭 보답할 수 있는 그런 우리 국가적인 국민의 어떤 생각을 행동으로 옮길 수 있는 그런 시기가 온다면 이게 대한민국이 선진국으로 갈 수 있는 큰 길을 만들 수 있을 것이라고 저는 생각을 해봅니다. 그래서 저는 그런 생각을 갖습니다. 그때를 잊지 말자. 그때가 있어서 오늘이 있다. 독일의 광산에 가서 제가 일하고 땀 흘렸던 그날이 있었기 때문에 우리 명지대학교 국제한국학연구소 포럼에도 올 수 있는 것과 같이 결코 그때를 잊어서는 안 되겠다. 그때를 잊는다면 다시 우리에게는 그보다도 더 힘든 배고픈 그런 시기가 다시 올 수 있다 그런 거를 생각해봅니다.

손동유 : 네. 지금 말씀해주시는 그런 생생한 기억이 갖고 계신 기록들과 함께 파독광부 간호사들의 삶과 그 역사가 헛되지 않게 잘 보존되리라 생각합니다.

김태우 : 그래야겠죠. 이 봉급 봉투가 저를 살려준 일이 있어요. 이거를 차곡차곡 모아서 귀국했더니 2년 후에 성북세무서에서 오래요. 당신 세금을 많이 내야 된다. 왜 그럽니까 그랬더니 당신이 젊은 사람이 집을 샀는데 이 집을 상속받은 거 아니냐. 어? 그 그럴 수 있죠. 암담하데요. 그래서 이걸 가지고 가서 딱 설명을 했더니 독일에 이렇게 돈 벌어서 집을 샀는지 몰랐다고 세금 안 받겠다고 하더라구요. 그래서

제가 이거를 잘 가지고 있는데 우리나라 역사박물관이나 아까도 뭐 이민사박물관 아까 오셨던 분 있는데 저희는 그 자료들을 우리가 다 박물관에도 있는 대로 하나씩 나눠 드려야지요.

손동유 : 기증하셔야죠.

김태우 : 예, 그럼요.

손동유 : 예. 이제 마지막으로 그 아까 인제 말씀 중에도 회장님 직접 겪으시기도 하셨고 그리고 본인이 파독광부였던 걸 숨기고자 하시는 분들도 종종 있는 거 같습니다. 그것은 뭐 다른 거보다도 사회적 편견 때문에 그런 게 아닌가 싶은데요, 그런 것을 포함해서 우리 사회에 어떤 파독광부출신으로서 뭔가 당부하고 싶으신 말씀이 있으시다면 끝으로 좀 부탁을 드리고 싶습니다.

김태우 : 파독광부로서의 부탁보다도 제가 아침 6시에 출근하거든요. 근데 제가 아침 6시에 출근하면 어느 날은 하루에 한 젊은이들이 한 40~50명 우리 본사에서 일 나오고 들어가는데요 그 친구들의, 젊은 사람들의 눈을 제가 읽어요. 그래서 차타고 갈 때 잘들 다녀와 다독거려주면 그날 저녁에 너무 행복해요. 정말 나는 그 젊은이들이 일 나갔다 오고, 일 나가고 하는데 그 열정적으로 살아가는 우리 젊은이들 보면 대한민국에 희망이 있다고 저는 생각합니다. 그래서 저는 부탁하고 싶은 건 뭐냐면 독일 광산에 가서 일할 때에 한국에 지금도 가난한 사람 있긴 하지만 1960년대는 우리 너무 가난했어요. 뭐 그 전에는 말할 수 없지만, 이제는 물질적으로 풍요로워졌지만 정신적인 가난이 더 불행을 가져올 수 있다고 생각합니다. 그래서 좀 정신적으로는 가난하지 않는 이 사회를 만들자는 걸 당부하고 싶습니다.

손동유 : 말씀 감사합니다. 일단 제가 여쭤보는 질문은 여기까지 드리구요, 오늘 또 많은 분들이 참여했으니까 자유롭게 여러 가지 의견들 함께 나누는 자리 좀 더 갖겠습니다.

청중 : 파독광부 간호사의 삶의 현장 이런 역사적 기록들이 교과서나 교육 자료로서 반영되어있는지가 첫 번째 질문이구요, 두 번째는 독일 현장에서 좀 더 더 드라마틱한 사건들이 더 없었는지, 다큐멘터리나 또 다른 콘텐츠로 제작할만한 것이 있으면 말씀해주시면 고맙겠습니다.

김태우 : 네. 독일에 갔던 광부나 간호사들의 삶을 말씀드리자면, 독일에 있는 분들은 광산 일을 마치고 다른 직업에 전환하거나 공부를 해서 직업을 전환하거나 간호사로 있던 분들은 간호사 생활을 쭉 하거나 아니면 의학공부를 하거나 해서 지금 독일에 남아있는 분들은 안정적인 생활을 합니다.

근데 독일의 안정적인 생활이라는 건 연금이라기보다 젊어서 일을 많이 한만큼 저축을 한 거죠. 부부가 다 같이 열심히 일을 했던 분들은 뭐 집도 가지고 있고 또 생활하시고 그래서 독일에 있는 분들 중에서 크게 보면은 그때 남아서 사업한 사람도 있고 뭐 농장하는 사람도 있고 독일사회에 우리 한인 교류에 큰 기간(基幹)이 됐고 특히 그 자녀들이 다 잘 됐어요.

굉장히 힘든 일을 하니까 사고가 난 사람도 있고 뭐 광산일하니까 옛날 얘기지만 인제 뭐 표현하기가 어려울 정도로 고통스러운 시간들이 많이 흘렀다는 거를 인제 제가 말씀을 드릴 수 있습니다.

사람은 태어날 때부터 손짓발짓하고, 말을 하고, 글로 기록을 하잖아요. 그담에 더 발전하는 게 영상의 기록, 그래서 우리 독일에 갔던 그 분들도 그런 기록들이 다소 있었는데 제가 방송국에서도 나름대로는 협조해서 MBC에서도 만들고 KBS에서도 했었는데, 저도 이런 자료들을 가지고 '고난의 벽을 넘어 기적의 라인(Lyne)강으로'라는 영화를 만들었습니다. 그리고 그 뒤에 인제 독일 광부 간호사들의 삶을 책으로 작가들이 만든 게 대표적인 게 몇 개 있습니다. 『독일 아리랑』이라고 세계일보에 기자가 쓴 책이 있고 그담에 독일에서 이정의 씨가 쓴 책이 있고 그 다음에 권이종 교수가 쓴 『교수된 광부』 그런 책들이 몇 권 있고, 작년에 이재주 국회의원이 파독간호평가사업을 연구 자료로 만든 것도 있습니다.

그 밖에 지난 3월 5일에서 4월 3일까지 KBS FM 93.7 대한민국 경제실록 제12화 '산업인력해외진출사' 22회에 걸쳐서 한 겁니다. 저도 주인공으로도 나오고 박정희 대통령 일화도 많이 있는데, 이런 다큐멘터리가 굉장히 가치가 있을 거로 생각을 합니다.

청중 : 저는 1970년에 파독광부로 가서 아직까지 독일에 살고 있는 사람입니다. 오늘 이런 발표가 있다고 해서 친구들하고 왔습니다. 몇가지만 말씀드리면, 60년대 파독광부와 70년대의 상황과는 좀 다릅니다. 60년대는 주로 광산경력자가 파견되었고, 70년대에는 한국사정이 돈은 없고 그러니까 인제 광산근로자보다는 누구든 모집해서 갔었는데, 처음엔 뭐 여기서 뭐 어렵게 살고 싶지 않아서 한 번 가보자 가면 돈 많이 번다고 해서 갔는데 돈을 많이 못 벌었습니다.

가서 뭐 먹고 살고 하니깐 봉급이 많이 남지 않더라구요. 그래서 지금까지 오지도 못하고 독일에서 살고 있습니다. 그래서 저희들이 이렇게 고생을 했는데 하면서 옛날엔 한국정부에 많이 좀 바랬습니다.

근데 지금은 바라는 건 이상하고 이제 우리 스스로 찾는 길밖에 없다고 생각하고 살고 있습니다. 우선 연금은 상당히 적습니다 우리가 일한 것이 얼마 안 되니까. 그래도 제 생각에는 한국 정부나 기업에서 2세 문제를 좀 신경을 써주시면 참 좋을 것 같다는 생각을 합니다. 한글학교라든지 2세 교육에 있어서 지원을 부탁하고 싶습니다.

김태우 : 네. 사실 지금 말씀해주신 대로 제가 협회를 이렇게 만든 목적은 그렇습니다. 아까 말씀, 큰 거시적인 것도 있지마는 실질적으로 있는 게 뭐냐면 우리 1세대들은 아까 말씀하신 대로 그럭저럭 독일에서 그냥 산다 하지만 우리 그 후세대들은 우리 아버지 어머니들이 독일

에 오고 독일을 거쳐서 외국으로 가서 정체성에 상당한 어려움을 겪고 있다고 파악하고 있습니다. 그래서 제가 국회에다가 19대국회부터는 본격적으로 정부와 국회가 광부, 간호사로 독일에 간 이분들에 대해서 좀 확실한 어떤 정의도 내리고, 우리 2세대들이 한국에 다시 어머니 아버지 할머니 할아버지의 나라에 와서 살고 싶다고 할 때는 보듬어주고 어루만져줄 수 있는 기반을 만들어야겠다고 생각합니다.

그래서 제일 먼저 작년에 어렵지마는 국회에서 우리 파독광부 간호사들에 대한 기념사업을 하라고 굉장히 어렵게 돈을 20억 이상을 지원해 준겁니다. 앞으로 하나하나 법적인 근거가 마련되지 않으면 누구도 도와줄래도 도와줄 수 없는데 작년까지는 나름대로 기초적인 사업이 잘 이루어졌다고 봅니다.

청중 : 인천에 있는 한국 이민사박물관에 근무하고 있습니다. 개관 당시에는 하와이나 미주 쪽 멕시코 쪽 이쪽의 이민사만을 위주로 개관을 1단계 사업으로 했구요. 그다음 2단계 사업으로 유럽 쪽하고 아시아 쪽 이주역사를 인제 확충을 하기 위해서 준비를 나름 하고 있었습니다. 유럽하고 아시아 쪽 자료 수집을 꾸준하게 해서 2009년하고 10년도에 이제 독일 파독 간호 인력에 관한 자료들을 좀 수집을 했습니다. 이 자료들에 대한 전시는 6월 13일에 개막을 할 계획입니다.

그래서 김태우 선생님한테 여쭈어보고 싶은 건 선생님이 소장하고 계신 자료나 아니면 회원님들이 소장하고 있는 자료를 우리 박물관에 전시를 할 때에 조금 협조를 해주실 수 있는지 전시기간에 대여를 해주실 수 있는지 여쭤보고 싶습니다.

김태우 : 인천 이민사박물관은 서로 협력 관계를 좀 가졌으면 좋겠다는 생각을 하고 있습니다. 저희가 가지고 있는 자료 같은 거 제가 아낌없이 지원을 해드리겠다고 말씀 드리고요. 바로 그건 우리 일입니다.

청중 : 저는 충북대학에서 왔습니다. 다소 불편한 질문이 될지 모르

겠지만, 독일에 갔다왔다라는 사실을 숨기거나 하는 분도 계신다고 하는데, 그 당시에 사회적인 편견 때문인지 아니면 본인 스스로가 그거에 대해서 그렇게 썩 자랑스럽게 생각하지 않았는지가 궁금합니다.

그리고 하임(Heim, 집)에 사셨다고 했는데, 독일 사람들하고의 사이에서 어떤 문제들은 없었는지. 그리고 세 번째는 지금 기침하시는 거 보고 생각이 났는데 혹시 그게 탄광에서의 그런 경험 때문에 이어진 게 아닌가 갑자기 생각이 났습니다.

김태우 : (기침을 심하게 함) 지금 제가 왜 직업병이 생겼는가. 이거는 의사와의 대화 속에서도 제가 확인을 했던 건데 젊었기 때문에 힘든 일 할 때 자기 힘만 믿고 땅 속에서 일하다 보니까 공기흡수가 많이 됐던 거예요. 광산에는 석탄가루가 많은데 일을 많이 하니까 [숨을 크게 들이킴] 많이 들어간 거예요. 당시에는 석탄가루 먹으면 이렇게 몸이 나빠질 거라는 걸 생각을 못했어요. 70살 이전까지는 괜찮았는데 제가 70넘으면서 갑자기 확인을 했어요. KBS 취재진이 대한극장에서 만나기로 했는데 우리 스튜디오로 오기로 했는데 길을 좀 이렇게 그래서 대한극장 옆에 갔더니 KBS 차가 막 가더라구요. 그래서 막 뛰어갔어요. 중간에 제가 쓰러졌어요. 아무 기억이 없이 쓰러졌어. 그래가지고 의사한테 갔더니 당신 직업병이니까 절대 많이 뛰지 마라. 이걸 갖다가 뭐 진폐증이라 그런대요.

독일에서 광산에 들어갈 때는 코담배라고 있습니다. 우리나라의 후추가루 같은 건티요 가루로 된 거예요. 그거를 코에다가 넣으면 코를 자극해가지고 콧물이 무지하게 많이 나옵니다. 그러건 그냥 콱 풀어놓으면 이만한 석탄가루를 몇 번씩 풀어내는데 이번에 전시할 때도 그 통을 다 전시할 겁니다.

독일에서 지낼 때 독일사람들하고의 관계는, 저의 경우도 종교적인 데나 사회적으로나 또 직장의 동료, 독일사람들이 일요일 날 많이 초청을 했어요. 같이 저녁도 먹고 같이 여행도 다니고 그래서 대부분이 사는 사람들이 인제 그런 관계들이었구요, 아까 말씀하신 70년대 이후에 가신 분들은 그 뒤에 공부도 하고 뭐 스포츠의학을 하신 분들도 있고, 정착들 많이 하고 유대관계도 좋고 소통도 잘 되었을 것으로 생각합니다.

그리고 제가 독일에 갈 때 여자친구가 있었어요. 은행에 다녔는데 갑자기 독일 간다 그러니까 정말 당황하더라구요. 독일에 간다 그러니까. 그리고 이제 뭐 우리 집에서도 마찬가지였고. 그러니까 사실 독일 광부로 간다 하면은 좋게 생각을 안 했죠. 그래서 우리 여자친구 집에서는 대학교 다니고 뭐 군대도 갔다 오고 집은 가난하지만 괜찮다고 그러면서 독일 가기 전에 이 여자가 저한테 호적초본을 주더라구요. 결혼신고를 하면 가고 아니면 가지 마라. 정말 이런 여자라면 내가 독일을 안 가든지 독일 가서 데려가든지 잘해야 되겠다 그래서 제가 결혼식을 못하고 독일에 갔는데 독일에 갔는데 3개월 후에 은행에서 잘렸어요 제 여자친구가. 결혼을 한 게 들통이 난 거죠. 호적등본을, 호적을, 호적등본을 내야 되는데 이게 인제 호적등본에 결혼한 걸로 돼버려서. 제가 그래서 50마르크씩을 보내줬습니다. 그때 50마르크면 자기 집에서는 먹고 살 수 있죠. 그래서 돈을 보내줬는데 아, 정말 그런 행운의 여자를 만났다는 걸 저는 감사를 하고 남자나 여자나 요즘 한 번 사귀면 그런 믿음이 필요하다 저는 그렇게 생각을 합니다.

손동유 : 오늘 긴 시간동안 이렇게 자리 함께 해주신 여러분들께도 감사드리고 특히나 또 김태우 회장님 바쁘신 중에도 자료와 함께 미리 드린 질문에 대해서 꼼꼼히 준비해주셔서 대단히 감사드립니다.

* 김태우 회장은 지난 4월 1일 광부시절 얻었던 '폐 섬유화증'이라는 병이 악화되어 고인이 되셨습니다. 삼가 고인의 명복을 빕니다.

황보수자 (전 인제대 교수, 파독광부간호사간호조무사협회 부회장)

□ 사회자 : 김상민 (명지대 국제한국학연구소 연구교수)

김상민 : 저희 명지대학교 국제한국학연구소는 2004년부터 정기학술 포럼을 운영하고 있는데요 2005년부터는 박정희 시대와 한국 현대사란 제목으로 각계의 선생님들을 모셔서 인제 증언을 듣고 채록해서 기록으로 남기는 작업을 수행하고 있습니다. 그동안에는 정치 경제 사회 외교 국방 그리고 문화 이런 쪽의 선생님들 초빙해서 포럼을 진행해왔구요. 올해 2012년도에는 박정희 시대와 우리나라 현대사에서도 큰 역할을 또 수행하셨고 또 이 경제발전에 많은 의미를 갖고 계시는 파독한인들 특히 광부출신, 광부 간호사 간호조무사 분들을 좀 직접 모셔서 '박정희 시대와 파독 한인들'이란 주제로 포럼을 지금 진행하고 있습니다.

그 세 번째 순서로 오늘은 황보수자 전 인제대학교 간호학과 교수님을 모시고 몇 가지 질문을 통해서 당시 사회를 좀 회고하고 정리하는 시간을 갖도록 하겠습니다. 선생님 바쁘신 중에 와주신 선생님과 매번 포럼 때마다 지원해주시는 조은문화재단에도 감사의 말씀을 드리도록 하겠습니다. 먼저 선생님의 연보를 먼저 좀 제가 간략하게 설명을 드리고 연보를 중심으로 선생님의 삶 그리고 파독이 갖는 의미와 그것이 뭐 한국사회에 끼친 영향 이런 내용들을 직접 들어보는 시간을 갖도록 하겠습니다.

황보수자 선생님은 1942년 5월에 일본 나고야에서 출생하셨고, 1년 뒤에 귀국하셔서 대구에서 유년시절을 보내셨습니다. 그리고 49년도에는 해서초등학교 54년도에는 제일여자중학교를 입학해서 졸업하셨고요 57년도부터 3년간은 대구 동산간호고등기술학교에서 수학하셨습니다. 그리고 1961년도에 검정고시로 고등학교 졸업, 검정을 받으셨고요 다음 해에 간호사 자격을 취득하신 것으로 제가 알고 있습니다. 그리고 그다음 해인 63년도에 서강대학교 물리학과에 입학하신 것으로 되어있는데요 입학하셔서 수학하신 기간은 1년 남짓인 것 같습니다. 그리고 바로 이어서 대한 간호협회 독일간호사로 가서가지고 2년간 계시다가 그 66년부터는 베스트팔렌 주립 소아과병원에서 만 3년간 근무하셨습니다. 그리고 근무가 끝난 10월 바로 귀국하신 것 같습니다. 그래서 69년 11월부터 76년 3월까지 이화대학 동대문병원에서 간호사 생활을 하셨구요, 이어서 95년까지 서울 백병원에서 간호부장으로 19년 가까이 근무를 하셨습니다. 이 과정에서 서강대학교로 다시 재입학하신 거 같은데요, 81년도에 서강대학교 이번엔 영문과로 다시 들어가서가지고 3년 동안 영문과에서 수학하시고 졸업하셨습니다. 그리고 85년도에는 서울대학교 대학원 간호학과에서 석사과정을 하셔서 간호학 석사를 받으셨구요 그다음에 93년부터 98년까지는 연세대학교 대학원 간호학과에서 박사과정을 하셔서 간호학 박사를 받으셨습니다. 그리고 95년부터는 2년간 간호대학 간호정책연구소에서 연구원으로 계셨구요. 그리고 97년도에 연구원생활이 끝나고 나서 바로 인제대학교 의과대학 간호학과 교수로 7년 6개월을 후학을 지도하시다가 퇴직하시고 2011년부터 현재까지는 사단법인 파독광부간호사간호조무사협회 이사로서 활동을 하고 계십니다. 연보는 이 정도인 것 같은데 혹시 연보에 잘못된 것이 있는지요?

황보수자 : 아니, 잘 정리해 주셔서 감사합니다.

김상민 : 먼저 가벼운 질문부터 먼저 말씀 좀 드리겠습니다. 선생님 바쁘신 와중에도 소중한 시간 내주셔서 감사를 먼저 드리구요. 선생님

께서는 지금 연보에 기록돼있는 바와 마찬가지로 2011년부터 사단법인 파독광부간호사간호조무사협회 이사님으로 활동하고 계시는데요 지난 달에 김태우 회장님 대담을 진행했습니다마는 이번엔 선생님의 활동을 좀 중심으로 협회에 대한 간략한 뭐 소개나 선생님 근래의 활동이나 뭐 근황이나 이런 것들 들어보는 시간을 먼저 갖겠습니다.

황보수자 : 예. 초청해주셔서 대단히 참 감사하게 생각하면서 성실하게 답을 하도록 해보겠습니다.

김상민 : 편한 마음으로 하시면 되겠습니다.

황보수자 : 첫 번째 질문이 협회에 대해서 간략하게 소개해달라는 말씀이신데, 협회가 제일 먼저 구성되기는 파독광부협회로 출발했던 것 같습니다. 파독광부협회에서 사단법인으로 해서 공익단체로 출범을 했는데, 정부 입장에서는 아마 간호사가 같이 묶여지면은 우리가 지원하기가 좋겠다, 파독 광부만 지원하는 것 보다 간호사를 같이 포함하면 좋겠다고 해서 그렇게 된 것 같아요. 그래가지고 제1회 독일에 파견했던 기념 세미나를 크게 하면서 처음으로 간호사 몇 사람이 거기 갔었습니다. 가서 내용을 듣고 참 좋은 취지로 출발하는 거구나, 그럼 우리도 하자. 이렇게 됐는데 저는 간호협회 회원이고 간호협회에서 파독 간호사로서를 인정을 해줘야 간호협회의 전체 영향력을 여기서 구사할 수도 있고, 내가 간호협회 회원으로서 파독 간호사의 입장에서 나와야지 그냥 내 개인 입장에서 여기에 포함돼선 안 되겠다 생각이 들어서 간호협회에 이제 가서 내가 이런 일로 이 파독협회에서 한 세미나에 참석했다 그랬습니다. 간호협회에서는 제목이 뭐냐 묻더니 명칭이 파독광부간호사간호조무사협회 이렇게 되어 있으니까 거기에 왜 간호조무사협회 이렇게 해가지고 명칭이 그렇게 들어가야 되느냐. 우리가 생각하기는 파독광부간호사협회로 돼야 할 거 같은데, 아니면 간호요원 그러든지 그래야 되는데 간호조무사라고 명시할 이유가 있느냐 이래가지고

자꾸 지연이 됐습니다. 근데 사실 간호조무사라는 직책이 원래는 지금 처음에 독일에서 우리를 초청하기 시작했을 때 파독 광부하고 간호사를 보내달라. 간호사가 수도 없이 가니까 숫자가 모자라고 또 그쪽에 독일에서의 요청이 한국간호사들이 굉장히 잘한다 해서 평가가 좋았습니다. 그러니까 더 보내주십시오. 그런데 우리 그 시기에 다른 나라, 미국으로 간 친구들 이민 좀 권장하는 쪽이었었던 거 같애요. 그래서 미국으로 가는 친구도 있고 독일로 가는 친구도 있고 많았었는데 그러다 보니깐 한국에 간호사가 모자랄 정도니까 그래서 이제 임시로 한 9개월 교육을 시켜가지고 간호조무사를 양성해서 보냈습니다. 그러면 독일에서는 어떻게 일하느냐하면 간호사는 환자에게 직접 간호를 할 수 있는 사람이고 간호조무사는 환자에게 간접적으로 환자 옆에서 돌봄의 일을 하는 그런 쪽으로 구분해가지고 일을 주면 되니까 그렇게 간호조무사를 보내달라고 한겁니다. 처음에 광부 그 다음에 간호사 그 다음에 간호사가 모자라니깐 간호조무사를 선발해서 보내면서 하나의 직종이 됐어요.

간호조무사 직종이 자리잡으면서 좀 커지게 되었죠. 그러면서 병원에서 역할이 문제가 되는데 간호사는 의사를, 의사 진료를 보조하는 거로 돼있고 근데 간호조무사가 간호를 조무하는 형태로 돼야 되는데 조금 그런 문제가 있는 거 같애요. 그래서 병원에 있는 간호 숫자를 좀 줄여가지고 간호조무사가 정식으로 들어가야 된다고 할 때 간호사 쪽에서는 우리가 환자의 건강을 이제 다 맡아 책임지고 있는데 환자의 건강을 책임지기 위해서는 단지 9개월만의 교육으로는 부족하다고 생각했습니다. 왜냐면 병원이라는 데는 실수라는 게 용납되지가 않는 데거든요. 다른데서는 실수하면 재산상 손해를 보는 정도지만 근데 여기는 생명이 손해를 보니까. 예를 들어서 지난번에 무슨 이야기가 있었냐면은 환자를 마취하는데 프로케인(procaine)을 달라 그랬는데 옆에서 잘못 줬어요. 그런 식의 일이 혹시 일어나면은 그거는 절대로 안 되는, 실수라는 건 절대로 용납이 안 되거든요.

환자의 블러드(blood)다 피, 혈액이다 그러면 이걸 갖다 줘야 되는데 그게 다른 사람 이름으로 기재된다든지 이런 건 절대로 안 되니까 적절한 교육을 받은 사람이라야 할 수 있는 겁니다. 그래가 명칭 때문에 한참 간호협회에서 우리가 굳이 들어가야 되겠느냐 하는 문제로 조금 지연되다가 상당기간 설명을 듣고야 들어오게 되었습니다. 그러니까 간호협회에서도 이제 서로서로 좋은 관계로 해야 되겠다 하고 있어서 이번에 파독간호소위원회가 구성이 되고 적극적으로 돕도록 하고 있습니다. 그러다 보니까 기간이 조금 걸렸죠. 그래가 이 파독협회가 구성되면서 저로서도 파독에 대해서 늘 긍지있게 생각하고 참 독일에 다녀온 거에 대해서 자랑으로 여기면서도 한 번도 집결하는 것에다 포커스를 맞추는 일은 못해봤는데 이렇게 협회가 구성이 되니깐 그 일을 할 수가 있어서 좋았습니다. 그러다 보니까 여기 또 자체 내의 노력도 있고 정부 지원도 있고 해서 협회 사무실도 만들어 졌고, 사무실에 나가서 보니까 파독관련 일을 교과서에다가 등재하자 이래가지고 이건 역사적인 사실인데 이것이 그냥 잊혀지지 않도록 하자는 취지로 교과서에 등재하는 일에 대해서 광부회에서는 상당히 열심히 했습니다. 우리 파독 간호사 쪽에서는 이거는 굉장히 큰일인데 대한간호협회에서 움직이자고 해서 드디어 이 일을 하게 됐어요. 그래서 교과서 등재 문제라든지 그 다음에 역사박물관 전시라든지 김황식 총리님이 파독 광부 간호사를 위한 오찬을 마련을 하면서 저한테 뭘 질문을 하셨냐 하면은 몇 명이나 한국어 와 있느냐? 그런 질문을 한다는 건 자료가 없는 거에요. 제가 간호협회에서 일어나는 일은 대체로 알고 있거나 아니면은 자료를 추적할 수 있는 길이 있을 텐데 자료가 없는 거에요. 그러니깐 우리 이 자료가 우리가 아직도 살아있을 때 이 자료가 나와야 된다 이런 거죠. 그러니까 역사박물관 아니면 역사자료실이 반드시 필요하다 뭐 이런 거를 인제 몇 번 주장도 하고 이랬거든요. 그랬더니 이번에는 하여간 역사박물관이 맨들어진다는 거 그것도 굉장히 의미가 있고. 그 다음에 이 지금 얘기한 것처럼 이런 연구사업 간호, 파독 간호뿐 아니라 파독 인력 전반에 대한 연구사업도 필요하겠다 싶습니다.

김상민 : 예. 대한민국 역사박물관에 파독 광부 간호사 섹션이 구성된다는 얘기가 있었는데요, 협회에서 중점적으로 추진하고 있는 게 그런 전시하고 그 다음에 교과서 그리고 또 기본적으로는 파독인력에 대한 기본적인 자료 구축 이라는 말씀이시죠?

황보수자 : 그렇습니다, 네. 우리 간호협회는 지부조직이 아주 잘 돼 있습니다. 전국적인 조직이 돼있으니깐 이제 각 지구에다가 연결을 해서 파독인원을 다 찾아내는 작업을 하고 있습니다. 아마 어제쯤인가 언제 쯤 홍보가 되었을 거 같애요. 이번에 새로 임원진이 들어오면서 소위원회가 결성되었거든요. 그래가지고 전체 지부에다가 먼저 연결을 하기를 파독 간호사를 찾아내라. 그다음에 파독 간호사가 가지고 있는 자료가 뭐든지 있다면 다 좀 보내라, 역사박물관에 우리 부스에다가 전시할 수 있도록 그렇게 하면 리스팅 해가지고 이거를 파독협회로 보내든지 아니면 바로 건립추진위원단으로 보내든지 하겠다. 간호사 협회에 신문이 있으니까, 매주 하나씩 한 번씩 나가는, 신문을 통해서 홍보할 거 같습니다.

김상민 : 그리고 선생님 아까 말씀하신 간호사하고 간호조무사의 관계...

황보수자 : 네. 그런 문제가 상당히 있죠.

김상민 : 협회에서 그런 부분이 좀 어떤 갈등요소 같은 것도 있나요 아니면

황보수자 : 우리 파독연합회 쪽에서는 문제가 없어요. 왜 그러냐면은

간호협회고 간호조무사회고는 서로 늘 간호법을 통과시키겠다 그럴 때도 간호조무사 인제 뭐 하여간 뭐 이런 문제들 있지만 그건 뭐 얘기할 것도 없고 우리가 얘기하는 거는 간호조무사도 국가에서 엄연히 자격을 주고 있으니까 이름을 쓰면되는 것이고, 그리고 파독광부간호사간호조무사협회에서도 이를은 그냥 그대로 인정하기로 했던 거죠.

김상민 : 예, 잘 알겠습니다. 협회에 관련해서 선생님의 근황을 잠깐 들었는데요 이제는 선생님 관련한 자료축적의 목적이 있으니까, 개인사를 여쭤보는 것이 실례가 될 지도 모르겠으나, 선생님들이 어떠한 삶을 살았는지도 매우 중요한 부분인 관계로 이렇게 연보에 따라서 시대 순으로 여쭙고자 합니다. 선생님 연보를 보면은 1942년생 5월, 생신이 얼마 전이셨던 거 같은데요.

황보수자 : 그렇습니다 예. 만 70세가 됐습니다.

김상민 : 1942년이면은 태평양전쟁 중이었을 턴데요. 일제강점기면서 특히 이런 전시에 일본에서 출생하시고 곧 귀국하셨는데요, 아무래도 가족분과 관계된 말씀이겠지만요 특별한 연유가 있으신지요? 또 선생님 유년시절에 격동의 시기를 거치셨는데요, 선생님께서 회고하시는 기억들이 있으면 편하게 말씀해주시면 좋겠습니다.

황보수자 : 네. 가만있어봐, 일본 나고야에서 출생했다는 건 어디서 출생했느냐 이것도 쓰라는 난이 있어가 썼지 저한테는 사실은 별로 의미가 없습니다. 사실은 이거보다는 유년시절을 대구 동촌에서 보냈다 이게 더 의미있습니다. 어쨌든 간에 42년에 태어났는데 아마도 우리 할아버지하고 우리 어른들이 굉장히 조국으로 돌아가고 싶다는 생각을 하셨던 거 같아요. 그런데 그때 경제적으로도 형편이 괜찮으셨던 거 같고. 그래서 대구 동촌으로 나와가지고 그다음에 과수원을 크게 했었습니다. 그러니까 과수원집 막내 손녀가 됐죠. 그 시절은 이제 저기 6·25 전 세대죠 제가. 6·25가 있기 이전에 태어났습니다. 그 시대는 아직도

양반 상놈이었고 하던 그런 시절이었거든요. 6·25가 우리한테 끼친 영향중에서 긍정적인 것이 있다면 양반 상놈이 없어진 거 같애요. 그리고 제가 어릴 때 우리 집에 있던 머슴들한테 나는 말을 놓고 그 쪽에서는 네 하고 이랬던 기억이 있습니다. 근데 그 시절이 제가 생각할 때는 독일에 이미륵이라는 분이 건너 가가지고 압록강이란(압록강은 흐른다) 책을 쓴 거가 독일 교과서에 실렸다고 알고 있어요. 근데 그걸 읽어보면은 그렇게 그렇게 아름답게 살 수가 없어. 그런 기억이 저한테는 있고, 그 시절에 살았던 것이.

김상민 : 선생님 그러면은 유년시절에 대한 아름다운 기억들이 주로 많으신 편인가 봐요.

황보수자 : 제가 기억나는 거는 한국에 돌아와서 과수원에 있으면서 있었던 기억이고, 일본 사람들도 있었던 거 같애요. 근데 그 사람들이 나중에 우리가 해방이 됐다 뭐 이러니까 그 사람들끼리 서로 막 싸우고 해서 뭔지 부산했던 기억만 있지 그전 기억은 전혀 없고, 그 후에는 인제 6·25 나기 전까지는 그냥 어, 과수원에서 늘 그렇게 뭐 아름답게 지냈던 거 그런 기억이 있습니다. 그런데 그 시절에 대체로 너무 가난했거든. 먹을 게 없었거든. 그런데 우리는 그 정도는 아니었고 아주 그래도 그쪽에서는 좀 넉넉한 편으로 학교도 다니고 그랬었죠.

김상민 : 예. 그러면 귀국하실 때 가족 분들이 다 같이 오셔서 대구에서 과수원을 하고 계신 그런 상황이었군요.

황보수자 : 네. 그리고 전통적인 유교덕목 아래서 어린 시절을 보냈습니다. 아홉 살 때 전쟁이 났거든요. 그때까지는 아주 전통적인 유교 그런 도덕 뭐, 윤리 속에서 자랐죠.

김상민 : 그러면 그 조부님이나 어르신들께서 왜 일본에서 생활했는지 그 이유는 알고 계신 게 선생님 있으신가요?

황보수자 : 그때 다들 대체로 뭐 살기 어려워서 일본 들어간 거 아닌

지 모르겠어요. 들어가서 어떻게 해서 돈을 좀 벌었던 것 같아요.

김상민 : 예. 그리고 6·25 관련해서도 지금 말씀하신 것도 있고, 그 즈음이 전반적으로 경제적 상황이 좋지 않을 그런 상황이었는데요.

황보수자 : 그때 글어 보니까 민족적인 궁핍이라 그랬거든. 민족적인 궁핍이야, 민족적인 어려운 시절이야. 그랬는데 제가 간호사고 여성인 그 입장에서 그냥 잠깐 한 번 짚어보자면은 주거상태, 제가 병원에 있으면 전부 연탄중독환자가 오던 시절입니다. 그다음에 물이라든지 이런 시설이 제대로 돼있지 않고, 부실한 식생활 때문에 영양실조환자가 많았고, 게다가 지금 기억에는 피를 매혈하는 분들도 많았던 때입니다. 그래가 피를 이제 한 파인트를 뽑으면 돈도 얼마 주면서 식사 한 끼가 돼요. 그러고 인제 철분 타블렛(tablet)도 몇 개 주고 이러거든요. 그것 때문에 식사 한 끼 때문에 피 뽑으러 오는 사람이 그때 상당히 많았어요. 아침이면 병원 검사실 앞에 쭉 늘어서 있고 그랬죠. 그런 시절이었고. 교육 측면에서 보면은 우리 친구들 집을 보면 오빠 하나만 교육, 공부 잘 시키면 전부 잘사는 줄 알았대요. 그래가지고 이 여자들은 아예 초등학교도 안 보내고 아니면은 오빠 하나만 공부시키면 되니까 오빠는 어떻게든 공부시키면 자기도 다 잘사는 줄 알았대요. 그래서 오빠는 대학을 보내면서 딸들은 초등학교도 안 보내고 혹시 또 학교 가면 월사금 안 냈다고 도로 집으로 돌려보내고, 학교에서는 운동장에 전부 세워놓고 조회를 하는데서 누구 누구 월사금 가져오라고 집으로 보내고 뭐 이랬던 기억도 있습니다. 특히 여성에게는 교육의 측면에서는 굉장히 열악했죠. 그러고 이번에 우리 파독광부회에서도 나온 얘긴데 당시 우리나라 국민의 96%가 기생충이 있었습니다. 그래 내가 4%는 누군가 그랬어.[웃음] 하여간 기생충 천국이었어요. 그런데 미국 의사가 전주 예수병원에서 이제 수술한 케이스를 보고를 했는데 어떤 애 일곱 살짜리 난 애 뱃속에서 회충이 1,600마리가 나왔대요. 그 애를 수술하

고 나서 그 애는 사망했나 봐요. 그거가 보고되면서 인제 우리나라 기생충에 관해서 좀, 그것도 UN, WHO에서 그것도 보고도 되고 이랬을 거예요. 그러던 중에 파독 광부가 제1차가 갔는데, 그 얘긴 들으셨습니까?

김상민 : 아니요, 저는.

황보수자 : 안 들으셨습니까? [웃음] KBS 1라디오에서 나온 내용인데 파독 광부 1차 119명이던가 1차로 갔어요. 가느냐 못 가느냐 하면서 박정희 대통령이 너무 안타까워하고 그러던 중에 결국 갔는데 거기서 검사를 해봤더니 119명 중에 한 명 빼고 전원이 다 기생충 감염이 돼있는 거라. 기생충 감염이 돼있으니까 독일에서 깜짝 놀래가지고 뭐 올스톱(all stop)하고 광산에 못 들어간다. 그러고 너희 전부 여기 있어라. 우리가 조처를 하겠다고 하면서 연락을 하니까 한 명이 기생충이 안 나온 사람이 있었거든. 그 사람한테 왜, 어떻게 해서 안 나왔느냐. 그 사람은 오기 전에 기생충 약을 먹었대요. 그 약이 뭐냐 해서 결국 알토파인지 뭔지를 그다음부터는 전원 먹여가지고 보냈대요. 혹시 제2차도 안 받을까봐 박정희 대통령이 그렇게 고심했다고 그런 얘기를 들었습니다.

그다음에 환자들이 전부 거의가 전염성 질환이라 요즘은 전염성질환 없거든요. 이질 이런 거 없거든요. 근데 당시엔 전염성 질환이 많았고. 그리고 기대수명이 너무나 짧았는데 저의 아버님이 52세, 저의 어머니가 54세 60년도에 돌아가셨는데 그게 60년도 당시의 기대수명이야. 평균 수명이 그렇더라구요. 그러니까 52세, 54세면 다 돌아가시는 줄 알았어요 환갑 지내기가 어려웠던 그런 시절이었어요. 그러자 드디어 60년대 이후에는 산아제한 이야기가 나와가지고 그것도 60년대 이후에 박정희 대통령 들어온 이후에 인제 뭐 하나만, 하나씩만 낳아도 삼천리는 초만원 그런 표어도 나오고 그랬습니다. 그래서 정관수술을 받으면은 뭐 1주일인가 2주일인가 휴가를 주고 그랬답니다. 돈도 주고. 어떤 분은 그 수술을 했던 게 그렇게 지금은 원망스럽다고 자식이 한 명밖에 없다고 아쉬워했습니다. 그러던 차에 인제 4·19가 났습니다.

김상민 : 그때 선생님은 어떤 상황이셨죠?

황보수자 : 60년도 제가 졸업하고 인제 대구 동산병원에 취직이 됐는데 제 생각에는 공부가 하고 싶었어요. 그런데 계명대학에는 안 가고 싶었어. 그래서 검정고시를 쳐야 되겠다 마음먹고 공부하고 있을 때였고, 그다음에 5·16은 고다음 해에 일어났을 거예요. 기아선상에서 허덕이는 국민을 뭐 어떻게 하고 뭐 이런 얘기 했거든. 그저, 그날도 막 생생하게 기억이 나는데 그래가지고 우리 잘살아보세 해가 되게 인제 호응을 했어요.

김상민 : 선생님 그러면 어린 시절 형제자매 분하고 같이 혹시 뭐 공부를 계속 그렇게 하셨던 건가요?

황보수자 : 우리집은 오빠 둘이고 저하고 그렇게 3남매거든. 오빠 둘은 나보다 나이가 네 살, 여섯 살 위니까 조금 위고.

김상민 : 그러면 전쟁 통에 이제 공부하기가 쉽지 않았겠습니다.

황보수자 : 네. 그래가지고 인제 6·25가 나면서 거름 대고 뭐 비료도 주고 어려운 과수원일을 해야하는데 그게 잘 안 됐던 거 같아요. 그래서 반 정도는 팔고 또 반은 뭐 어떻게 어떻게 했던 거 같아요. 나중에 결국은 전부다 팔고 그다음에 오빠 둘은 그래도 공부를 시켜야 되겠다 해서 어머니가 어떻게든 해보던 중에 제가 중학교 들어가는 시기가 됐어요 근데 집에서 돈도 없는데 딸아를 어떻게 공부를 시켜야 되느냐 주변에서 얘기들도 있었던 것 같아요. 그래도 말만 그랬지 그때까지는 학비를 대줄 수가 있었나봐, 1학년 들어갈 때는. 그래서 시골에서 대구 시내로 처음 나가봤어요 우린 촌이었는데. 나가니깐 집이 2층인가 3층짜리 건물이 있는게 막 아주 무섭더라고요. 학교 들어갔는데

그다음부터는 집이 형편이 나빠졌어요. 2학년 때 대구시내로 이사를 나오게 됐거든요. 이사를 나오게 되면서 집에서 내 학비를 줄 돈이 없는데 내가 그 학교서 쭉 1등을 했어요. 대구 제일여중이라고 하면 대구에선 제일 좋은 학교인데, 거기서 1등을 해가지고 장학금을 받아서 학비를 안 내도 돼. 그래서 거기를 졸업을 했죠. 졸업을 하고 그다음은 인제 고등학교를 가야 되는데 대구에서는 공부 잘하면 다들 경북여고를 가요. 근데 경북여고에 알아보니깐 장학제도가 없어. 1등한 명에게라도 장학금을 주는 제도가 없어. 그러자 대구동산병원은 선교사들이 하는 데가 돼가지고 무상으로 교육이 되고 기숙사도 제공하고 식사도 다 제공하고 그렇게 3년 교육한다고 되어 있거든요. 그러니깐 공부 잘하는, 경상도 쪽에 공부 잘하는 학생이 다모여가지고 학교에서 1등 안 하면 못 들어 올 정도로 제일여중에서도 우등생도 떨어지고 그래가 제가 1등짜리가 갔으니까. 이제 그렇게 돼가지고 제가 글로 들어가게 됐죠. 들어가게 된 거죠.

김상민 : 그러면 그 동산간호고등기술학교에 들어가시게 된 그 계기는 경제적인 문제가 컸다는 말씀이신 거군요.

황보수자 : 그렇죠, 제가 희망하고 간절히 원해서 간 게 아니고 나는 경북여고 갔으면 좋겠는데 형편이 안 되니깐 가게 된 거죠.

김상민 : 그것이 선생님께서 간호사로서 인생의 시발점이 된 상황이었겠습니다. 60년에 졸업하셨을 때 4·19 그리고 61년에 5·16이 났는데요, 기억나시는 것이 혹시 있으신가요?

황보수자 : 당시 서울에도 있었고 대구도 있었는데 신문을 보면 우리도 그때 박마리아하고 그런 분들 집에서 수박이 나오고 4월인데 4·19인데, 이름이 얼른 생각 안 나네 그때 그런 내용이 있어가지고 '4월에 수박이 있는 집이 있나' 하는 생각을 하고 신발이 어떻고 뭐 이런 얘기들 하고 아주 잘살았다고 보도된 내용을 봤던 기억이 있습니다. 그리고

내가 공부 검정고시 공부한다고 하고 있을 때라.

김상민 : 별로 사회적 변화에 크게 신경을 못 쓰셨다는 말씀이신 거죠?

황보수자 : 그렇죠, 다만 우리 친구들이 동기 남학생들이 같이 데모하고 그랬다는 얘기만 듣고 그랬었습니다.

김상민 : 알겠습니다. 61년도에 검정고시 치르셨다는 말씀을 들었는데요. 그러니까 요 말씀은 동산간호기술고등학교가 중등학교 인가는 아니었던 것으로 판단되는데요.

황보수자 : 그런가 봐요. 그게 정규고등학교 과정이 아닌가 봐요. 기술고등학교가 돼서 그런대요. 그래도 워낙 대구에선 알아주니깐 계명대학이라든지 효성여대라든지, 효성여대가 이제 가톨릭대학이 된 거거든요. 그런 곳에서는 전부 다 받아줬어요, 너무 우수한 아이라는 걸 알기 때문에. 그랬는데 경북대학에서는 안 받아주는 인제 그런 입장이었고 그래서 좀 더 나은데 가고 싶다 이래가지고 검정고시를 쳤죠.

김상민 : 예, 알겠습니다. 검정고시 치르시고 그다음에 이렇게 61년도에 간호사 자격을 취득하셨는데요. 궁금한 게 간호고등기술학교를 졸업하면 간호사 자격증을 취득하거나 아니면 중등학교 졸업 자격이 생기거나 하는줄 알았는데, 둘 다 아닌 것 같아요.

황보수자 : 자동으로 간호사가 됐어요. 그런데 내가 신청을 늦게 했지. 신청만 예. 서류만 넣으면 자동으로 되는 거니까 서류 내는 즉시 나왔죠. 그때는 내, 참 말씀드리기 죄송하지만 뭐랄까 나는 중학교 1등 나온 사람이고 초등학교서도 1등 나온 사람이고 뭐든지 할 수 있다는 생각이 있었던 것 같아요. 제일 어려운 게 수학이고 물리였거든. 이것도 내가 하면 할 수 있다 이렇게 생각했어요. 사실 이게 말이 안 되는 소리지. 누군가가 좀 더 나를 안내해주는 그런 사람이 없었죠. 난 무조건 할 수 있다고만 생각했던 거지.

김상민 : 진학에 대해서

황보수자 : 네. 진학에 대해서. 그래가 내가 좋아하는 과목을 해야 되는데 그때 당시 너무 이렇게 어려운 상황이 사람을 극도의 우울감과 극도의 열등감을 갖게 했던 거 같애요. 그런 상황에서 서강대학교 물리학과를 희망해가 들어간 거예요. 1년을 해보니까 아 이거 수학을 다시 해야겠다 싶어서 학원가서 따로 배웠거든요. 우리 간호학교에선 안 했으니까. 그랬는데도 이게 상당히 어렵고 이게 내가 원하는 과목이 아닌가 하는 생각은 들었었어요. 그래도 물리학과에 입학을 해서 이제 2학년까지 다녔는데 1학년은 완전히 했고, 근데 이 서강대학교 들어가는 과정이 돈이 없어. 그때 인제 입학금이 7,000원이었어요. 입학금이 7,000원인데 이제 돈이 없어. 그래가지고 우리 외가집에 가고 그랬어요.

김상민 : 그 당시 7,000원이면 어느 정도 가치였나요?

황보수자 : 1966년도에 가장 좋은 병원에 간호사 월급이 8,000원 했대요 한 달 월급이. 그래 벌써 몇 년 그 차이가 좀 있죠. 어쨌든 간에 돈이 7,000원이었는데 그 돈이 없어가지고 우리 외가에 갔더니 외아저씨가 2,000원 주고 또 이쪽 아저씨가 500원 주고 그래가 2,500원을 친척들한테 얻어가지고 학교를 들어갔거든. 그때는 다들 없었으니까 그래도 인제 괜찮아서 댕겼는데 2학년 되니까 또 돈이 없어. 학교에서 등록금을 세 번 분납하는 제도를 만들었어요. 입학금은 그랬지만 등록금만은 조금 작았는지 이천삼백 얼마씩 했던 거 같아요. 그렇게 됐는데 두 번은 넣고 한 번을 도저히 넣을 수가 없어서 도저히 안 되겠다 싶어서 그만두게 됐습니다.

그때 중요한 거는 제 개인 얘긴데 왜 공부해야 되는지 공부를 왜 해야 되느냐 하는데 대한 것을 나한테 확실하게 공부는 이렇기 때문에 해야 된다 이런 얘기 해주는 사람이 없었어요. 그런데 그때 당시에 안병욱 교수 또는 다른 교수들 책이 있었지마는 그 책 가지고도 우리가 다 사보기 어렵고 좀 그런데 대해서 우리를 정신적인 서포트(support) 해주는 분이 없었던 거 같애요. 그냥 왜 공부를 해야 되느냐, 남보다 더 잘살라고 그런거는 정도의 답밖에는 얻지 못했어요. 남보다 잘산다는 건 상대적이고 그건 젊었던 나로서는 도저히 받아들일 수 없는 이론이에요. 남보다 잘살려면 남이 조금 못살면 되잖아. 그런 이론가지고 내가 도저히 그것 가지곤 내가 공부할 수 없다. 이제 그런데 대해 꼭 공부해야 되겠다 하는 그런 의지를 상실했던 거죠.

김상민 : 경제적으로 등록금 형편도 그렇고 거기에 공부의 의미도 갖지 못하셨었군요. 물리학에 대한 특별한 관심은 없으셨나요?

황보수자 : 그렇죠. 우수한 내가 하기에 제일 어려웠던 과목이니까 어떤 과목이라도 나는 해낼 수 있다 자신감만 있었던 거죠.

김상민 : 그런 상징적 의미가 더 컸던 것 같네요 선생님. 대학생활이 어쨌거나 물리학과를 다니셨으면 대학생활을 한 2년 하셨을 텐데 그때 이제 같은 과 친구들도 있으셨겠는데요.

황보수자 : 여학생들이, 내가 1년, 2년 정도밖에 안 했지만 그 서강대학 63학번 여학생들의 모임이 있습니다. 근데 그렇게 제가 자주 가지를 않지마는 하여간 그 모임이 있어서 연락은 와요.

김상민 : 이후 독일로 가실 결정은 하신건 언제인가요?

황보수자 : 학교를 그만두고 결혼을 했었던 거 같애요. 결혼 할 때 쯤 학교를 그만두고 그다음에는 결혼을 했던 거 같애. 가난하게 시작을 했죠. 그래도 우리는 뭐, 나는 다 결혼생활 그렇게 시작하는 줄 알고. [웃음] 그리고 나서 아기 10개월 되고 그러고서 독일을 가는 내용이 나왔어요. 그런데 남편은 이북사람이고 그렇게 많이 공부한 사람은 아니고.

김상민 : 소개를 통해서 만나신 분인가요?

황보수자 : 예. 많이 공부한 사람은 아니지만 이제 이북에서 피난 나온 사람이기 때문에 생활이라든지 이런 게 굉장히 강하고 이런 사람이

었어요. 그렇게 결혼했고 결혼하고 나서도 이게 안 바뀌어 사는 거는 그죠? 그래도 경제적으로 어렵다 이런데 대한 건 별로 없었어요. 우리가 어릴 때부터 자랄 때 돈은 꼭 뭐 벌어야 된다가 아니고 돈은 돌처럼 생각해라 이런 거 비슷한 교육을 받고 자랐던 거 같애요.

아무튼 대한간호협회에 가서 얘기하니까 환자가 있는 곳으로 가서 환자 케어(care)를 하는 일을 하게 되었어요. 독간호사로. 근데 대구 동산이 선교사들이 가르치기 때문에 굉장히 실력 있게 가르쳤던 곳이에요. 몇 개 병원에 인제 그런 학교들이 있어요. 전주 예수병원이라든지 아주 우수한 간호 인력이 나오는 학교들이거든. 그러니까 독간호사로 가도 늘 좋은 평가를 받고 그러다가 얼마 있다가 파독 간호사에 대한 내용이 신문에 났어요. 그걸 보면서 여기 가면 좋겠다는 생각을 한거에요. 어머니하고도 의논을 했지. 우리 오빠가 친오빠가 서울대학교 출신인데 서울공대 나와가지고 독일 슈투트가르트대학에 있다가 미국에서 이제 박사학위 받아가 나사에 취업해서 무궁화인공위성 올린 단장이에요, 황보한 박사. 내 바로 친오빠, 바로 위에 오빠에요. 근데 그 오빠가 그렇게 독일도 갔었고 또 내 이종사촌오빠도 독일에 하이델베르크대학에서 독문학을 했어요. 그러다보니 저도 선진국에 대한 동경이 있었죠. 가고 싶긴 한데, 내가 형편이 결혼해가지고 애기도 있고 이러니까 어머니가 뭐라 그러냐면 너도 가라 애기는 우리가 봐줄 테니까. 그 시절은 할머니들이 애기 보는 시절이었거든. 할머니들이 애기 보는 거가 요즘처럼 그래 어려울 때가 아니거든.

김상민 : 애기가 있는데 어떻게 가겠냐 뭐가 아니라

황보수자 : 우리 어머니는 어떤 분이냐면은 대구에서 동촌에 과수원에 살 때도 오빠가 영어 배우고 오면 영어 단어를 부엌에 광에 우물에 뭐 전부다 붙여놓고 영어단어 가지고 공부하고 이러던 사람이에요. 좀 조금 신식이었죠 사고가.

김상민 : 부군께서는 단신으로 이렇게 월남하신 분이었나요?

황보수자 : 아니, 어머니 아버지 따로 나왔는데 나와가지고 만났나 봐. 만나가지고 인제, 사는데 할머니, 어머니 아버지의 생활이 이래 안 되고 할아버지가, 뭐 아버지가 그러니까 그 남편의 아버님이 취업이 안 되고 전부가 다 어렵던 시절에 서로 마음이 통했는지 몰라요. 그랬었어요. 그래서 남편도 친정어머니도 가라 그러고 나도 가겠다고 그러니까 남편 하는 얘기가 그래도 신혼인데 내가 보건데 내 스스로의 능력으로 안사람을 데리고 외국에 한 번 가볼 만한 그런 능력이 안 되는 거 같다. 근데 내가 남편이라는 이유로 그거를 묶어두고 싶지는 않다 인제 그렇게 된 거예요. 그 참 좋은 얘기죠?

김상민 : 예, 그러네요. 그런 배경으로 독일로 가시게 결정하게 된 계기가 마련이 된 거군요, 그러면 신문을 먼저 보시고 또 이런 내용들을 아시고 나서 가족분과 의논을 하시고…

황보수자 : 또 시험치고

김상민 : 예, 그 과정도 좀 듣고 싶습니다 선생님. 어떻게 이게 선발되는 과정, 지원 및 선발과정이랄까요.

황보수자 : 선발되는 과정은 뭐 그땐 다 시험을 쳤어요. 시험을 쳤는데 우리가 갓 졸업했던 사람들이고 하니까 바로 합격이 되고 아마 그 시험치고 한두 달 안에 떠나게 됐던 거 같아요. 굉장히 빨리 진행이 되었습니다. 그런데 독일의 어떤 병원에 가는지 등에 대한 자세한, 얘기를 해도 내가 모르지만 자세한 인포메이션(information)이 없었던 거 같고 그냥 믿고 가는 거죠. 그러니까 독일에 갈려니까 언어문제는 인제 독일어교본인가 책을 한 권 사가지고 비행기 안에서 월요일은 뭐고 화요일은 뭐고 뭐 몬탁(Montag) 딘스탁(Dienstag) 뭐 이런 거 배워가면서 외워가면서 갔거든요. 그렇게 해가지고 독일어 익히고 가고.

김상민 : 그때 그러면 공고를 보고 시험 치르시고 그다음에 시험 치

르고 합격된 걸 아신지 얼마 지나지 않아 바로 가신 건가요?

황보수자 : 네, 바로. 그래가 갈 때 나로서는 마치 서울에서 부산 가듯이 그러는 거로 생각을 하고 있었고 집에서는 인제 시어머님이 애기 봐주기로 했고.

김상민 : 그러면 아까 말씀하신 것처럼 그 동경심도 있었고요, 뭐 우울하다거나 이런 거는 별로 없으셨겠네요.

황보수자 : 그 얘기는 독일에 갔던 사람들 중에 가장 큰 어려움이 외로움에 대한 거였다 그랬거든요. 그러니깐 젊음 자체가, 삶 자체에서 오는 외로움도 있고 특히 저 같은 경우는 아이를 두고 갔으니까 아이가 보고 싶다든지 하는 감정이 굉장히 강했는데 그럴 때마다 어쨌든 3년은 견뎌내야 하는 거고 그다음에 새로운 문물을 익히면서 자꾸 마음을 다스렸던 거 같아요. 그런데 어디 외출했다 돌아올 때 남들 집에 창문에 불이 환히 켜져 있는 거 보면은 이렇게 그윽하게 쳐다보고 그랬죠.

김상민 : 같이 떠나실 때 비행기 안에서 간호사로 가시는 분들이 같이 다 가셨을 거 아닙니까? 그렇게 그분들하고 계속 같이 인연이 계속 됐나요?

황보수자 : 어떻게 됐는지는 모르겠는데 그 안에서는 얘기는 그냥 했고 정말 우리 병원으로 올지 어떨지에 대해서는 아무런 인폼(inform)이 없었거든요. 근데 비행기에서 내리니까 누구는 어느 차를 타라 어느 차를 타라 이래가지고 간 곳이, 저는 어떤 병원에 가는지조차 모르고 누가 가는지도 모르고 그 차에 타서 가는 게 여섯 사람이 한 병원에 배치가 됐어요. 그런데 그 병원이 어린이 병원, 소아과 병원이었어요 주립소아과병원. 그래 저는 주립소아과병원을 희망한 것도 아닌데. 그래가 거기 갔더니 내릴 때 거기 병원 원장님이 영어를 해. 그래가 병원 원장님하고 원장님 사모님이 영어를 하고 다른 분들은 영어를 잘 못해요. 독일 간호사분들이 연세 많은 분들이 나와가지고 우리를 환영을 해주

는데 그다음에 그 원장의 사모님이 우리를 투어(tour)를, 병원은 이렇다 하고 병원 간단히 투어(tour)시키고 그다음에 차를 태워가지고 물건 사는 데는 여기다, 여기가 공원이다, 또 교회는 여기 있다 뭐 이런 얘기를 해줬죠. 그리고 나서 우리를 배치하는데 여섯 명이었거든요. 근데 기숙사가 한 플로어(floor)에 한 사이드가 여섯 명 있었어요. 여섯 명 있고 가운데는 뭐 키친이라든지 목욕탕, 화장실이 있고 저쪽은 학생들 파트였던지 뭐 이런 거 같애. 그랬는데 이쪽에 각기 한 사람씩 다 방 하나씩 배정해 줬고. 그러니까 독일간호사하고 똑같이 대접을 해줬어. 조금도 안 다르게. 그런데 그때 그중에서도 우리 간호사 중에 한 명이 또 기생충이 나왔어. 기생충이 나와가지고 당신은 이 화장실 써라, 그런 게 좀 있었어요.

김상민 : 조금 다른 얘긴데, 독일 가기위한 비행기 삯이 정산이 됐다고 나중에 그렇게 말씀을 하시는 걸 들은 적이 있는데요, 항공료가 꽤 됐을 텐데 그거는 누가 지불했나요?

황보수자 : 몰라 나는. 하여간 가서 우리는 월급 그냥 받았어. 첫 달부터도 계속 월급 받았지 거기에 항공료라고 뭐 적혔던 것 같지가 않아요. 그건 전혀 모르겠어요. 어떤 형태로 빠져나갔겠지만 몰라. 돌아올 때도 그건 모르겠고.

김상민 : 그럼 내리셔서 인제 배정받은 병원으로 가시고

황보수자 : 병원으로 바로 갔고 바로 기숙사 배정해줬고.

김상민 : 예. 그리고 나서 본격적으로 일은 언제부터 시작을 하셨습니까?

황보수자 : 그다음 바로 쉽게 했던 같은데 근무 장소에 인제 우리가 소아과 병원이었잖습니까? 그랬더니 언어가 필요 없는 분야, 부서에 우리를 배정핸 거 같애. 소아과병원이 여러 개 있었어요. 전염병동, 신생아병동 또 미숙아병동 뭐 다 있는데 각기 다 따로 흩어져 여섯 명을.

따로 흩어가지고 갔는데 저는 우리 집에 있는 한 10개월 정도쯤 되는 고런 정도의 애들이 모아져있는 그런 애들은 아직까지 말은 필요가 없거든요. 글로 들어갔습니다. 들어갔는데 처음에 가니깐 독일간호사하고 저하고 묶어서, 병동이 유리로 쫙 돼 있어가 복도가 있고 근데 그 안에 무슨 일을 하고 있는지 밖에서 다 잘 보여요. 그렇게 돼있는데 거기 인제 제가 독일간호사하고 같이 들어가니까 독일간호사가 애기를 어떻게 케어(care)한다는 걸 시범을 먼저 보이잖아요? 그런데 제기 있었던 대구 동산에는 어린이 병동이 따로 있었거든요. 그래서 아주 익숙하게 할 수 있었고 또 제가 또 애기 엄마니까 또 할 수 있었고 그랬더니 금새 보고 인제 믿을 수 있다고 생각한 거 같애요. 그래 금세 일을 혼자 맡게 되었죠. 처음에는 같이 가서 일을 하나하나 두 명씩 딱딱 짝을 묶어가 가는데 그다음엔 쉽게 일을 그렇게 줬고. 그리고 병원 업무라는 거는 어디서나 다 대동소이하거든요. 그러니까 나는 어린이 병원이었으니까 그렇고, 그렇지 않는 곳도 다 대동소이하게 간호사들이 일을 잘 했던 거 같애요. 근데 다 처음에는 그렇게 두 사람씩 묶어서 보냈는데 그다음에는 일들을 차질 없이 하니깐 금방 쉽게 간호사들을 믿고 맡겼던 거 같애요.

김상민 : 아까 선생님께서 말씀하신 것처럼 간호는 조금의 실수도 용납되지 않는 업무지 않습니까? 그런데 바로 가서가지고 언어적인 문제가 분명히 있었을 텐데, 이를 테면 의사가 처방을 하면 처리하는 과정에서 언어적 문제가 분명히 있었을 거라 판단이 되는데요. 연수나 교육 같은 과정은 딱히 없었나요?

황보수자 : 숫자 읽는 거가 영어식하고 독일어식하고 다르거든요. 그래서 경우에 따라서는 굉장히 혼란이 있었다고들 얘기를 해요 다른 사람들이. 그런데 저는 하여간 그렇지는 않았고, 언어를 어떤 형태로 이제 익혔냐하면 병원에서 한 3개월 정도를 외국인, 그, 장애인학교 선생

님, 교장 선생님을 모셔다가 한 3개월 동안 우리 여섯 명을 따로 교육을 시켰어요.

김상민 : 독일어 교육을요?

황보수자 : 독일어 교육을. 그렇게 교육을 시켰는데 R자 발음이 어렵다 이래가 드르크르르 어떻게 아르자 발음을 해라 이런 것도 교육을 시키고 한 3개월간 교육을 시켰는데 그 비용을 내 생각에 우리한테 부담시킨 거 같지가 않아. 업무마치면 저녁에 열심히 독일어 공부를 해요. 아침에 출근하면은 하이 뭐 어쩌고 하고 인제 서로 인사를 하잖습니까. 인사를 하면은 어제 공부했던 내용이 나와 그 대화중에. 그래가 하나 또 익히고 또 익히고 이래가지고 아주 빨리 배웠던 거 같애요. 그래 인제 재미있었던 건 한 한 달밖에 안 됐는데 우리 기숙사에 사람들이 많이 놀러 와요. 거기 있는 독일간호사뿐만 아니라 뭐라 그럴까 놀이선생 어린이 병원이니까 놀이 선생도 있고 이런 사람들이 다 놀러 와. 와가지고 한국간호사들이 있는데 싫어하지 않고 같이 얘기하고 싶어 하고. 그래 와가지고는 그 사람들이 담배를 잘 피워. 담배를 피워가면서 이런 저런 얘기하다가 벽이 이렇게 돼가지고 왜 쓰레기통이 돼있는 데가 있거든요. 한번은 거기다가 이 담배를 떨어뜨려가 연기가 확 났어. 위층에 있는 수간호사하고 우리 선생님들이 깜짝 놀래가지고 독일 수간호사가 내려왔어. 우리가, 한국간호사 쪽에 된 화재가 난 줄 알고. 와가지고 그 사람은 금방 불은 다 껐어요. 그런데 내려와서 이게 무슨 연기냐. 그러니까 내가 불이 퍼이어(Feuer) 파이어(fire) 불이야 퍼이어(Feuer) 그랬더니 깜짝 놀래가지고 [웃음] 불을 껐단 말은 아직 못 배웠어 내가. 한 달 밖에 안 되었을 때라. 불을 껐단 말을, 이미 껐단 얘길 해야 될 텐데 껐단 말은 도저히 모르겠는데 이걸 어떻게[웃음] 그러다가 퍼이어 토트(Feuer Tod) 죽었다 그랬지. [웃음] 그랬더니 킥킥킥 웃으면서 안심하고 올라가고 그랬던 기억도 있어요. 그렇게 인제

하나 하나씩 뭐 밤에 열심히 배우고 낮에 쓰면서 또 배우고 그랬던 거 같애요.

김상민 : 근무시간은 언제부터 언제까지 였나요?

황보수자 : 근무시간이 아침에 일찍 시작해가지고 아, 하여간 저녁반이 길었고 낮에도 일찍 시작해가지고 낮에 잠자는 시간이 중간에 있었어요. 그게 열두 시부터 세 시까진가 있었고 그다음에 여덟 시 정도에 끝나고. 그럼 계속하는 사람은 좀 일찍 들어오고, 또 중간에 쉬는 시간, 잠자는 시간을 쓴 사람은 좀 더 하고 그랬던 거 같아요. 그다음에 여덟 시부터 들어가서 그다음 날 아침까지 했나 뭐 이랬던 것 같고, 2교대였었던 거 같아요.

김상민 : 그리고, 당시 선생님의 일상이 좀 궁금하거든요. 일상생활이나 근무환경이나 일을 하지 않는 휴일이나 여가시간에는 어떤 것들을 하고 지내셨는지요?

황보수자 : 예. 그 얘기 전에 그러니까 이 업무에 대한 얘기를 조금만 더 하겠습니다. 그러니깐 우리 간호업무가 한국에서 배운 간호업무하고 독일의 업무하고 좀 다릅니다. 어떻게 다르냐면 독일에서는 보호자가 하나도 없어요. 전부 전인간호거든 완전히 간호사가 다 해야 돼요. 애기들 있는 데도 보호자 다 내보내고 뭐 1주일에 한 번 면회를 하거나 그때는 몰랐는데 그렇게 해서 완전히 간호사한테 다 맡기는데 그렇게 하면 무슨 업무가 많으냐면 돌보는 업무, 기본적으로 그냥 돌보는 업무가 굉장히 많은 게 독일의 간호에서 특징인거 같아요. 그러니까 아주 기초간호업무, 우리가 인제 배울 때는 기초간호업무라고 배우고. 그담에 두 번째는 무슨 업무라 그러냐면은 조금 상위간호업무 그래가지고 투약을 한다든지 주사를 한다든지 뭐 이런 업무는 조금 더 그냥 돌보는 업무하고 조금 다르거든요. 그다음에 또 하나는 인제 특수전문간호업무 이런 거를 인제 그거는 뭐 마취과라든지 수술실이라든지 이

런 업무를 우리가 전부다 이제 같이 했고. 그다음에 중요한 거는 간호사는 고도의 전문지식이 있어야 하고, 숙련된 기술이 있어야 된다. 그 다음에 어떤 상황을 봤을 때 판단할 수 있어야 된다 이런 것들이 간호사가 해야 되는 일이라.

예를 들면 환자가 열이 많아 막 떨고 있어. 그러면 뭐 때문이겠다 하고 빨리 보고를 해야 되는데 그런 일을 한국간호사들이 잘해서 굉장히 인정을 받았다는 얘기를 지금들 하고 있어요. 그러니까 간호가 조금 성격이 달라지고 그쪽에서는 아침에 일어나면 먼저 세수나 목욕, 샤워를 해야 되요. 우리는 하세요 해도 하고 싶으면 하고 안 하고 싶으면 안 하는데, 그게 아니고 철저하게 해야 돼. 그리고 우리가 독일노동법에 준해서 독일인들과 동등한 대접과 대우를 받았어요. 월급을 받을 때도 독일간호사하고 똑같이 받고, 독일간호사가 2년차다 하면 2년차 간호사하고 똑같이 받는 식이죠. 그게 쉽지 않거든요. 나는 가족수당 받았지, 애기가 있으니까. 가족수당 받고 그다음에 휴일 이런 거 전부 똑같이 하고 그랬던 거가 의기가 있다고 봅니다. 그리고 대인관계가 거기서는 굉장히 어려웠다 하는 얘기들 많이 해요. 독일에 갔더니 독일 사람들이 우리하고 잘 소통이 안 되고 언어에서 어려움이 많고 대인관계에서 아주 어려웠다 그러는데 우리는 아까 얘기한 것처럼 다들 놀러도 오고 당시 수간호사하고 아직도 전화하고 있습니다. 그 수간호사가 80세가 넘었는데 아직도 전화하고 있고, 그 수간호사가 인터넷도 없고 시골에 살아서 아직 전화통화하고 있어요. 그중에서 하나 잊어버리지 않고 얘기하고 싶은 것은 임종간호 얘긴데 대체로 독일에 갔다 그러면은 너무 힘들게 일했겠다고 하면서 시체 닦고 그랬다고들 하는데, 아마 조정래 씨가 쓴 작품에 그런 내용이 나온 모양이에요. 우리 간호사들은 그런 내용을 인정을 안 해요. 우리한테는 간호항목이 임종간호라는 항목이 있어요 항목 자체가. 내가 케어(care)하던 환자가 돌아가시면 당연히 깨끗이 닦고 정리해 보내드려야지 그거를 내가 못할 일했다 하는 거는 말이 좀 안 되는 얘기라. 엄마가 하루 종일 밥이나 하고 있다 이게 말이 되냐 말이지 내가 가족을 위해서 기꺼이 하는 건데. 그런데 그거를 말을 만들었다는 거는 문제가 있죠. 그래서 우리 친구는 조정래 씨한테 글을 썼대요. 이거는 간호사로서는 당연히 해야 되는 일이고 내가 케어(care)했던 환자가 돌아가셨으면 그래 해야 되는 일이고, 아마도 간호에 대한 기본지식 철학을 학습받지 못한 간호조무사라든지 그런 파트에서 혹시 자기가 맡아보지 않았던 환자를 그랬다든지 그렇다면 그랬을는지 모르겠다고 생각합니다.

김상민 : 시체 닦기 라는 식의 소문들이 사실상 많이 있었는데요 그런 소문에 대해서는 지난 번 포럼에서 발표한 선생님께서도 사실과 다르다는 말씀을 하신 바 있습니다.

황보수자 : 네. 우리들의 아주 기본적인 업무인데 그 업무 자체를 불쌍하게 보면 안 되지. 엄마가 청소하는 거를 저렇게 청소만 하고 살았다 이러면 안 되는 것과 마찬가지입니다. 그건 가족의 건강을 위해서 하는 일이거든요.

김상민 : 처음에 갔을 때는 몇 년 계약으로 어디에서 근무를 시작하셨는지요?

황보수자 : 만 3년 계약이었고, 그러니까 66년 10월에 가서 69년 10월에 왔습니다. 만 3년 계약인데 가족이 있고, 아이가 있고 하니까 왔죠. 안 그러면 그 더 남았어도 되는 건데.

김상민 : 그러면 선생님 가서서 처음 배정받은 그 병원에 돌아오실 때가지 계속 거기서 일하셨나요?

황보수자 : 네. 한 병원에 있었습니다.

김상민 : 3년 계약이었고, 한 곳에서 일을 하신 거군요.

황보수자 : 갈 때 여섯 사람이 갔는데 아까 독일광부와의 관계가 어

떤가 하는 얘기도 있었던 같은데요. 우리 친구 그 다섯, 저까지 여섯 명 중에 한 명의 친오빠가 파독 광부였어요. 그런데 어느 대학인지 4년제 나오고 애기도 있고 그런데 인제 파독 광부로 오면서 여동생한테도 간호사로 와라 했던 것 같아요. 그래서 우리가 가니까 바로 면회를 왔죠. 그 오빠가 우리보다 연세도 많고 하니까 우리를 잘 이끌어주고 그러셨죠. 파독 광부인 그 오빠가 오셔가지고 우리가 어려운 일 있을 때 많이 도움을 주고 이랬는데, 그다음에 이제 그 오빠가 3년 계약이 끝났나 봐. 그리고서는 미국으로 들어가는데 들어가기 위해서 용접기술을 배웠어요. 그리고 자기 동생도 데려가고 다른 친구도 데리고 갔어요. 그래서 여섯 명 중에 세 명은 미국을 갔고 두 명은 독일에 있고 하나는, 나는 한국에 나왔고. 그렇게 갈 때도 자의로 갔지만, 아까 뭐 노예계약 뭐 이런 거는 없고, [웃음] 올 때도 자기가 원하면 다른 데로 얼마든지 갈 수 있었다. 억지로 한국에 돌아와야 됐다든가 이런 건 없었어요.

김상민 : 그 분들 이후 소식을 아시나요 선생님?

황보수자 : 네. 가봤어요 거기. 한 사람은 독일남자 얻어가지고 결혼해 있고 또 한 친구는 그냥 혼자 사는 거 같아. 그런데 이 친구는 승마도 배우고 그러더라구요.

김상민 : 친분이 있던 독일인이나 특별한 일화 등 선생님 생각나시는 거 또 없으신지요? 재밌는 얘기들 많을 거 같은데요.

황보수자 : 예. 다른 거보다도 제가 6·25 이전에 살던 세댄데 그 시대에 우리는 윤리를 중요시 하면서 살도록 교육받았는데, 갑자기 전쟁이 나면서 이상한 사람들이 와가지고 치마도 짧게 입고 정체성 확립에 굉장히 혼란을 겪었던 세대거든요. 그러니까 그 후에는 아예 서양 문물이 들어왔으니까 괜찮은데 우리는 완전히 유교문화에서 살다가 저 사람들이 하는 거가 그러니까 다 대국이고 잘산다고 하는 데서 저렇게 한다는 거가 뭘까, 정체성 혼란이 굉장히 인제 심한 때였고. 그다음에

그러다 보니깐 이제 공부를 왜 해야 되느냐 뭐 이런 얘기도 나오고 뭐 이랬다 그랬잖았어요? 사는 문제에 대해서 굉장히 많이 고뇌했었죠. 그랬는데 독일에 가게 됐거든요. 가서 보니까 그 사람들 사는 거가 얼마나 건전하고 얼마나 근면한지 아침에 그렇게 일찍이, 우리는 할 일이 없어서도 못 일어났지 뭐 일을 시켜야 일찍 일어나지. 그런데 그 사람들은 그렇게 일찍 일어나서 정리도하고 그러더라구요. 그 사람들 토요일 날 저녁에는 남편하고 같이 팔짱끼고 시내에 걸어댕기는 사람 많지만 일요일 저녁에는 내일 일할 거 생각해가 길거리에 사람이 없어요. 주중에는 저녁때 사람을 볼 수가 없어. 그만큼 이 사람들이 일을 열심히 한다는 얘기지. 그 다음에 그 사람들이 얼마나 검소하게 사는가 하면은 풍족하면서도 아껴 쓰고 어디서 무슨 선물 같은 게 오면 포장지 전부 다려가지고 두고 그 다음에 묶는 끈도 그 전부다 그렇게 해가지고 보관하고. 1주일간에 먹는 음식에 자투리가 나오거든요, 우리 병원 음식이니까. 자투리가 나오면 무가 뭐 요만치 나오고 뭐 남을 거 아니야. 그거를 토요일 점심에 전부 하나의 우리 부대찌개처럼 하나에다 넣어 가지고 끓여서 우리한테 죽처럼 만들 걸 주는 거예요. 토요일 점심까지가 한주일 끝이야. 토요일 저녁부터는 인제 파이아벤드(Feierabend, 자유시간)죠 그죠? 넘은 인제 주말이라. 그러니까 토요일 점심까지는 한 주일 동안 먹은 음식 자투리 남은 거 전부다 넣어서 끓여서 마무리 하는 거지. 그 다음에 한 번은 제가 편지, 뭐 서류를 제출할 일이 있어가 편지 봉투에 넣어가 간호부장실에 갔어요. 그랬더니 편지봉투, 편지 내용만 빼고 봉투를 도로 주면서 가져가서 사용해라, 그런 게 이 사람들에게 너무 생활화 돼있는 거예요. 우리는 그런 거는 상상도 못했었죠, 물건을 사면은 아주 합리적으로 나한테 딱 필요한 물건만 사. 우리는 그때 없다가 돈이 갑자기 생겼으니까 카메라를 산다 그러면 되게 비싼 거 내가 사용할 줄도 모르는 뭐 기능이 많은 거 살려고 그러는데 이

사람들은 자기 수준에 더 맞는 것을 사. 그러니깐 흑백카메라 하나 그 다음에 뭐 무슨 뭐 카메라, 그땐 아직도 흑백이었으니까 그렇게 해서 사고, 자기 형편에 맞는 거. 자동차를 사도 자기 형편에 맞는 거를 사지 더 큰 거 사고 이런 거는 없었어요. 그리고 이제 또 중요하게 내가 많이 느낀 것 중에 하나는 병원장이 존경받는 분이라. 그런데 왜 원장 사모님이 우리 데리고 저, 투어(tour)도 시키고 그랬을 때 탔던 자동차가 어, 우리말 같으면 티코 비슷하다 그럴까 그, 폭스바겐도 아니라 뭔지 모르겠어요. 하여간 그런 조그만 차고, 그 집 아들들이 그 밑에 들어가서 고치는 건지 뭐 닦는 건지 이러고 있었거든요. 그 차를 태우고 우리를 데리고 다니고 그랬는데. 그런가 하면은 병원에 유리창 닦는 아저씨가 오는데 그 아저씨는 아주 멋쟁이 옷을 착 입고 벤츠 탁 해가지고 와가지고 자동차 파킹하는데 탁 세워놓고 옷을 [팔을 가리킴] 요 위에다가 토시 같은 걸 끼그 유리창을 닦고 갈 때는 다시 그 차를 타고 가는 거야. 그 사람 벤츠 번쩍번쩍한 거 타고 댕기는 거야. 참 감동했어요 그때. 그래 아주 좋았어요.

김상민 : 문화적 충격도 많이 느끼셨겠네요.

황보수자 : 너무. 그리고 그다음에 또 하나는 그러니까 이제 우리가 관계가 좋았지. 이제 우리 학생, 거기 있는 간호학생인데 나는 간호사고 간호학생이 자기 집에 크리스마스이브 때 나를 초대를 했어요. 크리스마스 이때는 뭐 버스도 안 다녔던 같아. 아주 조용하거든. 그런데 나를 초대해서 그 집에 갔더니 그 집 아들이 얘는 스무 살이고 얘 밑에 아들이 열일곱 살 6개월이나 이래 돼, 18세가 아직 안 됐어. 그래 그 아들이 손님 접대하는 트레이닝을 받나봐. 인제 밖에서 딩동하면은 나와가지고 문을 열고 응접실로 안내하고 이쪽에 앉으십시오, 하는데 얘가 밑에 가서 와인 가져와서 따라주고 그러죠. 어른이 질문하기 전에 얘가 발언을 막 하고 댕기면 안 돼. 그러니까 어른 질문하시는 데만

답변하도록 그렇게 돼있지. 그리고 스무 살 난 누나는 앉아가 벌써 스무 살 됐다고, 그때는 한참 담배 피는 게 유행이었어, 담배 피고 이러는데 아들은 못해. 그냥 단정히 앉아가지고 손님 오면 접대를 해요. 우리도 젊은이들이니까 밖에 나갔거든. 밖에 나오니까 얘도 따라나와가지고 나도 인제 6개월만 있으면 저거 할 수 있다 이러더라고. 그래서 내가 나이를 알았지. 그만큼 엄격하게 보통 가정인데 말이죠. 근데 지난번에 그쪽에서 여행 가는데 보니까 우리 학생 하나가 영국 쪽으로 왔는데 가이드가 뭐라고 설명하는데 중간에 나서가지고 자꾸자꾸 말하고 그러더라고 차이가 있는 거죠. 그 다음에 또 설거지를 할 때 남편은 옆에서 접시 닦아. 빨래를 하면, 우리 그 당시에 그런 게 어딨어요 우리나라에. 빨래하면은 남편이 널어 걷어. 또 시장 가면은 부인을 같이 태워서 가고. 그런 것도 너무 좋았고. 그다음에 또 놀랜 거는 그 크리스마스이브 때 그 집이 인제 리타이어(Rentier, 연금생활자) 했어요. 그 집 엄마들은 아예 직업이 없었는 거 같애. 아버지가 리타이어(Rentier, 연금생활자) 하신 노인들이 왔거든요. 그래 할머니도 오셨어 그날. 인제 나도 그래 초청 됐지. 그랬더니 뭐라 그러냐면은 그날 거기 있는 대화가 노인들 대화가 뭐냐 하면은 오케스트라에 퍼스트바이올린이 무대 자리가 어디냐 이거야. 오른쪽이냐 왼쪽이냐. 퍼스트바이올린 자리가 어디냐 이거를 노인들이 의논하고 있는 거예요. 얘길 하더니 결국은 서로 뭐 어디다 어디다 그러다가 안 되니깐 이 아버지가 대백과사전을 꺼내가지고 그거를 보면서 퍼스트바이올린 여기다 이렇게 얘기를 하데. 그러면 나로서는 문화적 충격이지 그죠.

김상민 : 그럼요.

황보수자 : 그다음에 또 티롤지방으로 갈 때 나를 또 데리고 갔어요 그 집에서. 그러니까 참 특별한 대접을 받은 거지. 갔더니 거기 올라가면서 이거는 우리나라에도 있는 식물이다 이랬더니 그 부인이, 아 나는

너희 나라의 식물도감을 코고 싶데, 부인이. 그래가지고 그런 거가 참 말도 할 수 없이 큰 뭐 깨달음, 가르침 뭐라 그럴까 감동. 독일 생활에 대해서 잊을 수 없이 그런 일들도 있었어요. [웃음]

김상민 : 그렇게 계시다가 문화충격을 경험하시고 귀국하신 다음에 한국생활이 좀 적응하기가 어렵지 않았을까 하는 생각이 드는데요.

황보수자 : 그렇지는 않고 이건 순수한 내 내면의 얘긴데 왜 사는가 하는 문제에 대해서 굉장히, 사람이 사는 거가 잘사느냐 말고 어떻게 사느냐 말고 왜 사느냐 하는 문제를 마치 스님들이 어떤 의문을 가지고 추구하듯이 그런 게 있었던 거 같애요. 그래가지고 니가 잘못살고 있는 거에 대해서는 관심이 별도 없어. 지금, 그거는 내가 산다는 의미만 깨달으면 내가 할 수 있을 테니까. 산다는 의미가 뭔질 몰라. 그래가지고 성경을 보면은 뭐라도 답이 나오겠지 하고 독일에서 신약 구약을 전부 다 읽었어요. 읽고 났더니 의문이 많아. 아직까지 그런 거가 내게 형성이 안 되니까. 보니까 하나님이 나를 꼭 구원할 거 같지도 않아. [웃음] 거기 보면 여러 가지가 상충되는 게 있잖아요 그죠? 그러고 있던 한국에 나와가지고 그 다음에는 정신과의 수간호사를 만 3년을 했어요. 이화대학교 병원에서. 하면서 거기서 무슨 얘기를 하느냐하면 한국에서 불교를 모르면 불경을 안 읽어보고는 전문적인 지식인이라고 할 수 없다. 그래서 팔만대장경. 성철스님 법정스님 또 무슨 스님들이 다 편집 위원으로 돼있는 그 책을 지금 절판되고 없어요, 그 책을 읽었거든.

그러니까 불경을 다 보고 그 다음에 정신과학을 보는데 정신과학이 제가 이제 해야 되는 과목이니까 우리는 그때 당시에 배울 때는 정신과학을 못 배웠습니다. 그냥 그저, 일반 다른 과목만 배웠지 내과학 하고 외과. 정신과학 보니까 심리학책이 그렇게 오묘하고 재밌어. 그다음에 제가 대학을 왜 영문학을 하지 않았습니까. 거기서 브니깐 아, 셰익스피어가 하는 말이 인생은 바로 플레이다 그러는데 어떤 역할을, 아니,

사람의 가치가 이제 보이는 거예요. 그래서 인제 살아가는데 어떤 일을 해도 다 그분이 부처다 이런 생각이 들고 어떤 일을 해도 그 사람의 역할이 다 있다. 그러니깐 지금 높은 자리에 있기 때문이 아니고 그보다 더 가치 있는 일을 하는 사람이 그 사람이야말로 참 인생을 사는 거구나 이 생각을 하게 됐죠.

김상민 : 예, 알겠습니다. 한국 돌아오시기 전의 일을 조금만 더 여쭤보겠습니다.

황보수자 : 돈 얼마 받았는지 안 물어보세요?

김상민 : 조금 뒤에 얘기 할 거 같습니다. 파독광부와 연계해서 말씀드렸는데요. 보통 일반인의 입장에서 파독 광부하고 간호사를 묶어서 생각하는 경우가 많이 있지 않습니까? 그래서 광부로 파견된 분들과 당시 독일에서 상호 간에 어떤 교류나 협력이나 뭐 이런 관계 또 파독광부, 아까 선생님 잠깐 뭐 언급하셨지만 파독 광부들과 어떤 좀 커뮤니티나 무슨 뭐 소통관계 같은 것도 있었는지 여쭙고자 합니다. 여기 더 해서 당시 인제 한인 동포사회에 대해서 선생님께서 기억하시는 것이 있으면 말씀을 좀 더 해주세요.

황보수자 : 당시 무슨 회라고 조직돼서 오라 그랬던 것은 기억이 안 나고요, 그런 거까지는 아직 없었던 거 같고, 근데 굉장히 포멀(formal)하게 말고 그저, 인포멀(informal)하게 모임들이 있었죠.

김상민 : 예, 친목.

황보수자 : 친목 모임들이 있었는데 누구 결혼식 있다 그러면 가본다거나 그런 거였었죠. 그리고 한인동포들 간에 무슨 모임 이건 저희가 오고 난 후에 맨들어졌거나 뭐 더 그랬었던 거 같애요. 광부들과의 무슨 그런 모임은 그저, 그냥 오는 거지 그 오빠 친구들하고.

김상민 : 아까 면회 오셨던 그 분.

황보수자 : 광부들 쪽에서 어디 여행을 가는데 네덜란드 여행을 가는

데 갈사람 가자 이런 게 있어가지고 갔던 적이 있고, 어떤 목사님이 왔었던 적이 있고 그런 정도지 아주 누구다 특정해서 간호사그룹이 만나고 그랬던 거는 없던 거 같애요. 그리고 그때는 아직까지 간호사들만의 모임 그러니까 독일에 있는 간호사들 간의 모임이 조성이 안 됐었던 거 같애요. 근데 외로움을 극복하는 문제 때문에 같은 민족끼리 만나는 거는 되게 중요했었죠.

김상민 : 예. 선생님께서 계시는 병원에도 한인동포들이 이러 저러 이유로 또 병원에 올 거 아닙니까.

황보수자 : 우리는 어린이 병원이 돼서 그럴까 그런 적은 별로 없고 그저 우리끼리 만났지.

김상민 : 뭐 아파서 오거나 이런 건 없었는지요?

황보수자 : 없었어요. 근데 우리 친구는 거기서 결혼해가지고 분만, 아이 둘 다 거기서 낳았는데 그렇게 사회보장제도가 잘돼 있어서 병원으로 분만하러 갈 때에 그거부터 택시비부터 '혹시 분만하러 가느냐?' 물어서 '그렇다' 그랬더니 그러면 이 영수증을 제출하면 돈을 국가에서 받을 수 있다는 거까지 전부. 그리고 뭐 음식 갖다 주는 거, 애기 젖짜가지고 갖다 주는 그것도 전부 청구하면 됐어요. 이런 완벽한 사회보장제도가 굉장히 감동스러웠어요.

김상민 : 이제 급여 관련한 부분을 여쭙겠습니다. 봉급을 국내로 송금하셨을 텐데요 당시 급여는 얼마였나요?

황보수자 : 제가 명세를 안 가지고 있지마는 대략 700마르크 조금 넘었거나, 그 전후였었던 거 같아요. 저는 가족수당까지 받았으니까. 700마르크가 뭐냐면은 그때 우리 친구가 인제 한국에 있는, 세브란스병원에 있었는지 뭐 상당히 좋은 병원에, 그때는 월급차이가 상당히 있었거든요 병원마다. 근데 한 8,000원 받았답니다. 월 8,000원 받았는데 이 700마르크를 한국 돈으로 환산하면은 49,000원이 돼. 그러니까 상

당히 많았던 거겠죠? 어떤 친구들은 뭐 밤번도 더하고 남 쉬는 날 돈을 더 받기 위해 일을 더하기도 했어요. 저는 그렇게는 안 했는데, 거의 절반은 한국에 송금했던 거 같아요. 대체로 이야기를 들어보면 절반가량은 한국에 송금했고 미스들은 처음에는 좀 하다가 안 하는 경우도 있었고, 이 돈을 모아서 미국으로 갔다는 얘기들도 있고, 하여간 저는 절반 이상을 한국으로 보냈어요. 그리고 축음기 이런 것도 독일정신을 배워가지고 너무 근사한 거 안 사고 그랬는데, 우리 친구 하나는 너무 근사한 거 사서 한국에 가져와서 듣고 그랬대요. 그 다음에 여행도 맘 놓고 마음대로 오프 듀티(off duty)때 할 수 있으니까, 한 번은 뮌헨을 가봐야 되겠는데 친구가 없어서 혼자 시가지 플랜을 가지고 뮌헨 시를 다 다녔죠. 그리고 우리 오빠가 있어서 오빠하고 같이 비엔나하고 잘츠부르크니 댕기고 여행도 마음대로 할 수가 있었고, 친구하고 오페라도 가고 그랬어요. 한국에서 상상도 할 수 없는 거거든요. 우리 친구는 스키 타러 가재요. 저는 인제 못하겠는데 친구는 스키 타러 가고 승마하고 그거가 인제 우리가 할 수 있었던 것들인데 행복하게 살았었다고 기억해요.

김상민 : 한국으로 송금하고 남는 금액으로 여가생활 충분히 즐길 수 있을 정도의 수준이었다는 말씀이시죠?

황보수자 : 그렇지. 근데 그 젊은 시절에 우리가 그런 것을 한 번 같이 해본다는 것은 자긍심이라고 할까 아니면 그게 굉장히 큰 자산이 되는 거 같애요.

김상민 : 예. 아까 잠깐 언급하신 것이지만 여러 가지 소문들이 있잖아요. 시체 닦기 소문도 말씀하셨는데 이것도 항상 나오는 질문이어서 제가 형식적으로 여쭤보겠습니다. 파독 광부 간호사 당시에 독일 측이 한국에 제공했던 차관에 대해서 일종의 담보형태였다는 이유 때문에 광부와 간호사가 일종의 노예계약 같은 거라는 소문이 있습니다. 선생

님께서는 어떻게 생각하시는지요?

황보수자 : 네. 노예계약, 뭐 어쨌든 간에 우리는 자의로 그 많은 경쟁을 뚫고 우리의 자의로 갔습니다. 내가 원해서 갔지 누가 가라 해서 간 것도 아니고. 또 거기서 월급을 뭐 담보로 해가지고 어떻게 한다 그런 거는 하나 없었고 순전히 자의로 돈을 보내거나 자기가 가지거나 했지 전혀 관여 안 했거든요. 그러니깐 이거를 이제 완전히 자발적인 선택이지 혹시 국가에서 어떤 의도를 가지고 했다 하더라도 우리한테는 하나도 그런 영향을 안 줬었던 거죠. 그리고 귀국하는 것도 자기 자신의 뜻대로 귀국하든지 아니면 제3국으로 가든지 독일에 그냥 남아 있든지 자의로 됐었기 때문에 너무 과하게 노예이야기 운운하며 할 건 없다는 생각이 듭니다. 그리고 파독경험이라는 것을 할 수 있었다는 것은 나로서는 내 인생에선 그보다 더 큰 행운이 없고 그때 당시에 젊은 이로서 내가 어떻게 살았을까. 그러니깐 지금 젊은이로 들이 갈 수 있어요? 못 가거든. 당시에 내가 젊은이였기 때문에 내가 갈 수 있었다는 게 말도 할 수 없는 행운이었죠. 언어도 모르는데 직장까지 구해가지고 그런 행운이 세상에 어디 있어요. 거기서 어떤 분들이 어려움을 겪었다고 하는데, 어려움 겪었다는 거는 인생살이, 산다는 거 자체가 어려움이거든요. 산다는 거 자체가 그냥 사는 거 그것만도 어려움인데 외국에서 그렇게 사는 거를 어떻게 자기가 해석을 하느냐, 그 고통을 어떻게 받아들이느냐 거기에 달린 거 같아요. 그래가 누구나 다 어려웠지만 그걸 어떻게 내 것으로 만들어 가야 하느냐 이런 것이 아니었을까 하는 생각을 해요. 그리고 또 하나가 잊어버릴 수 없는 거는 우리 이애주 의원이 했던, 상대방 독일 행정가들이 얼마나 고심을 했는지를 이번에 가서 인제 인터뷰를 다 했었던 모양이에요. 그랬더니 독일 행정가들이 이제는 연세가 높아서 말도 잘 못하고 그러더래요, 어떻게 하면 한국간호사들을 생전 본 적도 없는 아시아 사람을 데려다가 저 사람들을 편안

하게 해줄 수 있을까 그렇게 고심했었다고. 그런 게 [웃음] 참 고맙다는 말을 하고 싶어요.

김상민 : 예. 그런데 3년 계약을 마치지 못하고 만약에 귀국을 선택하게 되면 어떻게 되나요?

황보수자 : 아마 글쎄 그거는 그런 케이스가 한 두 명 있었던 거 같은데 그러면 뭐를 해야 되는 건지 모르겠어요. 저는 그때 당시에는 부모님이 돌아가셨다 해도 우리가 돌아오지 못하는 건줄 알았거든요. 그만큼 한국에 다시 돌아간다는 건 상상도 못했고, 우리가 3년 계약기간 동안 거기서 잘 지냈으니까. 한편, 외롭다고 생각한 사람은 굉장히 외로웠을 거에요. 그렇지만 나는 그렇게 생각하지 않고 '와 이거 새로운 거네. 단어도 이런 게 있네.' 이렇게 얘길 하면서 지냈었거든요. 많은 걸 배우고 보고 그러니까 사는 건 이렇게 살아야 되겠구나 하는 어떤 확신이랄까 자신감, 그런 걸 가지고 한국에 돌아오게 됐어요. 그러니까 제 인생살이 개인적으로도 굉장히 확신을 하면서 왔어요. 처음엔 윤복희처럼 짧은 치마를 입고 댕겨도 되는지 뭐 여자가 담배 피워도 되는지 그랬는데 독일 가보니까 전부 담배피고 그래서 가치관이 굉장히 혼란했어요. 저 뿐만 아니라 다 그랬겠지만 저는 특히 좀 심했던 같애요. 근데 가서 롤 모델을 본 거죠. 그 롤 모델이, 그러니까 독일이 부자도 없고 가난한 사람도 없고, 우리는 독일에 가서 근면 하나 배워가지고, 근면 검소를 배워가지고 온 사람들이고 미국에 간 친구는 다 부자가 됐더라고요. 그 친구들은 부자가 됐고 그 친구가 처음에 갔더니 일리노이 주에 그, 바다처럼 호수에 배를 띄우고 선상에서 파티를 하는데 어떻게 좋아 보여서 나는 저런 부자가 되리라 결심을 했다 그러데요. 그러더니 이 친구는 진짜 부자가 됐고. 저는 뭐라고 생각을 했냐하면 저 사람들이 저렇게 근면하니까 잘사는구나 뼈저리게 느꼈어요. 누가 뭐 옷 잘 입고 그런 거는 하나도 안 부럽고, 인생에 대해서 롤 모델을 본

게 가장 큰 거 같아요. 근데 간호학으로 봐서는 우리가 더 발전된 간호를 하고 있지 않나 이런 생각을 했어요. 그런데 거기서는 주로 환자 돌보는 거가 위주였거든. 그러니까 목욕시킨다든지 머리 감겨준다든지 이런 거였는데 그것에 비해서 우리는 환자를 보고 판단한다든지 그런 점이 있습니다.

김상민 : 귀국하시는 날 선생님 기억을 좀, 더듬을 수 있으세요? 어떤 느낌이셨는지 어떻게 또 귀국을 또 결심하게 되셨는지.

황보수자 : 아, 3년 끝나고 돌아온다고 작정을 하고 있었고 와서 일을 안 해도 되나 하는 생각도 했어요. 한국 가서 일해야지가 아니고. 오니까 남편이 아직까지 직장이 없는 거야. 그런데 편지에 그런 내용을 안 썼거든. 남편이 직장 없단 얘기는 안 쓰고 애가 어떻고 뭐 어린 애 얘기, 그리고 우리 애하고 같은 연령의 아이가 독일 병원에 있었어요. 걔가 쭉 오래 입원했기 때문에 걔가 요만치 크니까 우리 애도 그만치 크냐니 했더니 우리 애는 그보다 훨씬 작아 못 먹어서. 그 시절에 우유를 못 먹이고 밥하면 하얀 밥 뜨물 그거 떠다 먹였다 그러데. 그렇게 와서 보니깐 나는 일을 안 하고 얼마간 있어도 되는 줄 알았더니 남편이 직장이 없어. 그러니 어떻게 해. 물론 직장 없는 사람은 얼마나 괴롭겠어. 그래가지고 간호협회, 대한간호협회로 바로 가서 독일에서 일한 증명을 받았지. 그걸 가지고 이화대학교 병원에 가서 나는 간호고등기술학교를 나왔습니다 그랬지. 그랬더니 당시에 벌써 이화대학교는 4년제였을 꺼야. 아무튼 독일에서 일한 것이 증명이 돼서 수간호사로 일하게 됐어요. 간호협회에서 알선을 해줘가지고. 그게 고마운 것이 독일에 들어가기 전에는 취업이 안 됐거든요 서울에, 지방 학생이 서울 와 있으니까 취업이 안 됐는데 그때는 간호사들이 꽉 차있기도 했었고. 근데 인제 독일로도 빠지고 뭐 많이 빠지니까 자리가 있었던 거 같아요. 그래서 바로 취업됐다는 것도 대단히 좋은 일이었었지요.

김상민 : 독일 경험이 굉장히 크게 영향을 끼치지 않았을까라는 생각이 드는데요 뭐 구체적으로 영향을 받은 것이 있었는지요?

황보수자 : 기본간호를 굉장히 철저하게 여기는 것이 독일 풍토고, 독일에서 처음 갔더니 놀라운 게 병원이 선진적으로 운영되고 있고, 시설과 의학수준이 최첨단이었었어요. 그러니까 그때 당시에 벌써 심장수술을 했는데 그건 물론이거니와 그다음에 마취수준이라든지 마취약이라든지 이런 게 우리나라에서 할 수 없는 수준으로 시술하고 있었어요. 당시 중환자실이 우리나라에는 없었거든요, 근데 중환자실의 개념이 독일엔 있었고, 감염관리 예를 들면 손을 어떻게 씻어야 되고, 들어갈 때 룸 전체를 소독한다든가 하는 감염관리 등이 우리와는 모든 거가 상당히 달랐어요. 우리는 수술한다 그러면 수술실에 장갑도 한 번 쓰고 다시 또 오토클래이브(autoclave)해가지고, 구멍 뚫어졌는지 안 뚫어졌는지 체크 하고 구멍 뚫어지면은 다른 글러브에서 이래 잘라가지고 요기다 붙여가지고 다시 소독해서 쓰고 이랬거든요. 그래서 파우더 묻히면 막 파우더 많이 흐르고. 여기는 전부가 일회용이에요. 주사기 주사바늘 전부 일회용인 게 너무나 놀라웠고, 감염관리 측면에서도 너무 좋고 놀라웠어요. 당시 우리나라에서는 주사를 한다 그러면 철로 된 주사기밖에 없었거든. 그 후에 한 10년쯤 지낸 후에 인제 일회용 나왔었거든.

김상민 : 예. 선생님 한국에서 간호사생활 하시는 얘기 잠깐 듣고 있었는데요, 조금 쉬어가는 의미에서 다른 질문 하나 드리겠습니다. 병원 근무하시다가 서강대학교에 재입학하셨어요.

황보수자 : 병원에 근무하는데 그때 간호사들의 학력을 조금 높여야 되겠다는 그런 분위기가 있었어요. 그래서 내 친구의 경우 간호고등기술학교를 나왔으니깐 다시 어디 들어가기가 어려워요. 통신대학도 아마 들어가기가 어려웠을 거예요. 그래서인지 하여간 그 친구는 결국 못

하고 있었는데 저는 마침 서강대학교 다녔었던 적이 있었기 때문에 제가 있던 간호부에 나보다 위에 계신 분이 오라고 그러더니 할 수 있으면 해라 그래서 내가 서강대학교 다닌 적이 있다 그랬더니, 그럼 그 학교 가봐라. 그래가지고 서강대학교 갔더니 그대로 적이 살아있죠. 과연 좋은 학교구나 이러면서 발번을 하면서, 왜냐면 내가 낮에 수간호사고 간호과장이고 그러니까 낮에만 할 수 있는 업무에요. 그런데 야간을 시켜줄 테니까 낮에 공부해라 그래 된 거예요. 그러니까 병원으로 봐서는 인제 파격적으로 해주는 거고, 나로 봐서는 힘드는 과정이 시작이 된 거야. 학교 갔는데 처음에는 그냥 물리학과로 인제 들어가야 될 거 아닙니까. 그래 물리학과 교수님한테 사인 받아 들어갔다가 그다음 학기에 이제 영문과로 옮겼어요. 서강대학 영문과가 얼마나 어려운지 그게 63학번이기 때문에 가능했던 거 같아. 그 영문과로 옮기게 된 것도 왜 그래 됐냐면은 간호학에 우리가 지금 병원에서 필요한 건 영어다 독일어가 아니고. 나는 독문학을 하고 싶었던 거야. 그래서 영문학을 하게 됐고 그래도 우수하게 졸업했죠. 그때 얼마나 애를 썼는지, 음식 먹는 거는 별로 신경 안쓰고. 밤새우고 새벽에 병원에서 병실마다 다 다니면서 무슨 문제가 있는지 점검하고, 아침 여덟 시에 인계를 주고 식당에 가서 식사하거나 못하거나 하고서 바로 서강대학교를 가면 아홉 시까지 도착이 돼. 그럼 아홉 시에 수업을 시작하거든. 오후 두 시까지 수업을 받고 집에 들어가면 춥고 막 이랬는데 나중에 알고 봤더니 피가 모자라서 그런 거야, 빈혈이 됐던 거라. 헤모글로빈 수치가 대체로 아무리 심해도 10이하로 떨어지면 안 되거든요. 근데 7 0이라. 얼굴이 누런 거야. 그런 생각을 안 했는데 간호과장이, 야 헤므글로빈 7.0이 어딨냐 다시 해봐라. 했더니 6.8이 나온 거예요. 그래가지고 이거 혹시 암인가 하고 검사를 하고 그랬는데 그건 아니고 철분 제공을 안 해줘서 그래 잘 안 먹어서 그렇대.

김상민 : 많이 힘드셨을 것 같습니다.

황보수자 : 네. 1층에서 2층 올라갈 때 숨이 차고 막 그렇게 하면서 서강대학교를 졸업을 했어요. 그렇게 하고 한두 해 있다가 서울대학교 석사과정에 그때 들어갔죠. 그러니간 간호부장이 밑에 사람을 교육시키겠다는 의지가 있었기 때문에 들어간 거죠.

김상민 : 그러면 영문학과는 재입학이 아니고 복적 후 전과 뭐 이렇게 상황이 된 거네요.

황보수자 : 그렇지, 말하자면 그렇죠. 너무 재밌는 거는 그때 한 학기를 안 했다 그랬잖았어요. 그때 분납해서 내던 등록금 나머지를 내라는 거야. 이천삼백(2,300) 얼마라면서. 팔십(80)년대에 이천삼백 얼마라는 건 돈도 아닌데 그걸 내래요. 그리고는 그 학점 그대로 인정이 되고 그랬었어요.

김상민 : 서울대에서 석사하시고 연대에서 박사하셨죠? 간호학을 전공하셨는데, 독일에서의 경험이 논문에도 반영되었는지요?

황보수자 : 병원이라는 데가 무슨 백병원이다 그런 큰 병원이 아닌데 직원이 1,000명이 넘습니다. 그러니까 병원마다 1,000명이 넘는 그런 직원 가지고 있다고 봐야 되거든요. 병원이 노동집약이라 그럴까 전부 사람이 하는 거라. 기계가 있어도 기계 움직이는 건 전부 사람이 하는 거니까 몇 명의 직원을 이제 병원에 둬야 되느냐 몇 명의 간호사가 있어야 되느냐 이게 굉장히 중요한 이슈인데, 대체로 우리 의료법에 나와 있기는 환자 다섯 명에 간호사 두 명이면 된다고 돼있거든요. 그런 문제를 좀 더 과학적으로 산정해보자 하는 뜻에서 석사논문으로 연구했어요. 우리 백병원을 연구모델로 해서 간호인력을 산정을 하자. 어떻게 산정을 하느냐하면 환자가 중한 환자가 있고, 자기가 걸어 다니는 사람도 있고, 못 걸어 다니는 사람도 있을 거 아니냐. 환자를 클래스 원, 클래스 투, 클래스 스리로 해가 분류를 하자. 그다음에 간호파트 측면

에서는 환자한테 무슨 일을 하는지를, 수간호사는 무슨 일을 하고 주임간호사는 무슨 일을 하고 간호조무사는 무슨 일을 하더라 하는 그걸 측정하자. 그 다음에 세 번째는 환자가 무슨 요구가 있는지 환자가 얼마나 간호를 직접 받는지 하는 간호시간을 계산한 거예요. 그러니까 간호계로서는 좀 중요한 거였었죠. 그때 서울대학교에 박정호 교수가 그걸 했고, 또 한 사람 미국에서 온 교수가 있는데 동아대학 교수가 있고, 제가 세 번째 우리 병원을 가지고 했어요. 근데 백병원을 했더니 결과가, 환자에게 직접 많이 하는 게 제일 좋은 건데, 직접간호죠, 그런데 간접간호 수치가 너무 높아. [웃음] 무슨 얘기냐 하면 환자를 위한 엑스레이 확인이라든지 뭐 이런 다른 업무들이 너무 많더라 이제 그런 얘기였었죠. 그리고 박사논문은 의료보건환경에서 병원에 환자가 오래 있어야 되는 경우가 있어요. 산소만 필요해. 다른 건 다 안정이 됐는데 산소흡이 필요한데, 산소통을 들고 댕길 수 없으니까 환자가 입원해 있어야 되는 거라. 아니면 제왕절개수술을 했어 애기 놓는 수술을. 했으면 처음에 한 3일간은 의사치료를 받아야 돼요. 그다음에 자궁수축이든지 그런 게 전부다 안정이 될 때까지. 그다음에는 집에 가 있어도 되는 거라. 그런데 이 환자가 나중에 이제 7일 정도 후에 검진을 못받으면 아파서 아무런 교육도 못 받아요. 애기 젖 먹이는데 대한 교육, 애기 목욕시킬 때 대한 교육, 그런 것을 집에 가서 교육을 시키자. 집에 간호사가 가서 해주면 좋겠다 이런 게 그때 보고돼서 가정간호제도가 생겼어요. 병원에 오래 입원해 있을 필요가 없는 사람은 가정간호사가 가요. 그런데 가정간호사가 가서 무슨 일을 하느냐. 사람마다 다를 수가 있거든요. 그러니까 그 표준을 만들어줘야 된다. 근데 간호는 의사들의 진단하고 달라서 간호진단이라는 게 있어요. 말하자면 저 사람은 불안 자체가 진단이 될 수도 있고 그런 형태의 간호만 가지고 있는 진단명이 개발된 게 있어요. 이 진단명에는 이런 활동을 해야 되더라.

활동이 하나의 진단에 따라서 쫙 나온 게 있는데 그래서 진단을 먼저 확인하고 그다음에 무슨 일을 하자. 어떤 간호사는 오랜만에 환자한테 갔는데 어떻게 해야 될지 몰라서 다른 엉뚱한 일을 하고 왔던 사례들이 있어서 표준서를 환자마다, 질병마다 만들어주자는 취지에서 연구한 것이었습니다. 감사합니다 물어봐주셔서. [웃음]

김상민 : 네. 선생님께서는 간호정책연구소에 계셨는데요. 그, 연구소에 계시다가 인제대학교 간호학과 교수로 가셨잖습니까? 독일에서 간호사생활 하셨던 경험이 연구소에 계실 때나 대학에서 가르칠 때 어떠한 영향이 있었는지요? 간호정책연구소의 연구과정에서 선생님 연구하신 것들이 우리나라 간호정책에 적극적으로 반영된 성과들이 있었는지, 독일의 경험이든 우리나라에서 연구의 경험이든 그런 부분에 대해서 말씀해주시면 좋겠습니다.

황보수자 : 그렇죠. 독일 생활에서는 기본간호를 철저히 해야 한다는 것을 우리 학생들에게 얘길 해줄 수 있었는데, 제가 나중에 교수로 갔을 때는 지역사회 간호학을 담당을 했습니다. 임상에서 내과간호학, 산부인과간호학 등 간호학이 다 있는데 지역사회 간호학은 우리 지역사회가 건강하게 되도록 하는 거거든요. 그러니까 아까처럼 기생충이 많다 이랬을 때 이 기생충에 관련된 거를 우리 지역사회간호학을 하신 박사들이 후(WHO)에 가지고 가서 한반도가 지역을 담당하는 데로 가서 조사연구를 해서 기생충 구제하는데 굉장히 큰 역할을 했거든요. 지역사회간호학을 하고 보니깐 보건소에서 해야 될 일 그리고 일반 가정에서 고혈압이라든지 이런 문제들이 너무나 재밌고 좋은 거예요. 그래서 지역사회간호학을 하게 되니까 우리나라에 지역사회간호학 교수가 없고, 마침 자리가 비어있었으니깐 제가 그렇게 된 거죠. 참 즐거운 경험이었습니다.

김상민 : 파독 광부 간호사는 현재 한 2만 정도로 알고 있는데, 첫

질문으로 말씀을 드린 것을 다시 여쭙고 싶습니다.

황보수자 : 숫자가 정확치 않아서 지난번에 총리께서 질문을 하시는데도 제가 답을 못했거든요. 간호협회에다가 얼마나 되는지 통계자료가 굉장히 중요하다, 이런 것부터 우리가 확보를 해야 뭐 된다고 말했죠. 파독인력이 이제 모두 나이가 많아서 일을 할 수 없을 나이고, 아직도 살아있을 때 조사를 해야 되겠다 해서 시작했는데, 어느 정도까지 돼있는지 몰라도 이애주 국회의원이 조사한 내용을 보면, 간호사가 한 6,500명 간호조무사가 한 4,000명 간호학생으로 간 사람들 있습니다. 그 사람들은 독일간호사가 된 거죠. 그 독일간호사 면허를 받으면 한국에 와서 다시 시험을 쳐야 한국간호사가 되는데 의학용어든지 전부다 독일어로 돼있기 때문에 굉장히 어렵습니다. 그렇게 한 10,700여 명이 이제 갔다. 그런데 몇 명이 거기 남아있고 몇 명이 와있는지는 내용이 없어요. 대체로는 한 30% 정도는 한국에 왔을 거고, 30%는 거기 남았을 거고, 한 40%는 미국 캐나다와 다른 나라로 갔을 거다. 이렇게 추정만 하는 거죠. 이런 자료들이 시급한 상황입니다.

김상민 : 선생님 오늘 말씀 들어보면 이런 케이스가 있을지 잘 모르겠는데, 파독 광부의 경우에는 자신이 파독 광부출신이라는 것을 숨기는 경우가 있는 것으로 알고 있거든요. 근데 간호사의 경우에는 그런 경우가 아무래도 상대적으로 적을 텐데요, 혹시라도 그런 분들도 계신가요?

황보수자 : 그러니까 파독 간호사냐 아니냐 우리가 일부러 물어보는 기회가 없으니까 그래서 그렇지 굳이 숨길까 하는 생각은 있거든요. 그런 생각은 있는데 하여간 뭐 많이 확인은 안 되어있어요. 그리고 독일에 갔다가 왔다는 게 큰 경력은 아닐 수가 있고 생각하는지도 모르죠. 근데 각자가 얼마나 보람되게 여기느냐의 문제겠죠. 자기가 어떻게 해석을 하느냐 어떤 의의를 부여하느냐의 문제라고 생각합니다.

김상민 : 마지막 질문을 드리겠습니다. 우리나라 현대사에서 파독 광부와 파독 간호사는 굉장히 특별한 의미를 갖고 있다고 생각합니다. 그런 의미에 비해 현재까지 많이 연구가 진행되지 못했습니다. 이 자리를 빌어서 한국 현대사에서 파독 광부와 파독 간호사는 어떤 의미였는지와 우리 사회에 당부하고 싶은 말씀이 있으시다면 해주시기 바랍니다.

황보수자 : 저는 한국경제발전에 기여했다고 하는데 개인적으로서는 사실은 모르는 일입니다. 나는 나 자신을 위해서 일했고 내 가족을 위해서 열심히 살았는데 와보니깐 경제발전에 기여했다네. 세상에 이보다 더 좋은 일이 어디 있습니까. [웃음] 그거는 감동할 일이에요. 그 당시에 수고했다고 얘길 하고 또 이런 포럼도 만들어주시니깐 너무 감사합니다. 그리고 의의를 얘길 하자면 저는 자존감이 높아졌다고 생각합니다. 굉장히 자신감 있게 살게 되었다는 거죠. 또 하나는 직업적인 자존감이 높아진 것입니다. 지난번에 독일대사님이 직업적으로 다른 나라를 도우러 간 것은 간호사가 최초였다고 하셨는데, 그냥 노동력이 아니고 직업적인 의미도 매우 고취될 거 같고 그런 것도 좋은 것 같습니다. 또 나는 간호사 입장이니까 독일에 갔을 때도 굉장히 우수한 간호를 우리가 배우고 공부하고 갔구나 하는 생각을 하게 된 것도 굉장히 기쁜 일이에요. 근데 광부 쪽도 보면 터키하고 일본하고 그리스하고 뭐 이런 데서도 광부들이 갔던 모양이에요. 그 사람들에 대한 평가보다 한국에서는 굉장히 인텔리들이 왔다고 해서 한국사람하고 약속하면 틀림없다는 좋은 평가를 받았어요. 그런 것처럼 한국간호사들은 뭐 더 이상 말할 필요 없이 한국간호사 같으면 미국에서 데려가겠다는 정도로 한국간호의 우수성하고 한국간호가 세계로 확산되는 그런 계기가 되지 않았는가. 그래 인제 독일에 먼저 왔다가 그다음에 각 곳으로 갔고 그것이 좋은 평가를 받았기 때문에 그랬지 않는가. 그래서 한국간호사면 허만 가지면은 세계 어디 가든지 살아낼 수 있다 그런 자신감이 생긴

거예요. 그리고 독일에서 괴테 그리고 『싯다르타』를 쓴 헤르만헤세, 헤르만헤세의 책은 세트로 가져왔습니다. 『싯다르타』가 저는 좋아가지고, 『데미안』이니 뭐 다 좋지만 『싯다르타』가 좋아가지고 그 운율이 얼마나 아름다운지 마치 시 같애요. 그래 그거를 일부러 한 번 쓰기도 하고, 베토벤을 듣고 베토벤, 그거 당시에 어디 해볼 수 있는 겁니까. 그런 시절을 보냈다는 거가 참 영원한 자산이 되고 자신감이 생기고 그랬던 거 같애요. 그래서 제일 감사한 거는 국가에 대해서 감사한다는 생각을 합니다. [웃음]

김상민 : 감사합니다 선생님. 명지대학교 국제한국학연구소 정기학술포럼이 오늘 60회가 되었습니다. 오늘 황보수자 선생님 모시고 파독한인들 세 번째 시간을 갖게 되었는데요, 바쁘신 중에도 아주 좋은 말씀 많이 해주셔서 감사드립니다. 앞으로 박정희 시대와 파독한인들의 포럼이 준비가 돼있으니까 많은 관심과 성원으로 참여해 주시기 바랍니다.

권이종 (전 교원대 교수, 파독광부간호사간호조무사협회 부회장)

❏ 사회자 : 김택호 (명지대 국제한국학연구소 연구교수)

김택호 : 시간이 돼서 제61회 명지대학교 국제한국학연구소 정기학술포럼을 시작하도록 하겠습니다. 오늘 이 자리에 모신 분은 권이종 한국교원대 명예교수님이시구요. 저는 사회를 맡은 국제한국학연구소 김택호입니다. 우선 시작하기 전에 권이종 선생님에 대해서 간략하게 말씀드리겠습니다. 권이종 선생님은 1940년에 전북 장수에서 출생하셨구요. 조금 있다가 길게 말씀해주시겠지만 독일에서 학사, 석사, 박사학위를 받으시고 전북대 그리고 한국교원대에서 교수로 생활하시고 2006년에 정년퇴임을 하셨습니다. 이력이 많으시지만 중요한 것만 좀 말씀드리자면, 교원대에서 다양한 보직을 많이 하셨습니다. 그리고 2002년부터 2006년까지 한국청소년정책개발연구원장을 역임하셨구요. 현재는 한국파독광부간호사간호조무사협회 상근 부회장으로 일을 하고 계십니다. 우리가 지금 파독 광부 간호사 분들과 관련된 포럼을 쭉 진행을 하고 있는데 무엇보다도 중요한 말씀을 많이 해주실 것으로 기대가 됩니다. 그럼 바로 선생님께 질문을 드리고 선생님 말씀을 듣는 것으로 포럼을 진행하도록 하겠습니다. 우선 이 자리 나와 주신 선생님께 감사드리겠습니다.

권이종 : 네. 안녕하세요.

김택호 : 교원대에서 정년퇴임하신 이후에도 매우 활발하게 활동을 하고 계신데요. 요즘 선생님께서 주로 힘을 기울이고 계신 일들이 무엇

인지 소개해주시면 감사하겠습니다.

권이종 : 안녕하세요. 먼저 질문 내용에 들어가기 전에, 금요일 날, 그리고 이렇게 더운 날씨에 포럼에 참여해주셔서 감사합니다. 또 소장님께서 저희들에 대한 관심을 가지고 이렇게 초대해주셔서 정말 감사합니다. 사실은 여기 연구소 측에서 저보고 제일 먼저 참석해 달라고 했는데 예의상 다른 사람들, 회장하고 다른 분들이 먼저 참여를 하도록 했고, 그다음 제가 실질적으로 상근이사로 일을 하면서 가장 많은 자료를 가지고 있고, 또 내용파악도 아마 제가 제일 많이, 지나친 표현인지 모르겠습니다만, 제일 많이 알고 있고 자료도 그렇게 가지고 있습니다. 그래서 제 이야기 도중에도 선생님들께서 메모하셔서 여기에 나온 것 말고라도 또 나중에 질문도 하시고 싶으면 하시고, 또 연락해주시면 연구하시는데, 아니면 관심가지는 데 최선을 다해서 제가 해야 할 의무기 때문에 최선을 다해서 도와드리도록 하겠습니다. 우선 질문 답변을 드리겠습니다. 개인적인 일과 협회에 관한 건데, 제가 사실은 1964년 독일에 광부로 갔을 때부터 언젠가는 역사적인 정리를 좀 해야겠다는 그런, 상당히 장기적인 목표를 가지고 광산지하에서부터 지상, 또 독일에서 생활하는 가운데 음으로 양으로 자료를 계속 수집했습니다. 그러던 차에 인제 정년하면은 내가 꼭 이런 일을 해야겠다고 생각을 했어요. 왜냐면은 사실은 공식 비공식 숫자로는 지금 (파독 인력의 수를) 20,000명을 얘기합니다. 병원에 일 한 사람이 12,000명 뭐 광부들 7,968명해서 인제 8,000명, 공식적으로는 20,000명을 얘기하는데 공식, 비공식 25,000명을 얘기하는 사람도 있고 그런데 정확한 숫자는 노동부 등 정부에도 자료를 지금 가지고 있는 분이 없습니다. 그런데 이제 그분 중에 여성들이 교수가, 박사학위를 받고 교수가 된 사람들이 한 25명 정도 되고 남자들이 국내외적으로 한 30명 정도 되는데, 미국에 교수가 한두 분 있고, 그다음에 캐나다에 있고, 그런 정도인데 한국에 들어오

신 분들은 한 20명 됩니다. 근데 그분들이 대부분 의학을 했든가 아니면 자연과학을 공부한 분들이기 때문에 (역사적 자료) 정리가 어려워요. 지난번에 오셨던 김태으 회장님은 경제를 공부하셨는데. 그러던 차에 파독 광부 간호사에 대한 역사적인 조명을 하자고 해서 저도 오랫동안 정년하면은 해야지 제가 현직에 있을 때는 너무 일이 복잡하고 또 하는 일도 많고 또 한국교원대학교 창설멤버고 또 보직을 여러 가지 하고 그러니까 이런 마음의 여유가 없었습니다. 그리고 인제 자녀가 제가 넷이 있는데 제가 돈 아무것도 가진 거 없이 한국에 들어와서 제가 벌어가면서 자녀들을 넷을 학교를 가르치는데 전부 사립대학 다녔습니다. 그러다 보니까 등록금이 너무 비싸서요, 제가 경제적으로 여유가 없었어요. 그러던 차에 지난번에 여기 와서 얘기했던 김태우 회장님께서 조금 뭐 경제적인 뒷받침을 해볼 테니까 한 번 하자 그래서 제가 서울시 상담센터 소장을 정년하고 몇 년간 소장을 하고 있었는데 상담, 청소년 아주 대전문가라고 얘기합니다, 자칭 제가, 타칭 자칭. 누구든지 인터넷에 들어가 보면 청소년정책을 저와 대화 안 하면 안 될 정도로 오랫동안 역대 전부 대통령들 장관님들 모시고 이런 일을 해왔어요. 평생교육하고 인제 청소년분야입니다. 그래서 인제 질문의 답이 나오는데요. 그래서 협회를 구성하자 그래서 인제 우리 사단법인체를 만들었습니다. 그래서 우선 큰 덩어리를 말씀드리면 역사적으로 정리를 하자 그래서 제가 4년 동안, 다른 분들은 글을 쓸 수가 없어요. 자연과학 공부한 분들이어서요. 그래서 인제 제가 4년, 5년 동안 자료를 수집해서 『파독광부45년사』라고 해서 이렇게 600페이지의 책을 4년간 준비해서 냈습니다. 이렇게 정리하고 그다음에 영화를 만들어야 한다고 해서 영화를 30분짜리, 10분짜리 각각 만들고. 그래서 공무원들 대상, 군인들, 그때 파독 광부 간호사가 왜 독일에 가야만 했던가에 대해서 후세들이 알아야 한다. 근데 강의를 해주는데 자료가 필요해서 그러저런 일로 자료를 개발해서 그래서 국가기록원에 정식으로 넘겼습니다. 가장 큰 덩어리가 그겁니다. 그다음 두 번째가 지난번에 회장님도 아마 말씀하셨을 텐데 독일에서 대통령이 오셨는데 저희들하고 광부출신하고 간호사출신을 청와대로 오라고 해서 독일 대통령하고 한국 대통령하고 두 분하고 인제 다른 분들도 오셔서 우리 대통령도 그렇고 독일대사도 그렇고 어디가든지 어디서든지 그, 양국의, 양국발전에 크게 기여했다 이렇게 표현합니다. 최근에도 양국 대통령이든 대사든 장관이든. 한국에 오면 어떤 공직자도 우리 파독 광부 간호사에 대해서 얘기를 하게 됩니다. 그래서 대통령께서 어떠한 형태로든 보은을 해야지 않겠는가. 그러다가 국무총리께서 그때 독일에서 공부하시면서 간호사들하고 광부들하고 만난 일 있고, 그러니까 국무총리취임 전에 청문회에서 그 얘기가 나와서 총리께서 눈물을 흘리시고, 그래서 국무총리가 관심을 가지고. 그러니까 정부 국회의원들 이런 사람들이 관심을 가지고 보은을 하자. 그래서 작년에 예산을 몇 십억을 올렸는데 너무 많다. 그래서 25억 원을 지금 저희들이 기념회관을 만들어라. 그래서 상징적으로 독일 기풍을 나타낼 수 있는 기념회관을 만들라고 해서 기념회관 준비를 하고 있고요. 그다음 대한민국역사박물관을 대통령께서 선거공약으로 공약을 하셨는데, 지금 문화관광부 건물을 전부 리모델링해서 한국 경제발전과 경제실록에 관한 그 역사적인 배경을 쭉 정리를 하면서 단체들을 공모를 했습니다. 그러니까 한국경제발전 한국산업화에 기여한 단체들을 공모했는데 6,500 단체가 공모에 들어갔었습니다. 그런데 저희 단체가 상위권으로 들어가서 지금 대한민국역사박물관에 전시실 15평을 받았습니다. 그래서 전 세계 국내외 살고 있는 파독 광부 간호사들로부터 지금 유물을 모으고 있고 독일대사하고 얘기하고 독일정부에 얘기해서 독일광산을 그대로 재현할 수 있는 쇠기둥 뭐, 동발 이런 것을 독일 정부에서 지금, 보내달라고 지금 요청을 했습니다. 그다음에 모형도도 그래서 넣으려고 그러고. 그래서 독일정부에서 적극적으로 협조하고 그래서 모든 자료를, 뭐 광부들이 썼던 거 뭐 간호사들이 썼던 거 간호조무사들이 썼던 거 모든 자료를 수집해서 금년 말에 개관을 합니다. 대한민국역사박물관에요. 그래서 인제 그게 지금 큰 덩어리고요, 뭐 자세하게는 얘기할 수 없고. 그다음에 교과부에서 모든 교과서에 등재를 해서 학생들이 초등학생에서부터 대학생까지 국가와 국가 간의 최초의 협약에 의해서 노동자를 외국에 수출하고 달러를 벌어들인 최초의 단체가 광부, 두 번째가 간호사, 세 번째가 월남군인, 네 번째가 중동의 근로자, 이민하고는 또 다르죠. 그래서 파독 광부 간호사들이 부싯돌이 됐기 때문이 교과서에 올려서 신세대들이 좀 알아야 한다고 해서 지금 교과서등재 준비를 활발하게 하고 있습니다. 그리고 처음에 협회를 만들기 위해서 약 3분의 1이 그, 그 통계도 확실하지 않은데, 전체 이만 한 이삼천 명 중에 3분의 1은 그냥 제가 연구를 해보고 조사를 해보니까 여러 나라 돌아다녀 보니까 3분의 1은 캐나다하고 미국하고 다른 나라 제3국으로 가서 사는 사람들이 한 3분의 1 됩니다. 간호사가 됐든 광부가 됐든. 그분들이 경제적으로 제일 지금 좋아요. 그분들의 개척적인 정신, 이민 간 사람보다도 광부출신들이 그 투지력의지력을 가지고 외국생활을 하면서 돈을 번 사람들이 갑부들이 많습니다, 외국에서. 지금 특히 미국 쪽에 갑부들이 많고 광부출신고 간호사, 광부출신들이 더 많을 거 같아요. 그리고 캐나다가 그냥 그런대로 움직이고. 그다음에 3분의 1이 지금 독일에 남았습니다. 근데 독일에 남은 사람들은 독일의 사회경제정책에 의해서 사회보장제도가 최소한의 경비로 먹고 살 수 있도록 연금을 줍니다. 그래 광부들이 광산에서 일 했다는 사람들은 지금 우리 돈으로 150만 원도 못 받고요. 여러 가지 이유로 돈 많이 안 줘요 거기는. 그저 교수 봉급이 5,000만 원이면 아니, 만일에 제가 정년 할 때 봉급이 월 한 500만 원 되면 한 거의

200만 원 독일사회에서 내가 교수 했다면 거의 200만 원 가져가버리고 한 300만 원만 너 먹고 살아라 그러거든요. 근데 밑에 경비아저씨가 돈을 250만 원 받으면 세금은 하나도 안 가져가고 경비아저씨는 250만 원 다 줘요. 그러니까 같이 소득분배를 해서 살자는 것이 독일의 철학이거든요. 그러다 보니까 독일에 간호사들이 지금 받는 것이 100만 원 150만 원, 이제 남편과 합쳐 봐도 250만 원 그러니까 삶에 그렇게 여유가 있지 않습니다. 근데 한국에 그분들이 고국에 방문을 하면 (그 돈을) 쪼개서 어렵게 한국행 비행기 값 모아서 한국 5년 만에 한 번씩 오고 이제 그런 정도죠. 한국에 사는 사람들은 어떻게 되냐. 아주 가난뱅이들만 살아요. 한국에 성공한 사람들 있어요. 어, 몇백 억 가지고 있는 사람들 있어요. 근데 이 협회에 일체 들어오지도 않고 자기 신분을 밝히지도 않고 대학교수가 한 20명 정도 되는데 자기 신분을 나는 광부출신이다 하고 대학에서도 얘기하고 제자들한테 얘기하는 사람은 다섯 명도 안 됩니다. 한국사회에서는. 독일사회에서는 그렇지 않은데 한국사회에서는 이 얘기를 하면 얻는 거보다 잃는 것이 많다 그래서 자기 신분을 안 밝혔어요. 여자들도 안 밝히고 지금까지 사는 사람들이 있어요. 지금까지도. 뭐 남자들도 그렇고. 그러고 자기 딸들이나 아들 보고 아, 독일에 기술자로 갔다 왔다 이렇게. 그러니까 우리가 편지를 보내면 항의도 하고 그런 사람들도 있는데. 그래서 정부 측에 얘길 해서 주소록을 달라 이걸 구성하기 위해서. 근데 주소록은 인제 한 1,500 정도 주소록을 행정자치부하고 노동부하고 찾아서 편지를 보냈는데 100명만 등록을 하고요, 한 번 상상을 해보세요. 1,500명 3,000명 중에서 주소확보는 뭐 한, 한, 5,000~6,000명 중에서 주소확보는 1,000명밖에 안 됐어요. 1,000명에서 1,500명. (협회에서) 편지를 보내는데, 협회에 관심 있어서 답장 온 사람이 100명 왔습니다. 제가 편지 보낸 것이 100명. 그리고 나머지는 전부가 1,000부 이상이 반송이 됐었어요. 그 이유가 무엇인지 한 번 상상해 보셔야 합니다. 그래서 인제 이렇게 여러 가지 일을 하니까, 아 이거 이제는 참여해야겠구나, 해서 이제 신청들을 해서 지금 현재 인원이 한 550명 내지 600명 됐고요. 연간 회비 20,000원 받는데 20,000원을 못내는 사람이 90%입니다. (한국에 있는 사람들은) 왜 그럼 그렇게 못 사는가. 거기서 독일에 있을 때 돈을 보내준 게 인제 뭐, 부모님들 약값 뭐 형제들의 뭐 학비 이런데 다 써서 한국에 오니까 뜨 빈털터리가 된 거예요. 그러니까 지금까지도 택시운전을 하는 사람이 한 10명 정도 되고요 전국에. 지금 제가 73세인데요, 40년생이니까. 저는 초창기에 갔어요. 근데 제 나이에 지금도 트럭 운전하는 사람도 있고요. 지금 제 나이에 배를 타는 사람도 있고, 규폐증(硅肺症)에 걸려 사경을 헤매면서 뭐 도와 달라, 살려 달라 하는 사람들, 그다음 사망한 사람도 뭐 엄청나게 많고요. 독일도 그렇고 한국에도 그렇고 그래서, 이야기가 길어졌는데요 그런 것이 인제 협회에 관한 좀 중요한 일들이고요. 개인적으로는 지금 정년한지가 6년짼데요, 좀 사회적으로 그러니까 뭐, 자타 25,000명 중에 가장 성공한 놈이라고 그럽니다, 저보고. 일단 차관급까지 했고 청소년정책개발원 차관급까지 했고 국립대학 교수를 했고, 한국교원대학교를 만들었고, 책을 60권을 썼습니다. 현재 책이 60권, 지금도 쓰고 있고. 그러니깐 오라는 데가 많아요. 오라는 데가 많고 인제 특강이 학교 뭐 청소년단체 뭐 3군사관학교, 경찰, 공무원교육원, 학교에서 많이 오라고 하죠 뭐. 다음 주는 예절교육원 경기도 교원연수원, 월요일 날은 또 학교 가고 거기서 학교 청소년들 대상으로 아니면 교사들 대상으로. 또 이번 주 화요일 날은 또 광양에 다녀왔습니다. 그래서 매일 저서활동, 그러니까 책을 계속 쓰고 있으면서 우리 광부출신들의, 국내외 광부출신들의 수기집을 제가 만들고 있어요. 그래서 수기집, 그것도 제가 안 가져왔는데 수기집 1집해서 『막장 속에서 피어난 꽃』이라는 제목으로 수기집 1집이 나왔고 2집은 『독일에서 흘린 눈물』, 3집은 『왜 광부 간호사가 독일로 가야만 했던가』, 금년에 3집을 만들라고 합니다. 그래서 매년 책을 만들어서 시리즈로. 내가 죽기 전에 뭔가 모르게 기여를 하고 가자는 그런 각오로 5년 전에 준비를 했고 4년간 지금 일을 하고 있고 지금도 그런 일을 하고 있습니다.

김택호 : 왕성하게 활동하고 계신 것을 뵈니까 저도 기쁩니다. 선생님 이야기를 듣는데 이해도를 높이기 위해서 선생님의 생애를 간단하게 좀 듣고 싶습니다. 장수에서 1940년에 태어나셨고, 1964년에 독일로 떠나시게 되는데요. 독일로 떠나시기 전까지의 생애에 대해서 간략하게 좀 말씀해주시면 감사하겠습니다.

권이종 : 그때 당시는 여기 다른 어르신들도 계신데 나이 좀 드신 분들은 다들 고생했잖습니까? 그러니까 이거 뭐 말로 표현할 수 없을 정도의 빈곤한 가정에서 태어났습니다. 1940년에 태어났는데 1945년 해방되고 나서 초근목피(草根木皮)라는 말을 많이 쓰는데, 사실 저는 소나무 껍질을 벗겨 먹고 물로 배를 채우고 산에 가서 나무하고 지게질하고 초등학교를 6년에 나오지 못하고, 농사일을 짓다 보니까 뭐 산에 가서 나무하고 뭐 풀하고, 담배농사 짓고, 지게 지고, 그래서 제가 다른 분들에 비해서 키가 작은 이유가 아마 어릴 때 마, 지게를 많이 졌기 때문일 겁니다. 초등학교 다닐 때. 그래서 초등학교를 9년간 다니고 인제 가출하다시피 했어요. 그래서 전주로 가서 전주에서 중학교 시험 합격을 해서 그때부터 이제 중학교 1학년부터서 박사학위 받을 때까지 서른아홉 살까지 제가 고학으로, 일도 뭐 안 해본 일이 없을 정돕니다. 그러니까 전주에서도 신문배달, 경향신문 조간 석간 신문배달하면서 자취하고 배고픈 속에서 그렇게 성장했어요. 하나의 사례를 얘기해드리면 인제 중학교 입학했는데, 입학금을 내야 하는데, 당분간 입학금은 부모님이 해줘야 하는데, 부모님이 마련할 길이 없으니까, 저의 어머님

이 어느 부잣집에 가서 하루 종일 앉아서 쌀 한가마를 빚을 얻어서 장독, 집에 있는 장독 다 팔고 뭐 해서 학교등록금을 낸 기억이 나요. 그때 당시에 쌀 한가마 아, 지금 인제 저보고 쌀 사라고 하면 뭐 100가마라도 살 수 있는 경제적인 능력이 있죠. 군대 갔다 와서도 너무 어려운 생활을 했죠. 또 한 가지 어려웠던 얘기를 하면, 그때는 뭐 GNP도 낮고 그랬으니까. 군대 갔다 와서 을지로 3가에서 KBS건물을, 남산 밑에 KBS건물을 최초로 지을 때 서울지역에서 제일 높은 건물을 지을 때 4층 건물인데요 그때 모래지게 철근 나르고 해서 2년간을 일하다가, 광부모집이 있어서, 얼마나 배가 고팠는지 그때는 일할 때도, 을지로에서 일할 때도 서대문에 적십자병원이 있었는데요. 거기에 피를 수혈을 해서 팔면 자장면 뭐 한두 그릇 얻어먹을 수 있을 정도로 그렇게 어려운 삶을 살아왔습니다. 다른 사람들도 다 그랬겠지만 그때 당시는 다 그랬지만 그래도 너무 빈곤 가정에서 태어났었습니다.

김택호 : 그러면 독일로 떠나시게 된 것은 아무래도 그쪽에 가면 돈을 좀 많이 벌 수 있겠다는 판단이 결정적인 계기셨겠네요.

권이종 : 그때 인제 독일로 간다고 결심하는 데에는 여러 가지 요인이 있었죠. 학력이 좀 높은 사람들, 저는 대학을 안 나오고 갔으니까요. 초창기에 간 분들은 학력이 높고요 이제 1970년 초반 이전까지 학력이 높고, 1970년 이후에는 빠림사건(동백림사건) 일어나고 그래서 서류도 좀 좋지 않게들 만들고, 결혼 안 해놓고 결혼했다고 서류도 만들고 그랬죠. 봉급이 큰 차이가 나니까. 그래 인제 독일정부에서 알게 됐어요. 그러니까 우리 한국정부 정보기관에서 와서 매일 독일 땅에서 사람들이 없어지니까, 광부출신도 그렇고, 유학생도 그렇고, 없어지니까, 독일정부에서 화가 났어요. 어떻게 한국정보기관에서 독일에 와서 독일정부도 모르게 사람을 잡아가느냐는 거죠. 그래서 파독 광부들 다 다시 돌려보내겠다. 그리고 한국하고 국교 더 이상 안 하고 간호사도 안 데

리고 오겠다. 그래서 한국이 그때 당시에 외무부 장관이 가서 저희 거기 있을 때 사과하고 해서 정상화 된 뒤에, 그러면 광부를 또 보내긴 보내되 경력자들을 보내라. 그래서 1976년 이후에 간 사람들은 중졸자도 많고 광산경력을 반드시 3년 이상 가지라고 하는데, 그것도 그때 당시에 적당히 하는 방법도 있었고 그랬는데요. 그렇게 해서 유학으로 갈라고 하는 사람도 있고, 무조건 외국에 대한 호기심도 있고 뭐 돈 문제도 있고 그랬죠. 저는 배고픈 것 좀 벗어났으면 좋겠다. 너무 배가 고파서 이 가난을 내가 피할 수 있는 방법은 탈출이다. 독일이면은 부자나라라고 하니까, 무작정 나가는 것이 나한테는 기회가 주어지지 않겠는가, 이런 거였지 뭐 특별히 제가 무슨 목적이 있었던 건 아닙니다. 무조건 탈출, 배고픈 거 벗어나는 거. 그러다가 남산 밑에서 그런 모래지게를 지고 하루 종일 일을 하고 있는데, 그때 한양대학교 다녔던 같이 일하는 친구가 어느 날 아침에 와서 "아 너 나하고 같이 독일의 광부로 안 갈래?" 그래서 "아니 독일 광부 가려면 조건이 굉장히 어렵고 학력도 높고 그래야 하는데 나는 자격이 없잖아." 그랬더니 그래도 한 번 해보라고 하더라구요. 근데 우선 경력도 없잖아요. 그래서 경력증 만드는데, 그때는 가능했어요. 소 한 마리 값이었습니다, 소 한 마리 값. 그때 형님이 농사를 짓고 있는데, 소 한 마리가 있었어요. 그래서 형님한테 가서 소 한 마리, 그 양반이 가지고 있는 총 재산인데 소를 팔아서 그런 서류를 만들었죠. 그래서 다행히 그럭저럭 합격을 했습니다. 그때 시험이 IQ검사, 역사, 이 정도 그다음에 체력 검증이었는데, 그때 체력들이 안 좋았어요. 제 경우는 체중이 58kg, 57kg 그랬는데 시험보기 며칠 전부터 엄청나게 먹었어요. 쇠뭉치를 달고 온 놈도 있고, 별놈들이 다 있었죠. 쇠뭉치를 넣어 가고 물을 마시고 가고 그래서 어떻게 60kg이 돼서 그때 당시에 시험에 50kg 모래자루 어깨에다 얹는 거 그것도 하나의 시험이었어요. 그래서 다행히 합격이 됐어요. 그런데 그때 양복을 입고 오라는 거요. 근데 저만 유일하게 양복 안 입고 갔습니다. 양복을 입고 오라는데 아이 양복이 어디 있었겠어요. 남방 하나 입고, 부잣집 조카가 녹번동에 살았는데, 그 부잣집 조카가 한국은행에 다녔는데 그 친구한테 가서 넥타이 하나 달라 그래서 넥타이 하나 얻고, 구두를 신고 오라는데 구두가 없어서 고대 다니는 친구한테 가서 뒤창이 하나도 없는 구두 하나 걸어 신고, 그래서 인제 독일로 가게 됐죠.

김택호 : 선생님께서 말씀하시면서 감정이 움직이시는 걸 뵈니까 저도 뭉클한 느낌이 듭니다. 이제 선생님 말씀 따라서 저희들도 독일로 좀 넘어가보도록 하겠습니다. 제 추측입니다만, 선생님을 뵈려고 선생님과 관련된 내용들을 보다 보니까 아헨(Aachen)에서 공부하셨습니다. 아헨지역이 광공업이 발전한 지역이었다는 것 때문에 혹시 선생님 가셨던 파견되셨던 지역 자체가 아헨이었던가, 하는 추측을 했는데요. 가시게 된 지역은 어디였고 그 지역은 어떤 곳이었는지 좀 말씀해주시면 감사하겠습니다.

권이종 : 독일에 광산분포가 한국 광산구조하고 영 다릅니다. 거기는 평지에요 그냥 평지. 평지에 땅을 파고 들어가서 1,000m 밑으로 내려가 버리거든요. 승강기 타고 밑으로 내려가고. 1,000m 내려가서도, 500m 내려간 데도 있고 700m 내려간 데도 있습니다만, 일단 승강기에서 내려서 또 옆으로 전철을 타고 또 한 3km, 4km 가야 막장이거든요. 근데 그 탄층이 독일 루트지방이라고 뒤셀도르프보다도 조금 위 지역이에요. 근데 아헨은 네덜란드와 독일의 경계선이어요. 국경선이에요. 그래 공대가 유명해요 아헨공대라고. 근데 아헨이 왜 유명했냐면 역사적으로 칼 대제(Karl 大帝)라고 우리 역사책에 다 나옵니다, 칼 대제. 근데 서기 700년 중세기 때 유럽 전체를 우리나라라고 하면 뭐 고구려 시절처럼 유럽 전체를 관장하는 정치적인 도시에요 아헨이. 옛날에 추기경도 있었고 왕관도 거기서 씌워주고, 그런 곳인데 인구는 한 30만밖

에 안 되죠. 근데 거기서 약간 떨어진 곳에 제가 일했던 광산에 있어요. 한 30km 내지 40km 떨어졌는데 거기에 광산이 분포돼 있었어요. 그래서 그 지역에서 일을 할 수 있었죠. 근데 루르지방이라면 인제 그 아헨에서 조금 떨어져서부터 시작해서 인제 뒤셀도르프 쪽으로 해서 뒤스부르크, 도르트문트, 파더보른(Paderbom) 해서 그 지역이 전부 독일의 산업화에 근간을 이루는 공업지대죠. 지금도 가면 그렇죠. 그런데다가 라인 강이 지나가면서 모든 그, 물자를 수송할 수 있는 그런 가능성이 있으니까. 사실은 독일은 웬만한데 다 배가 다 들어가도록 돼있거든요. 만일 물 층 있는 데는 막아서 또 기다렸다 들어가고 이렇게 돼 있어요. 아헨지역에 갔죠. 가니까 이미 사람을 이미 배정을 해놨어요. 너는 도르트문트로 가라 너는 뒤스부르크로 가라 뭐, 너는 파더보른으로 가라 뭐 이렇게 사람을 다 군대 배치하는 것처럼 나눠져 있었어요. 그래서 인제 제가 간 곳은 아헨 주변지역에, 독일어로 에페하이드(Eperheide)라고 하는 지역이었는데 큰 광산지역이였어요. 지금은 그 광산들이 거의 80%가 다 문을 닫아버리고 지금 관광지로 개발해서 인구유입정책으로 해서 인구들이 빠져나가지 못하도록 정책을 펴나갔어요. 그래서 관광지 박물관 등등 뭐 어느 지역에 가면 1년 내내 스키장을 운영하는 데도 있고 그래서 인구가 줄어들지는 않았어요, 광산촌에. 그리고 옛날에 사용했던 그 폐광촌 건물의 돌멩이 하나도 버리지 않는 것이 독일 사람들 성격입니다. 지금도 그 폐광촌 건물들을 다 그대로 보존하면서 지하에 식당도 만들어 놓고, 예를 들어서 결혼식장도 만들어놓고 그렇습니다.

김택호 : 그 아헨지역이 다른 지역에 비해서 상대적으로 많은 분들이 가셨던 곳인가요?

권이종 : 아헨지역에 다른 지역보다 많이 간 건 아니고 한 3분의 1 정도, 광부들 3분의 1 정도. 간호사는 또 달라요. 간호사들은 전 지역에

분포돼있으니까. 어떤 디는 한 분이 간호사로 간 분도 있고 어떤 데는 세 분이 간 데도 있고, 하지만 간호사들은 전체 지역으로 갔죠. 그러니까 간호사들하고 광부들하곤 달라요. 광부들은 비교적 모여 있죠.

김택호 : 제가 그때 같이 파견되셨던 분들은 어떤 분들이신지 여쭤보려고 했었는데, 이미 대략 말씀을 해주셔서 다음 문제를 또 여쭙겠습니다. 당연히 독일생활에 적응이 쉽지 않으셨을 거 같습니다. 여러 가지 문제, 일상생활 하는 문제도 있겠고, 그다음에 현지 독일인 노동자들, 같이 일하시는 분들과의 관계도 있지 않았을까 싶은 생각이 드는데요. 초기에 독일생활 적응하시는데 어려움들이랄까 이런 것들은 어떤 게 있으셨는지요?

권이종 : 제일 어려운 것은 광산 일이죠. 이미 다 아시겠지만, 인류역사상 남자직업으로 가장 천한 직업이 광부랍니다. 인간사회에서 지금까지 변함없이 광부가 가장 천한 직업이랍니다. 작업장 온도가 일단 섭씨 34°에서 36°의 악조건입니다. 그러니까 무지무지 더워요. 그러니까 옷을 하나도 입을 수가 없어요, 그것이 악조건. 두 번째는 일을 하는데 2~3m가 앞에 보이지 않을 정도로 석탄가루고 돌가루가 날아다니기 때문에 그 돌가루와 석탄가루 숨을 쉬어야 하잖아요. 뭐 혹자는 뭐 마스크를 쓰면 되지 않느냐. 더워서 마스크 못 써요. 마스크 있어도 더워서 벗어요. 그 석탄가루가 막 코로 들어가고 돌가루가, 석탄가루는 빠져나와요 근데 돌가루는 들어가면 폐에 들어가서 굳어버리니까 진폐증이 걸려서 죽잖아요? 그래 첫째 조건은 더워서 뼈만 남을 정도로 말라요. 그다음 두 번째는 이 먼지가 많이 들어가서 어렵고. 그다음에 세 번째는 가스폭발. 제일 많이 죽는 게 가스폭발인데 중국이 1년에 3,000명씩 죽잖아요? 가스폭발로. 지금도 3,000명씩 죽어요, 중국이. 그래 시설이 안 돼 있으니까. 통풍이 많이, 바람을 빼고 들이고 하지만 지하는 전부 돌하고 석탄이잖아요. 그러니까 탄층이 있는데, 탄층의 한 1m에

서 돌이 큰 것이 탁 떨어지면서 밑에 있는 돌하고 부딪치면 불똥만 튀기면 그건 폭발해요. 그래 언제 어디서 폭발할지를 모르잖아요. 그러니까 폭발, 살아 있어도 3년 이상 지내면 진폐증, 지금도 뭐 그런 사경을 헤매는 사람들이 많이 있잖아요. 그 조건이 뭐 상상할 수 없을 정도고 체격이 맞질 않아요. 독일사람 체격과 체력에 맞게 만들어놨기 때문에 한국사람 체력으로 쇠기둥을 세워야하고 동발을 걸어야 하고 하니까 너무 힘들죠. 이제 그런 것이 제일 어렵고. 무엇보다 제일 어려운 건 이 향수에요. 외국생활에서 제일 어려운 게 향수에요. 이제 부모형제가 보고 싶고, 인제 먼 데 갔으니까 죽기 전에는 한국에 돌아올 수도 없고 뭐 휴가라는 것은 생각할 수도 없고 경비가 너무 비싸고 그다음에 그냥, 저희들이 상당히 얽매어서 갔기 때문에 뭐 제가 문서상으로는 그렇게 안 돼 있지만 그건 뭐 담보 아닌 담보 문서상으로는 아니고요. 담보 아닌 담보 그 다음에 뭐, 노예로 팔려갔죠. 그러니깐 노동력의 노예로 간 거기 때문에 그 환경이라든가 이런 건 뭐 말로 할 수가 없을 정도로 악조건인데 제일 어려운 건 이제 아까 그런 것이죠. 그러니까 향수 때문에 그걸 달래기 위해서 막 사람들을 계속 한국에 뭐, 가요라든가 이런 거 틀면서 주말에 뭐 아무리 좋은 프로그램이 있어도 고향생각에 향수병 때문에 못 살아요. 그러니까 대개 외국에 가서 여자고 남자고 향수병 견디기가 아마 제일 어렵고요 그담엔 일이고, (독일)문화는 접촉할 기회가 없어요. 왜냐하면 그 사람들이 정책적으로 자기 나라의 경제발전에 도움이 되기 위해서 가능하면 그룹들이 많이 밖에 못나오고 그 안에서 일하면서 자기들이 돈이 많고 경제성장이 되고 그러니까 자기들이 돈을, 외국인들이 돈을 덜 쓰고 자기 나라로 보내주려는 그런 정책을 썼기 때문에 가능하면은 외국인 노동자 터키, 스페인, 한국 사람들 다 어떤 건물 안에다가 기숙사에서 생활할 수 있도록 했기 때문에 사회적인 문화접촉이라는 건 거의 뭐 개인적으로 뭐 움직일 수는 있어도. 그리고 광산에서 쓰는 용어는 뭐 다 욕이, 주로 욕이에요. 욕하고 싸우고 뭐 그런 정도지 뭐, 그건 상상할 수가 없죠.

김택호 : 한국인뿐만 아니라 다른 지역, 다른 국가에서 온 노동자들도 같이 거기에 광부로 일을 하셨던 거네요.

권이종 : 원래 우리들보다 앞에 간 사람들이 일본광부들입니다. 그때 당시에 1960년대에, 2차대전 끝나고 국가재건에 (노동력이 많이 필요했는데) 오죽 노동력이 필요하면 백화점에서 물건만 사가지 말고 노동력을 사가라는 말이 있을 정도였으니까요. 일군이 없으니까 이런 정도로 표어를 붙이는 정도고, 그래서 그때 일본 사람들 일부 데려가고, 그다음에 특히 터키, 이태리, 스페인, 폴란드, 필리핀 등 전 세계 노동자들이 거기 엄청나게 많았어요. 난 숫자는 정확히 모르겠는데 하여튼 지금 현재 독일의 웬만한 학교 들어가면 다문화가정 출신 자녀들이 2분의 1 앉아있는 데도 있고요, 3분의 1 앉아있는 데도 있고, 그러니까 사회적으로 지금 큰 어려움이 있어서 그래서 독일 국민들이 요사이 주체성 문제를 자꾸 거론하면서 외국인에 대한 증오감의 증가, 히틀러 그룹들이 일어나는 이유가 그거죠. 외국인 노동자들은 너무나도 많았습니다. 그런데 외국인노동자 중에 가장 지능이 높고 학력이 높고. 그러니까 처음에 갔을 때 자기들 수준에 맞춰서 뭐, 글은 읽을 줄 아느냐 뭐, 초등학교는 다니고 왔느냐 뭐, 한국에 자동차는 뭐 한 대라도 있느냐 많이 비아냥댔죠. 그리고 예를 들어서 전화기가 있느냐, 목욕은 1년에 한 번이라도. 그래 사실 뭐 그때는 뭐 1년에 목욕 한 번하고 저는 살았습니다만, 그런 질문을 받았죠. 근데 지금 최근에 독일에 가면은 비행장에서부터 그냥 모든 게 한국, 짐 싣고 다니는 카트가 LG, 삼성 카트가 있고 모든 공산주의 국가나 독일이나 지금 유럽이나 가면 비행장에 전부 걸려 있는 것이 LG, 삼성 텔레비전입니다. 독일만이 아니고 폴란드 가든, 헝가리 가든, 체코 가든, 불가리아, 알바니아 가든. 가정집에

가면은 냉장고가 LG냉장고며 삼성냉장고. 그래 이렇게 경제대국이 되고 그때 1억 5천만 마르크, 지금 돈으로 환산하면은 뭐 몇 조 원이 되는 정도의 돈이거든요. 1억 5천만 마르크 차관을 가져왔으니까요. 그런데 지금, 그때 1억불 수출인데 지금 5천억 불이니까요. 그런데 지금은 독일에 뭐 프랑크푸르트만이 아니고 어느 도시 가든 그때 당시에 박정희 대통령이 독일에 오셨을 때, 태극기가 뭐 20개도 안 걸려 있었다고 그랬어요. 지금은 뭐 한국 대통령이 독일만이 아니고 어느 나라 가든 국력이 역시 바로 이거구나 하는 느낌을 갖게 되는데요. 그래서 독일청년들이, 지금 현재 유럽청년들이 한국기업에 삼성이나 LG 한국기업에 취직되는 것을 그렇게 최고의 영광으로 생각하는 상황이 됐죠. 금년이 (파독) 49주년인데요, 49년 전과 현재와 그렇게 큰 차이가 있는 것을 느끼고, 역시 나라는 잘살고 봐야겠다는 생각이 들었습니다. 한국이 어디 있는지도 몰랐어요. 제가 학교에 갔을 때 한국이 어디 있냐고 하는 사람들이 많았어요.

김택호 : 아까 선생님 말씀 중에 기숙사에서 생활하셨다고 말씀해주셨는데 음식은 독일 현지식을 드셨던 거죠?

권이종 : 음식 적응이 어려워요. 사람이 습관을 바꾸기 어렵더라고요. 저는 전북 촌놈이거든요, 전북 장수군. 그러니까 사투리도, 제가 서울에서 이렇게 지금 수십 년 살아도 바뀌지 않고, 음식도 바뀌질 않아요. 다른 사람들은 뭐 소시지 같은 것도 잘 먹고 그런데 저는 아주 촌놈이라 그런 걸 못 먹어서 음식 때문에 무지무지하게 고생을 했습니다. 그러니까 뭐 한국에서 뭐 청국장 좀 부쳐달라고 그러고, 된장 좀 부쳐달라고 해서 그거 끓여먹다가 경찰에 신고해서 경찰이 와서 무슨 썩은 음식을 먹느냐고 했던 에피소드도 있고, 또 고사리도 끓여먹다가 환경파괴 한다고 경찰이 와서 경찰서까지 가서 시말서 쓰고 이런 일도 있었어요. 그래도 밖엘 안 나가니까 문화의 충격 같은 건 별로 없었던 것

같아요. 그냥 어쩔 수 없이 이렇게 살아야 한다고 하니까 만날 일만 했죠. 한국 사람들이 대부분 몇몇 그룹으로 나눠져 있어서 한국 사회든 거기든 농땡이 치는 놈은 계속 농땡이 치고, 저녁마다 고스톱하는 놈은 고스톱하고, 그리고 오토바이 사서 만날 연애만 거는 놈, 만날 독일 여자하고 돌아다니는 놈도 있고, 돈 모으지 않는 놈도 있고, 별별 놈이 다 있는데, 그래도 한 60~70%는 죽기 아니면 살기로 일했다고 봐야할 거예요. 그래서 8시간만 근무하면 돈이 모자라니까, 적으니까, 봉급 적게 받으니까 연장 작업도 하고. 제 경우는 광산 연장 작업도 많이 했지만 광산 일하고, 또 밖에 나가서 농장에 가서 또 일하고 밤낮으로 일만 했어요. 그러면서 책은 좀 봤죠. 그리고 내가 우연히 사진을 하나 가져 왔는데요. [사진 속 셔츠를 가리키면서] 이런 옷을 입고 가죠, 광산에. 그러면 제 번호가 1662번입니다 코드가. 그거 인제 군대 군번하고 똑같아요. 그러니까 봉급도 그렇고, 죽어도 그 번호를 가져가야 하고 한국에 보내더라도 그 번호여야 하는데 [입고 있는 셔츠를 가리킴] 이런 복장을 하고 가서 옷을 갈아입고 일을 끝나고 나올 때는 이렇습니다. 이 사람 얼굴을 전혀 못 알아봅니다 이게.

김택호 : [사진을 보며] 아, 뭉클합니다. 여기 계신 분들께 이렇게 사진을 보여드리겠습니다.

권이종 : 이런 비참한 일을 한다고 할 때, 그러니까 자기가 죽지 않을라고 광산에서 일하면서 코담배가 있거든요 코담배가. 코담배가 고춧가루 아주 매운 고춧가루보다도 더 매운 고춧가룬데 그 고춧가루를 코에다 대면은 막 콧물이 줄줄 계속 일하면서 나옵니다. 그러면은 석탄가루하고 돌가루가 코로 들어갔다가 그냥 막 빠져나오죠. 그래서 인제 죽기 싫으니까 그냥 계속 코담배 넣고 그담에 1분 1초가 생사를 좌우해요. 좌로 봐도 무섭고 우로 봐도 무섭고 천장이 무너지고 그러니까, 매시 매초 전쟁터예요. 전쟁터보다도 더 난 무섭다고 생각을 하는데 그

러니까 상상을 할 수 없을 정도로. 가장 낮은 데서는 제가 한 60cm 되는 데서도 일을 해봤는데요. 이렇게 누워서 있어야 하거든요 누워서. 그러면 내 위로 한 900m의 돌덩어리가 지금 있다고 생각하면 제가 거기서 얼마나 한심하겠습니까. 이거 그냥 무너지면 그냥 납작 죽는 거예요. 그러니까 사망자도 많고 불구자가, 장애인협회가 구성이 될 정도로 많고. 지금 독일이나 캐나다(에 계신 광부출신 분들 중에는) 그런 장애인들도 많고. 그러니까 그 조건이라는 것은 뭐, 상상할 수가 없죠. 저런 식으로 나와서 인제 목욕을 합니다, 목욕을. 그러니까 전부 넥타이를 매고 갔는데 저런 일을 다 했죠. 대학, 연대 나오신 분들도 몇 분 있었고 저하고 갈 때는 서울대 나온 분들도, 공무원들, 경찰, 선생, 한국 봉급의 열 배였으니까요. 그때 공무원들이 9,000원 10,000원 받았는데 뭐 10만 원, 한 달 봉급이 10만 원, 그러니까 1년 봉급을 한 달에 벌 수 있으니까. 그리고 제 경우는 밖에 나가서 일을 하고 그랬으니깐 뭐, 많은 돈을 벌을 수가 있었죠.

김택호 : 말씀 중에 조금씩 비춰주시긴 하셨는데, 세부업무가 분장이 돼있을 것 아닙니까? 주로 선생님께서는 광산에서 어떤 일을 하셨습니까?

권이종 : 체력에 따라서 사람을 배치를 하는데, 돈을 일한 것만큼 줘요. 그러니까 딱 들어가면 너 몇 m 일 할래 하고 물어봐요. 그러면 아난 50m 하겠다 그러면 50m에 기둥을 세워야 합니다. 내가 죽지 않으려면 기둥을 세워야 돼요 요대로, 천장이 무너지니까. 인제 기둥을 배분을 해요 너 50개 세울래 아니면 20개 세울래. 그러면 아, 나 오늘 몸이 안 좋으니까 20개만 세우겠다, 그러면 광산 일은 책임제고 광부들이 말하는 도급이에요. 니가 일한 것만큼 돈 가져가고 안 하면 안 가져가고. 그러니까 나 전기스위치만 가지고 있겠다, 그러면 스위치만 잡고 있는 놈은 봉급이 3분의 1도 안 나오죠. 어려운 일이면 많이 나오고요.

근데 저는 양쪽에서 발파해서 계속 굴진하는 것을 3년간 했죠. 그리고 제일 어려운 게 막장에 들어가서 아까 얘기했던 쇠기둥 세우는 건데, 쇠기둥이 가장 가벼운 게 한 50kg, 30kg짜리도 있을 거예요. 그때 50kg, 큰 것은 뭐 더 무겁고요. 그러니까 쉽게 다치죠. 기계는 거미줄처럼 얽혀있죠. 기계 말려들어가서 죽는 사람, 천장이 무너져서 죽는 사람, 돌이 무너져서, 석탄하고 돌이 무너져서 다리가 부러진 사람, 하여튼 처음에 가서 다쳐서 3년간 병원에만 있다가 나온 사람도 있어요. 그런데 사회보장제도가 잘되어 있으니까 봉급 다 주고 나올 때도 연금도 가지고 나오고. 3년 내내 병원에 있는 사람도 있고요. 그다음 한 1년짜리 병원, 3개월짜리 병원은 많죠. 그리고 도저히 난 지하에 무서워서 못가겠다고 하는 놈은 지상에서 일한 놈도 있죠. 근데 그런 놈들은 수입이 형편없죠. 한국에서 결혼하지도 않았으면서 결혼한 것으로 속이는 사람도 있고. 결혼한 사람에게 봉급을 3분의 1 더 주니까요, 자녀수당요. 돈이 없어도 살 수 있는 나라가 독일이잖아요. 공부를 못해도 관계없는 나라가 독일이에요. 대학 들어가는 것은 3분의 1밖에 안되고. 같은 연령층에 28%, 30%가 대학 가고 70%는 안 가고 직업학고 마이스터(Meister) 실업학교 쪽으로 나가잖아요.

김택호 : 아까 약간 말씀해주셨는데요. 일이 힘들고 또 고국을 떠나 있고 하다 보니까 광부분들께서 서로 유대감이 강했을 수도 있고, 또 일이 어렵다 보니까 별것 아닌 것 가지고 갈등하기도 하고, 여러 가지 가능성이 있었을 것 같은데, 당시 파독 광부분들 사이에 유대관계는 어떠셨는지. 선생님 혹시 그때 맺은 유대관계를 가깝기 지금도 유지하고 계신 분이 계신지 좀 여쭙겠습니다.

권이종 : 일이 3교대로 나눠져 있거든요. 그래서 공기만이 아니고 땀도 많이 흘리고 일도 고되고 그러니까 일이 끝나면 잠자는 것밖에 아무 것도 못해요. 피곤해서 밖에 나가면 돈 쓰니까, 돈 안 쓰려고 밖에 안

나가고 그러니까 잠자는 것 외에는 거의 없어요. 사람 만날 수 있는 것은 주말밖에 안 되거든요. 근데 그것마저도 주말에도 피곤해서 편지 좀 쓰고, 고향 생각하고, 노래듣고, 밥해먹고 하느라고 유대관계는 별 것 없었어요. 향우회가 더러 있어서 모임 같은 것이 있고 그렇지만 끼리끼리 서울에서 온 사람들은 서울사람, 또 대학 나온 사람은 대학 나온 사람끼리, 자연히 그렇게 많이 어울려지고, 어떤 작업장에서 일하느냐에 따라서 유대관계가 만들어지죠. 그때 당시 유대관계를 가진 사람과 지금까지 교류를 하고 있냐 그러는데, 많은 사람들이 있었는데 지금 어디 사는지도 모르고 또 죽은 사람도 많고. 두 사람이 (협회에) 찾아왔는데, 한 사람은 여기 홍제동에 살고 있어요. 다 지금 나이가 지팡이 짚고 다니고 아니면 귀가 전부 어두워서 제가 이 일을 시작하고 난 뒤에 목소리가 달라졌어요. 다들 전화하면은 못 알아들어요. 그러니깐 큰소리로 또 해야 하고 눈도 어둡고 그래서 홍제동에 있는 사람도 연락을 잘 안 하고 그런데 내가 전화해도 또 안 받고. 또 한 사람은 같이 일했던 사람이 있어서 한 세 사람 정도고. 그다음에는 이 협회 일하면서 이런저런 사람 만나는데 유대관계 뭐 특별히 한국에서 사귄 사람들처럼 그렇게 끈끈한 우정관계로 뭐 이렇게 뭐 초등학교나 중학교 동창처럼 하는 사람들은 별로 없는 것 같아요.

김택호 : 지금까지 광부로 파견되셔서 생활하셨던 이야기를 이렇게 들었습니다. 이제 선생님 인생에서 변화가 생기기 시작하는 지점에 대해서 여쭙도록 하겠습니다. 3년간 광부생활을 마치신 후에 60년대 후반에 아헨 사범대에서 학업을 시작하셨습니다. 아까 선생님께서도 잠깐 말씀해주셨지만 아헨은 프랑크왕국의 수도였던 고도인데요. 아헨사범대는 국립교육기관입니다. 그 학교는 어떤 학교였고, 특히 교육학을 선생님께서 선택하시고 입학하시게 된 과정에 대해서 말씀해주셨으면 좋겠습니다.

권이종 : 독일의 학제가요 모든, 특히 대학원 90% 이상이 국립이고요. 사립은 종교계통에서 운영하는데 아주 극히 일부이고 전부가 국립입니다. 그담에 학비는 태어나서부터 박사학위 받을 때까지 무상이었는데 최근에 부분적으로 학비를 받는 데가 있어요. 학비만 안 받는 것이 아니고 장학금 제도가 너무 잘 돼있습니다. 그러니까 장학금을 받는 게 액수가 다 달라요. 어머니 아버지 수입과 집 구조를 전부 환산해서, 계산해서, 이 아이는 초등학교를 다니는데 돈이 이만큼 필요하구나, 초등학교는 더욱이나 무상이지만 장학금을 초등학교 때부터 줘요. 돈을 안 주는 데가 없어요. 부족한 액수만큼 주니까, 부족하지 않은 사람은 장학금 안 주고 부족한 사람은 한국 돈으로 말하면 10,000원 받는 놈도 있고, 20,000원 받는 놈도 있고, 30,000원 받는 놈도 있고. 교통비가 또 무상이에요. 대학 말고 초중고등학교는 교통비가 무상이에요. 그리고 수업이 오후 두 시 이전에 끝나기 때문에 우리처럼 급식 이런 건 일체 없고요. 고등학교까지 오후 두 시 아무리 늦어도 세 시. 제가 교편생활 했습니다마는 예체능과목은 오후로 돌려놓고 좀 머리 쓰는 과목은 오전으로, 그러고서 학교 규모가 또 전부 적으니까요. 아헨공대는 미국의 MIT에 버금가는 학교로 돼 있어요. 그래서 우리나라에서 유학을 가장 많이 갔던 지역입니다, 공대생들이. 그래서 서울대라든가 KAIST라든가 포항공대라든가 이런 데 많은 사람들인데. 거기에 하나의 단과대학으로 사범대학이 있어요. 근데 사범대학은 우리나라도 그렇지만 독일은 전부가 국립대학이죠. 너무 저에 대한 독특한 생활을 자꾸 얘기하는데요, 외국인으로서 국립대를 최초로 입학한 사람이 저밖에 없습니다. 그럼 어떻게 거기에 들어갈 수 있는 기회를 가졌느냐. 근데 저는 소중한 만남이, 어떤 사람을 만나느냐에 따라서 운명이 바뀐다는 걸 저는 아주 철저하게 믿는 사람입니다. 그런데 저는 여기 한국에서 태어나서부터 지금까지 이렇게 살아오면서 일정한 포인트가 있어요. 이 포인트에서

는 이분을 만나서 내가 성장하는 기회를 가졌고, 이 포인트에서는 이분을 만나서 내가 기회를 열었고, 운이 너무나도 저는 많이 뒤따랐어요. 뭐 한 예를 들면 삼성그룹의 이건희 회장님 만나서 프로젝트 같은 거, 몇 억짜리 프로젝트. 그리고 한국의 중고등학생들의 의식구조 조사하라 하고 정주영 회장님 만나서 전 세계 공산주의국가 조사해 와서 교육 제도 써라 이런 등등. 제가 집에 돌아올라고(귀국하려고), 무조건 독일에서 체류하려면 독일여자하고 결혼을 하든가, 한국여자하고 결혼하든가. 근데 저는 철저한 한국 놈이기 때문에 외국 사람하고 결혼하고 싶지를 않았습니다. 그래서 나는 무조건 한국에 돌아간다, 그래서 모든 짐과 돈을 남기지 않고 한국으로 다 보내버렸습니다 3년 딱 끝나고. 1964, 65, 66, 67년도에 돈을 다 보내버렸어요. 비행기 표 끊었어요. 근데 제 꿈은 초등학교 다닐 때부터서 교사였습니다. 선생을 한 번 해야겠다 그래서 광산에서 일하면서 짬짬이 시간 날 때마다 독일어 책을 가지고 공부를 했습니다. 광산지하에 가서도 읽고 밖에 나와서도 읽고 새카만 제가 공부했던 책이 있습니다. 오늘 그거 역사박물관에 넘길라고 복사를 다 지금 하고 있어요. 또 일기를 3년, 광산일기를 3년 쓴 사람은 전 간호사하고 광부를 찾아서도 저밖에 없어요. 저는 역사적인 의식을 가지고 무엇을 좀 해봤어요. 뭐 글씨는 잘 못 쓰지만, 하여튼 일기도 쓰고 제가 생활했던 일과 등등. 그래서 광산 일만 끝나면 독일여학생이, 초등학교 다니는 여학생이 있었는데 거기는 초등학생이 우리나라 고등학생처럼 큽니다. 근데 걔한테 가정교사로, 독일여선생한테 독일어를 계속 배웠어요. 그러던 차에 독일 식구를 독일 사람을 만나게 됐는데 헝가리 출신인데 여자 분이, 내가 수양엄마라고 했는데 비행기 표를 끊어서, 공항으로 그 사람이 데려다줘서 인제 한국으로 돌아오려고 나가는데, 나오고 있는데 인제 집에 다 간다고 다 인사하고 그랬는데, 독일 와서 그냥 일만 하고 이렇게 가는 것은 좀, 좀 아무 의미가 없지 않느냐? 그래 이제 독일 수양엄마가 저를 억지로 끌어내렸습니다. 너 여기서 더 남아서 공부 좀 하고 가라. 그게 운명이 자꾸 바뀌진 거요. 그러니까 제가 한국에 들어왔으면 어떤 사람이 됐는지는 모르겠어요. 그래서 비행기 표를 가지고 다시 울며불며 그 수양엄마 집으로 가게 됩니다. 근데 저는 무일푼, 돈이 하나도 없는 거예요. 그래서 그때부터 또 일을 시작합니다. 그래서 67년부터서 79년까지 제가 독일에 전체생활이 16년인데요. 또 그때부터 아르바이트를 하는 거예요. 호텔에서 음식 남은 거 전부 므아다가 처리하는 거, 호텔 일 해주는 거, 페인트 공장에 가서 일하는 거, 감자공장에 가서 일하는 거, 대학 도서관에서 일하는 거 등 인제 아르바이트를 시작하는 거예요. 그런데 그렇게 남았는데 불법 체류자가 돼버린 거예요 불법 체류자. 거기서부터 문제가 발생을 하게 되죠 불법 체류자니까. 그런데 한국처럼 그렇게 막 엄격하진 않지만, 그래서 그 수양아버지가 벨기에연합사령부의 PX에서 부사장으로 일을 했어요. 그러니까 장군한테, 벨기에 장군한테 가서 이 사람이 지금 불법체류자로 돼있으니까 여기서 임시고용 한다는 증명서를 해줘라 그래서 임시고용서 끊어서 한국대사관에 올리고 그다음에 독일정부의 허락을 받아서 체류허가가 됐습니다. 그런데 인제 대학을 들어가라. 그래서 대학을 다니고 싶다 내가 그랬더니 수양엄마가 찾아간 곳이 사범대학의 학장님한테 갔어요. 근데 학장님한테 갔는데, 다행히 천주교, 학장님이 천주교 신잔데 불쌍하게 봤는지 이건 외국학생은 절대로 안 됐는데 네가 선생이 꿈이라고 그랬으니까 초등학교 1학년 때부터 제 꿈이 선생이었으니까, 그럼 받아들이겠다고 해서 입학허가가 나오고, 인제 일을 하게 되고. 근데 광산에서는 독일어 책을 아무리 봤다 그래도 독일어를 제대로 할 수가 없잖아요? 그러니까 뭐 한 5년간 부모형제와 떨어져 있는 거 자체만으로도 늘 눈물 속에서, 또 배고픔 속에서, 계속 또 계속 배가 곯고 겨울에 추운 방에서, 얼어 죽을 정도로 추운 방에서 생활하고 계속 일을 하는 생활이 또 시작되는 거예요. 그러니까 옛날에 중고등학교 다닐 때처럼 또 시작돼요. 광산 일도 어려운데 또 어려운 일이 또 시작되는 거예요. 제 자서전 제목이 『파독 광부 교수가 되다』인데, 이걸 독일어로 지금 번역하고 있어요. 지금 독일에서도 연구를 하고, 일본에서도 연구자가 많이 오고, 독일에서도 오고, 동남아에서도 어떻게 원조를 받았던 나라가 이렇게 다른 나라를 도와주는 나라로 변했나, 광부를 외국으로 보냈던 나라가 어떻게 이렇게 경제성장을 가져왔냐 해서 연구의 대상이 돼서 요사이 독일방송이나 관련 연구자들과 인터뷰를 많이 합니다. 독일에서 학교 다닐 때 눈물은 뭐 상상할 수가 없습니다. 도저히 안 되겠다 나 집에 가야겠다 그리고 학장님한테 갔더니 학장님께서 "네가 지금 큰 호수의 한 가운데 헬리콥터에서 떨어졌다고 생각하고 니가 그대로 물속에 들어가서 빠져서 그냥 질식해서 죽을래 아니면 너 헤엄치고 나올래?" 하시더군요. 지금도 머리에 생생한데요. 그렇게 학장님이 격려했습니다. "내가 어떻게든지 도와줄 테니까 끝까지 한 번 버텨봐라." 그냥 매일 우는 거예요 매일 매일. 그래서 화장실 가서, 만날 화장실에 혼자 들어가서 눈물을 흘리고 그랬죠. 요사이도 독일에 가면은 그 화장실에 가서 옛날을 회상하고 그랬습니다. 그래서 대학을 들어가게 된 거예요. 그래서 각종 일을 다 하면서 한 3~4년간 일을 하다 보니까 여기저기서 도와주는 사람들이 있고 특히 교회계통에서도 많이 좀 도와주고 그래서 교회에서 운영하는 실업고등학교 기숙사에 사감으로도 일을 하고 하면서 학비가 생기고 배곯는 것이 좀 어려워지고 그러다가 우리 집사람을 만나서 결혼을 해서부터서 인제 확 풀리는 거요. 저희 집사람 만나서부터 완전히 삶이 뭐 완전히 180°로 변했죠. 경제적인 거, 또 삶에 관한 모든 것이. 그렇게 이루어진 거예요. 그래서 학교는 그렇게 해서 다닌 거고. 학교 다닐 때 뭐 애로사항은 5년 동안 귀가 안 틔더라고요. 공부를 하는데, 시험을 보는데요. 전부 저는 C, D입니다 C, D. A학점 저는 하나도 없습니다. 박사 졸업할 때까지 A학점 하나도 없어요. 도저히 어려워서 못하겠어요. 그래서 전부 암기를 해서 갔어요. 시험 본다고 하면 암기를 해서. 한 시간, 두 시간 쓸 수 있는 거는 다 외워서 우리 한국식으로 외워서 가서 썼단 말이요. 그러면 만날 나 혼자 D. 어느 날 교수님이 오더니 교수님이 부르더라고요. 그럼 교수님을 제가 만납니다. 일주일에 몇 시에서 몇 시 사이에 면담시간 그 외에는 절대로 안 만나줘요 교수들이 바빠서. 그러고는 강의가 낮에만 하는 게 아니고, 주야간이 구분돼 있지 않아요. 낮에 교수가 바쁜 사람은 밤에 와서 강의해요. 주야간이 결정돼 있지 않아. 교수님 불러서 갔더니 "너는 이거, 이런 식으로 공부하면 졸업 못한다. 이걸 네 생각은 하나도 없고 그냥 책에 있는 거 그대로 베끼면 이건 졸업 못한다. 그러니까 소위 에세이 식으로 글을 한 번 써봐라 에세이 식으로. 네가 태어나서부터 죽을 때까지 아니 지금 여기 오기까지 한 번 글을 써봐라." 그래서 연습을 시키더라고요. 그래서 처음에 제가 자기소개서를 한 장을 써서 왔더니 "이거 가지곤 안 돼. 이거 석 장으로 늘려." 석 장을 또 써서 갔더니 "이거 가지고 안 돼. 독일 사람처럼 더 써." 그래 일곱 장 쓰라고, 일곱 장 써, 열장 써라. 이렇게 해서 자기 글을 만드는 거예요. 그러면서 스터디그룹에 넣어줘서 스터디그룹하고 같이 콜로키움(colloquium)을 해서 대화, 토론식의 수업을 해라. 5년 지나니까 조금 질문을 할 정도로 귀가 틔더라고요. 질문할 정도로. 대학 들어간 뒤에 한 6년 내지 7년 되니까 이제 뭐 질문도 하게 되고 토론에 참여도 하게 되고. 거기서 대학 다니는 데도 하여튼 서른아홉 살까지 많은 고생을 했는데요. 근데 하여튼 저희 집사람을 1971년에 만났는데 저희 집사람 만나고 나서부터는 생활이 달라졌죠.

김택호 : 사모님과 관련된 내용은 조금 있다가 또 한 번 여쭙도록 하겠습니다. 조금 화제를 바꿔서요. 당시에 독일교민들 사회 전반에 관

한 내용일 수도 있겠습니다마는 선생님께서 독일에 계신 초창기에 이른바 동백림사건이 발생하지 않습니까? 이 사건에는 파독 광부분들도 연루되어 있고, 그래서 한국에 돌아오시지 못하는 분들도 계셨는데, 물론 아헨지역은 상대적으로 이런 문제로부터 좀 멀리 떨어져있지 않았을까 하는 생각이 들긴 합니다만, 역시 분단된 조국사정으로 인해서 당시에 파견되었던 노동자분들이나 혹은 유학생들이 여러 가지로 갈등하거나, 또 다른 외국에서 온 노동자들과는 좀 특수한 상황에 놓여 있었을 거 같습니다. 그래서 그때 그 동백림사건을 접하셨을 때의 상황이라든가, 또 당시 독일광부들이라든가 유학생들, 교민들이 분단된 상황에서 독일에서 처해있었던 특별한 상황들이 기억나시는 게 있으시다면 말씀해주시면 좋겠습니다.

권이종 : 기억이 생생하죠. 광산에 있을 때는 사실적인 글로 옮기기에는 제가 좀 어려운데요. 그냥 직간접적으로 정부의 정보기관원이 우리들 그룹에 섞여있었습니다. 우리들 삶에 대해서 상당히 지금보다는 훨씬 엄격했다고 봐야죠, 그때 당시는. 특히 1970년 이후는 더 많았어요. 정부기관에서 이렇게 컨트롤하는 것이. 예를 들어서 한 100명이면 100명의 동향이라고 그럴까 이런 거. 근데 그때 당시도 공부 좀 하고 난다 긴다 하고, 사상적으로, 사회적인 비판, 외국에 가면 90%가 애국자인데 그래도 한 10% 정도로는 부정적으로 모든 걸 보는 사람들이 있었잖아요. 근데 제 경우는 일에 공부에, 돈 버는데 뭐 다니느라고 이런 걸 잘 몰랐을 때에요. 근데 아까 서두에서도 말씀드렸습니다마는 직간접적으로 매수돼서, 북한에 의해서 매수돼서, 제가 두 눈으로 보진 않았습니다만 경제적인 도움을 받은 사람도 있을 수가 있고, 평양까지 갔다 온 사람도 있고, 도중에 끌려와서 한국 정보기관에서 엄청나게 고문을 당한 사람도 최근에 또 제가 얘기를 들었습니다만, 남산 밑에 가서 뭐 엄청나게 고문을 당했다는 이야기도 들었는데, 하여튼 그건 광산에

있을 때의 모습이고. 그담에 학생 시절에 1967년 68년 그때, 67년이라고 알고 있는데 내가 학교 막 들어갔을 때 제가 공부했던 지역의 학생들이 열 명도 안 됐어요. 유학생들이. 근데 유학생들이 좀 고급공무원들 자녀들이었죠. 아주 높은 사람들 아니면 한국에서 가장 부자들이었는데, 우리 유학생들은 없었어요, 우리 지역에는. 근데 다른 지역에서는 가서 공부를 하다 보면은 언어에 대한 장벽도 그렇지만 공부 전공에 이렇게, 한국에서 막 멋지게 외국유학 나갔는데 가서 한 3~4년 해보니까 어려운 곳이라. 그러잖아요? 독일이 10년 돼야 박사학위를 준다. 근데 어려운 이유가요 박사논문을 다섯 명이 심사를 하는데 지도교수 하나를 제외하고는 전부 의부사람입니다. 자기 대학에서 사람을 선정을 못해요. 외부 사람도 타 대학이든 다른 나라의 심사자를 초대를 하고 국가시험이기 때문에 국가시험관이 와서 앉아있기 때문에 석사논문이든 박사논문이든 구두시험에 석사는 10분 박사는 20분의 구두시험이 있어요. 근데 딱 나를 앉혀놓고 국가에서 시험관이 오고 교수들이 다섯 명 앉아있는 데서 워드를 치는 사람이 있어서 질문하면 바로 치고, 답하면 바로 치고, 그래서 두 시간 후에 당신 나가 있으라고 그래 나와 있으면 채점해서 결과를 알려줍니다. 당신 이번에 합격 못한다. 물론 저도 떨어지고 다시 재시험 보고 재시험 보고 그랬습니다만. 이제 그런 어려운 과정이 있는데요. 근데 그러다 보니까 한 2~3년 지나면 지도교수를 못, 여기서 유학 가서 지도교수를 선택 못한 사람이 너무 많아요. 왜냐하면 아까 그런 식으로 테스트를 해보니까 이거 도저히 내 제자로 만들 놈이 아니구나 하면은 아, 이 분야에 유명한 사람은 저 하이델베르크 가면 있으니까 그리 가는 게. 하이델베르크 가면은 또 아, 몇 년 있다가 또 한 2~3년 관찰해보다가 아 이놈은 안 되겠다 그러면 저 뭐, 뮌헨으로 가라. 그렇게 공부의 어려움을 극복하지 못한 사람들이, 독일여자하고 결혼허버리자 그래서 독일여자하고 결혼한 사람도 있고, 그래서 한국에 오지 않은 사람도 있고. 공부로는 도저히 안 되니까 포기하고, 북한사람들한테 매수당해서 북한에 가서 사진 찍고 돈 받아 가지고 온 그런 사람들이 있었죠. 그런데 당시에 유학생들 말이죠, 하나는 사상에 문제가 있어서 국내로 데려온 그룹이 있었고, 또 한 그룹은 군복무를 마치지 않고 온 사람들이 대부분이었어요. 근데 복무를 안 하고 온 사람, 당시 박정희 대통령이 군복무 마치지 않은 놈들 다 잡아들여라, 그래서 독일에 있었던 사람 몇 명이 한국으로 왔거든요. 그런데 한국에 와서 일주일도 안 돼서 다 돌아왔죠. 난 한 놈도 안 돌아온 놈 못 봤어요. 한국에 와서 일주일도 안 돼서 다시 다 나왔어요. 그러니까 얼마나 그때 당시에 모든 게 고위층 자녀들, 또 경제적인 능력이 모든 것을 해결해줬는가를 보여주는 거죠. 사실 돈 없는 유학생은 거의 없었지요. 참고로 말씀드리자면 중동전쟁이 일어나니까 이스라엘 유학생들, 교수들이 스스로 다 이스라엘로 돌아가는 것을 저는 똑똑히 봤습니다. 그래서 아, 이거 국가관과 애국관의 차이가 이렇게 있구나. 나라사랑을 어떻게 해야 진짜 나라사랑이구나 하는 것을, 제가 체험한 일이 있습니다. 서두에서 말씀드린 것과 같이, 당시에 (한국으로) 데리고 간 사람은 그냥 여권 다 만들어서, 간첩활동 했던 사람, 광부가 됐든, 학생이 됐든 여권 다 만들어서 정보기관에서 와서 벨기에하고 네덜란드 비행장에서 대기하고 있다가, 거기가 바로 국경선이거든요. 독일과 네덜란드, 벨기에 국경선. 그러니까 대사관에서 왔다고 벨 누르면 바로 자동차에 실어서 비행기로 한국에 보내버리고, 보내면 독일정부에서 자꾸 사람이 없어졌다고 신고를 하니까 아까 말씀드린 바와 같이 그런 일이 있었죠. 광부 시절에는 잘 몰랐고, 학생시절엔 잡혀간 사람들을 압니다. 광부시절에는 동백림 갔다 온 사람도 있고, 북한에 갔다 온 사람도 있다고 그러는데, 저는 못 봤고, 여권에 빨간 도장 찍힌 사람들은 더러 봤어요.

김택호 : 1971년에 결혼을 하셨습니다. 아까도 결혼하시던서 많은 변화가 있으셨다고 말씀하셨는데 결혼하시게 된 계기, 그다음에 결혼 후 귀국 전까지의 독일생활에 대해서 좀 말씀해주시죠.

권이종 : 저는 결혼도요 선생님들은 어떻게 생각하실지 몰라도 인연이 꼭 있다고 생각하는데요. 뭐 그동안에 뭐 저도 뭐 이런 사람 만나기도 하고 뭐 연애도 해보고 그러지만 그건 하나의 다 장난이고 저한테는 인연이 있었습니다. 저희 집사람은 1963년에 고등학교 배지를 달고, 전주여고 졸업하기 전에 배지를 달고, 독일 병원에 간호학생으로 간 사람이에요. 독일에 최초로 간 사람이, 수녀원에서 데려간 사람들하고 여자들은 방직공장에서 데려간 사람이 있는데, 그건 1956년, 57년, 59년 일이고 그다음에 저희 집사람이에요. 1963년에 독일에 갔는데, 간호학교를 독일에서 나와서 독일병원에서 일하고, 사회사업대학에 들어갔어요. 그래서 아헨에 있는 사회사업대학에 다니고 있었는데, 어느 날 나하고 같이 공부하는 사람이 졸업논문을 쓰는데 한국의 지리에 대해서 쓰고 싶다고 한국여자들을 좀 소개해달라고 그래서 한국여자를 만나고 왔다고 소개해달라고 그래서, 그래서 나는 한국사람 만난 일이 없다, 나는 내 공부하느라고, 그리고 자격지심이라든가 열등의식 때문에. 유학생들이 다 부자고 다 고위층 자녀인데, 광부출신이라고, 학생회에 가서 이야기하기도 싫고, 나는 오직 일하고 공부하는 데만 신경을 썼다 그래서 아는 한국 여자가 없다고 그러니까 전화번호를 가져왔어요. 그래서 전화를 했더니 우리 집사람이 전화에 나와요. 그래서 독일 여학생이 만나고 싶어 한다고 했더니, 그럼 한번 놀러오라고 그래서 갔어요. 갔더니, 사회사업대학에 갔더니, 유학생으로 병원근무 끝나고 거기서 공부를 하고 있더라고요. 야간에는 병원에서 일하면서. 그래 만나서 물어봤더니 전주에서 왔다는 거예요. 그래서 아 내가 이 여자 놓쳐선 안 되겠다 해서 연애를 1년하고 1970년에 만나서 1년 동안 아, 2년 사귀었네

요. 1년 후에 약혼하고 1년 후에 1971년에 결혼하고. 그런데 결혼할 때도 양가에서 무엇을 해주려고 그러는데 일절 우리가 받질 않고 그냥 둘이 있는 돈 가지고 다 만들어서, 독일 사람들도 초대하고, 교수도 초대하고, 그래서 언론에도 많이 소개가 됐어요. 동방에서 고향이 같은 두 사람이 만나서 결혼한다고 신문에도 많이 나고 그랬어요. 그렇게 성당에서 결혼을 했습니다. 독일은 신전이 아니고는 결혼을 못합니다. 신전. 성당이나 교회나 부처님이 계시든 하여튼 성전이 아니면 결혼을 못해요. 주례도 일반인은 못 서게 돼 있어요. 주례도 반드시 신부님이나 성직자만이. 그래서 저희 집사람이 천주교라, 제가 기독교였었는데 천주교로 개종을 하고. 독일에서 남자가 됐든 여자가 됐든 결혼하면 반드시 개종을 하도록 하는 이유가, 교육적인 의미가 있습니다. 결혼하고 나서 부부간의 갈등을 미리 예방한다. 믿음만이 아니고 자녀를 키울 때도 교회로 가라, 성당으로 가라 갈등하면 문제가 있지 않냐 그래서 사전에 묻습니다. 그래서 제가 천주교로 세례를 받고, 성당에서 결혼을 했죠. 근데 우리 집사람이 다행히 일찍 과정이 끝났어요. 첫아이를 낳았는데, 첫아이를 도저히 키울 수가 없어서 강의 들으러 갈 때, 침대에 억지로 아이를 가둬놓고 가고 그럴 때가 있었습니다. 그래서 이거 도저히 안 되겠다고 해서 보모한테 맡겼는데 첫아이는 질식사로, 보모 과실 때문에, 질식사로 사망했어요. 부검을 하고 또 난리가 났었죠. 최초로 한국사람이 죽은 경우였으니까. 근데 그러다가 둘째아이를 또 낳아서 저희 집사람이 직장생활을 하면서, 저는 학교를 다니고, 또 아르바이트도 하고 그러니까, 애를 키우면서 저희 집사람이 직장생활을 하니까 엄청나게 고생을 했죠. 그러다가 아이를 어린이집에 맡기게 되니까 좀 나아졌었죠. 그래서 저희 집사람이 천주교계통의 외국인 노동자를 위한 상담기관에서 상담자로 한 10년간 일을 했습니다. 그러니까 외국인 노동자를 도와주는 역할, 한국인만이 아니고 외국인 모든 이들을 위해서 도와주는 역할이었죠. 아헨지역에 외국인노동자 상담자가 한 열 명 정도 있는데 저희 집사람은 거기에 거의 공직생활을 하다시피하면서 봉급을 부족하지 않게 받았어요. 제가 55kg 정도 나가다가 몸도 나고 자동차도 하나 사게 되고, 나중에는 여유가 있으니까 자동차 둘이 갖게 되고, 그러다가 내가 사범대학 학부를 졸업하니까 취직이 되잖아요? 교사로, 학생 기숙사에 사감으로 가서 일하고 그랬는데 양쪽에서 봉급이 나오고 집도 늘어나고, 돈도 모으고, 그러다 보니까 한국에, 전주에 집을 한 채 사놓을 정도로 아무 문제가 없이, 지금까지 이렇게 행복한 삶을 살고 있죠. 아이 하나는 사망했고, 4남맨데 아까도 말씀드렸습니다만, 지금 제일 큰애는 이대에서 대학원까지 나와서 지금 가정주부로, 아주 좋은 남편 만나서 살고 있고, 둘째 딸은 공무원 만나서 지금 살고 있고, 셋째 딸은 서울대학병원 간호사로, 한양대 나와서 간호사로 있고, 넷째는 지금 박사과정, 고려대학교 사회체육학과, 해군사관학교 고수생활도 하고 그래서 박사과정 내년에 끝난다고 말하는데. 그렇게 지내고 있습니다. 그래서 제가 학교 다닐 때, 중고등학교 다닐 때 뭐 서울에 고대, 연대, 이대, 하면은 하나의 신격화되는 그런 부러움을 가졌습니다. 그래서 자녀들이 그런 대학 하나라도 가졌으면 하는 바람이 있었죠. 그래서 저는 대학고수 된 뒤에도 미안합니다마는 다른 분들한테는 미안한데, 교수 채용하는데 제가 간부로 있을 때 교수 채용하는데 그냥 서울대 한 사람, 연대 한 사람, 고대 한 사람, 이렇게 해서 대학교수 동료들도 제가 뽑은 일이 있고, 부인에 대한 이야기는 내가 하기가 어렵습니다만 하여튼 뒤라 그럴까요. 좀 성격이 아주 차분하고 많이 참아주고. 제가 성격도 안 좋고, 독종이거든요. 왜 독종이냐면 시골에서 농사지을 때 다섯 시에 일어났는데, 지금까지 다섯 시에 일어납니다. 그러니까 농사지을 때 다섯 시에 일어나고, 신문배달 할 때 중고등학교 때 다섯 시에 일어나고, 독일에서 광산에서 일할 때 다섯 시에 일어나야 여섯 시에 땅속에 들어가고, 지금 대학교수로 있을 때도 다섯 시에 일어나서 여섯 시까지, 여섯 시나 여섯 시 반까지 대학에 출근합니다. 제가 교과부에 상임자문위원을 3년간 했는데 교과부에 출근할 때도 일곱 시, 지금도 분당에서, 오늘은 또 딸이 좀 도와달라고 그래서 네 시에 일어나, 세시 반에 일어나서 서울대학병원 좀 데려다주고, 사무실에 또 일곱 시에 가고 그랬는데 그러니까 일요일도 토요일도 없이 그렇게 일어납니다. 그렇게 일어나서 평생을 그렇게 살고 있어요. 그러니까 저는 뭐 모든 삶을 긍정적이고 낙천적으로 살기 때문에 많은 주변 사람들이 저를 도와주었고 도와주고 있고 건강하게 생활을 하고 있는 편입니다. 근데 운동을 많이 해요 저는 운동. 매일 수영장 갑니다. 매일 수영장 가고, 그리고 날씨 좋으면 스포츠자전거를 가지고 있거든요. 그래서 자전거를 타고 있고, 산행을 또 많이 해요. 저 보고 독일 의사가 수영 많이 다니고, 산에 많이 다니면서 산소호흡을 많이 해라. 그래서 산에 많이 다녔습니다. 적당히 다닌 게 아니에요. 계룡산 같은 데는 한 100번은 올라갔을 겁니다. 지금 나이가 73세가 되니까, 계룡산은 너무 가파르니까 안 올라가요, 지금은. 저희 집사람이 성격이 무난하고 한국에 돌아와서도 다른 직장생활 할 수가 있었는데 그냥 자녀들 키우는 것이 돈 번 거다 해서 집에서 네 명을 혼자 키우고 내조를 잘해줘서 저의 성공의 비결은 두 가집니다. 하나는 가난이 나를 성공하게 만들었다는 거. 제 노력이라든가 뭐 이런 것보다는 가난이 모든 것을 극복할 수 있는 무기가 된 것하고, 두 번째는 저희 집사람을 잘 만났다는 그런, 부인의 도움을 많이 받았다는 것하고. 가장 중요한 건 저희 어머님입니다 사실은. 저희 어머님의 사진을 지금도 가지고 다니는데요. 교육열이 너무 강했어요. 그래서 제가 중학교 다닐 때 학비가 없고, 신문배달하고 그러니까 어머니께서 혼자 전주에 오셔서 술집에 가서, 술집에 가서 보모역할을 하기 위해서 어린 애를 전주에서 데려다가 시골에 데려다가 지금으로 말하면 보모역할을 저희 어머님이 하면서 그 술집 여자한테 돈을 받아서 저한테 학비를 이렇게 줄 정도로 저희 어머님이 엄청나게 교육열이 강하셨어요. 아버님은 양반처럼 갓 쓰시고, 다른 사람한테 많이 베풀고 그렇게 지내셨죠. 아버님 세대는 굉장히 잘살았었는데요, 유산 받은 것을 아버지 형제간들은 다 가지고 있었고, 아버님은 그냥 써버려서 그래서 가난이 시작된 거예요. 그래서 저희 어머님이 저 키우면서 눈도 하나 잃으시고 그랬는데도 불구하고 돌아가실 때는 40일간 곡기를 끊고 돌아가셨어요. 집사님이었었는데 40일간 음식을 안 드시고 내가 살만치 살았으니까, 자녀들 더 이상 고생시키고 싶지 않다 그래서 형님이 한 분 계셨는데, 형님하고 나하고 없는 사이에 시골에 자기가 썼던 사물을 다 태워버리고, 다 버려버리고 그리고 자기 당시에 요 하나, 딱 깔고 그냥 누워계셔서 40일간 아무것도 안 드시고 곡기를 끊고 그냥 돌아가셨는데요. 사진이, 그 어머니 방에 사진이 벽에 그냥 많이 뭐 손자손녀 수도 없이 한 40~50명 걸려있었는데 그 사진 다 없애버리고, 제 사진, 박사학위 받은 사진 하나만, 제가 엄청나게 고생했다고 그래서 제 박사학위 모자 쓰고 찍은 사진 하나만 벽에다 걸어놓고, 그냥 요에서 누워서서 그 사진보고 눈 감고 보고 눈감고 해서 이제 저희 어머님이 돌아가셨어요. 이제, 제가 성공했다고 저 스스로는 보고 있거든요, 모든 면에서. 서울에 와서는 귀국해서 제일 어려웠던 것이, 학연이잖아요? 근데 학연이 변변치 않고, 한국에서 대학을 안 나왔으니까, 한국에서 명문대 중심의 교수들이 거의 70% 차지하고 그다음에 비명문대가 한 20% 차지하고 지금 뭐 모든 대학들이 그렇잖아요. 공직자도 다 그렇고. 그담에 저처럼 이런 사람은 이삭이나 주워 먹을 정도로 어려움이 많았었죠. 제가 제일 어려웠던 게 그거예요. 한국에서 어디 발붙일 데가 없는 거예요. 아무리 전공을 특이한 걸 했어도. 그때 제일 어려웠죠. 귀국해서는 날 안 받아줄라 그래요. 그런데 인제 독일에서 교육관이 있었는데요. 대사하고 교육관이 한국에서 총장님들이 오시면 권이종 저놈을 통역을 묶어줘라 그래서 총장님만 오시면, 동국대학교 총장님, 연세대학교 총장님, 동아대학교 총장님, 전남대학교 총장님, 전북대학교 총장님, 총장님만 오시면 저보고 와서 모시고 다녀라 그러는 거야. 그렇게 제가 총장님을 모시고 다니니까 총장님이 가만, 총장님들께서 가만히 보시니까 아 이놈 참 맹랑한 놈이거든요, 열심히 성실히 살아. 그러니까 저보고 다 오라고 하는 거요. 우리대학으로 오라, 우리대학으로 와라. 그러다가 어느 타 지역에 갔더니 그 지역에서 오지 말라 텃세가 심하다 경상도도 가고, 전라도 어디도 가고 했더니, 여러 대학이 안 된다고. 저희 집사람하고 상의하니까 고향으로 가자. 그래서 전북대학으로 갔어요. 그랬더니 서울에 사범, 서울사대 출신이 교육학과에 여덟 명이 있는 거예요. 그래 담을 탁 쌓아놓고 도저히 못 들어오게 한 거요 못 들어오게. 근데 한 분이 총장님하고 상의를 해서 전북대학에 들어가서 있다가, 인제 자꾸 포인트가 어떤 포인트에 의해서 제 운명이 바뀐다는 걸 제가 얘기했잖아요? 그러다 보니까 그때 당시에 전 대통령이 신문을 보고 그러니까 독일에 광부로 간 사람이 박사학위, 교육학 박사학위까지 독일에서, 최초로 교육학 박사로 들어왔다는데 그 사람을 좀 어떻게 챙겨주지 그러냐 하고 이규호 장관한테, 연세대학교 교수하다가 교육부 장관 하신 이규호 씨라고 계세요. 독일에서 공부하신 분. 그분한테 대통령이 얘기를 했는지 하여튼 어느 날 전북대학교 있는데, 교육부 빨리 올라오라 그래서 올라오니까 상임자문위원 해서 교육과학기술부에 3년간, 내가 장관 밑에서 청소년정책, 교육정책 자문을 3년간 했습니다. 그러다가 교사사관학교 같은 거 하나 만드는 것이 어떠냐 해서, 대통령하고 장관하고 몇 명이 앉아서 스케치해서 설계한 것이 한국 교원대학교에 유치원교사 양성에서부터 교육학 박사과정까지 교육하는 곳인데, 엘리트 학생을 500명 600명밖에 안 뽑아요, 700명.

학생이 3,000명도 안 돼요. 그래 학부생 3,000명 엘리트들만 3,000명 교사되려고 하는 놈들만, 그담에 대학원생이 3,000명 그다음에 교장 될 사람은 다 저희학교 와서 연수받아야 해요. 교장하고 교감들 교육간부들, 이런 사람들 3,000명에서 9,000명이 지금 움직이고 있어요. 땅은 인제 23만 평이고. 그래서 교원대학에 들어가서 초창기부터 있었으니깐 흙탕물에 장화신고 다니고 있었으니까. 전북대학에 제가 소속돼있었거든요 교원대학교 가기 전에. 그래 전북대학교 내려가니까 잡음이 있어요. 그래서 이규호 장관이 장관 끝나고, 교원대학교 총장을 하다가 청와대에 비서실장으로 갔어요. 그런데 이규호 장관님한테 나 전북대에 못 있겠습니다. 그랬더니 아 그럼 교원대학교로 옮겨라 그래서 교원대학교로 옮겨서 정년을 하게 됐고, 아까 얘기한 바처럼 정년한지가 지금 6년 됐습니다. 지금도 강의 엄청나게 다닙니다. 그러면서 협회업무를 제가 상근이사로 다 합니다. 서류적인 거, 업무적인 거, 제가 다 하고, 봉사로 해요. 제 돈 쓰면서, 회장님 돈 쓰면서 지금 봉사로 하고 있어요. 그러면서 늘 책 쓰는 게 제 낙이죠. 앉으면 글 쓰는 걸 좋아해요. 늘 글을 써요. 전부 청소년에 관한 겁니다. 그다음에 평생교육 교재. 살아있는 한 생각하고, 생각하는 한 글을 써라. 옷도 꿰개야 옷이 되는 것처럼 글은 옮겨야 만이 글이 되고 책이 된다는 생각으로. 독일 속담에 책하고 친하게 지내지 않으려면 교수가 되지 마라는 속담이 있어요.

김택호 : 활동량이 많다고 해서 박지성 선수에게 심장이 두개 있다고 얘기를 한다는데, 선생님께서는 최소 세 개 정도 심장을 가지고 계신 것이 아니었을까 이런 생각이 듭니다. 선생님께 제가 마지막으로 한 가지 여쭙고 마무리하도록 하겠습니다. 박정희 정부의 정책에 의해서, 독일로 떠나시긴 하셨지만 박정희 정부 내내 사실은 해외에 계셨습니다. 그래서 밖에서 바라본 박정희 정부 시대에 대한 느낌은 어떠셨고 또 귀국 이후에 지금까지 박정희 정부에 대해서 어떤 느낌을 가지고 계신

지 간략하게 좀 말씀해주셨으면 고맙겠습니다.

권이종 : 저 개인적인 생각도 중요하지만요. 파독 광부, 간호사로 갔던 사람들은 특정한 몇 분을 제외하고는 모두가 아주 적극적인 팬으로 보시는 것이 좋겠습니다. 왜냐면은 가난한 나라를 이렇게 부강한 나라로 만든 초석이었고 또 그런 아이디어를 내서 저희들을 해외에 나가서 성공적인 삶을 살 수 있도록 기회를 제공했다는 데서는 정말 어떻게 보답해야할지 모를 정도입니다. 그런 의미에서 제가 지금도 남은여생을 살고 싶습니다. 그래서 지금 제가 봉사활동, 우리협회가 적극적으로 봉사활동 시작하려고 한 것은 외국인노동자, 다문화 문제, 새터민 아이들 등 그런 청소년들을 위해서 좋은 프로그램을 지금 구상하고 있습니다. 기업 후원자를 찾아서 그런 활동을. 박정희 대통령께서 제가 1964년에 독일에 갔는데, 1964년 12월인가 될 거예요. 독일에 오셔서 각 지역에서 광부들을 버스로 차출해서, 저는 광부 신분으로 대통령내외분께서 오셨던 장소에 갔었습니다. 그때 연설문을, 제가 연설문을 지금 가지고 있거든요. 관심 없는 사람은 그런 거 가지고 있지 않죠. 지금 그런 자료 없습니다. 어디서 찾기 어렵습니다. 연설문 내용 중에 이런 거, 이런 내용 있습니다. 이게 무슨 꼴이냐, 이렇게 가난한 나라에서, 가난한 나라에 여러 분들이 태어났기 때문에 다른 나라에 와서 이렇게 노동자로 일을 하고 있고, 지하에서 일을 하는 것 보니까 너무 가슴이 아프다. 인제 그러고선 애국가 부르시면서 인제 소위 국가원수니까 눈물이 나오지만 안 나오시는 척 하시려고 노래하고 수건으로 눈물을 닦고 육영수 여사는 엉엉 울고 계시고, 그담에 강당에 간호사들 다 울고, 어머니 아버지 하면서 울고. 외국에서 사실은 아리랑 노래만 들어도 다 눈물 흘리고 김연아가 금메달 땄을 때 눈물 흘린 것처럼 외국에 나오면 다 애국자 되거든요. 근데 그 연설 내용 중에서 제일 제가 지금 생생하게 귓전에서 벗어나지 않고 있는 것은, 우리 당대에는 못살아도 후세대

들이 잘살 수 있는 나라로 물려줍시다. 지금 이 시간에 여러분들도 고생하지만 지금 고국에 있는 여러분들의 부모형제들이 나라가 가난하기 때문에 배를 굶고 있는 것을 생각하니 가슴이 메어질 거 같다는 이런 흐느끼는 눈물 속에서 말씀하신 일이 있고. 그래서 어쨌든 저희 개인적으로도 그럴 뿐만 아니라 국가발전에 부정적으로 생각하는 사람도 있는지 모르겠습니다마는 많은 사람들이 있죠. 있으나 그러나 어쨌든 당시 들어온 원조 자금이 됐든, 차관이 됐든, 그 돈이 들어와서 박태준 회장님께서 강조한 것처럼, 제철소라든가, 큰돈은 아니지만 그래도 국가예산의 몇 퍼센트를 차지할 정도의 기여를 했기 때문에 저는 박정희 대통령 기념관이라든가 행사 이런 데 적극적으로 참여를 하고 있고, 저희 협회 회원들도 거의 부정적으로 보는 사람은 없습니다.

김택호 : 감사합니다. 사실은 두 시간 안에 듣기에는 너무 많은 이야기들을 압축적으로 해주셨는데요. 시간상 이렇게 정리를 하도록 하고 큰 박수 드리는 것으로 오늘 포럼 정리하도록 하겠습니다.

김인선 (베를린 동행 호스피스 대표)

□ 사회자 : 김택호 (명지대 국제한국학연구소 연구교수)

김택호 : 오늘은 '이종문화간 호스피스 동행' 이하 '동행'이라고 부르겠습니다. 김인선 대표님을 모시고 포럼을 진행하도록 하겠습니다. 김인선 대표님은 1950년에 태어나셨구요, 독일국적을 가지고 계십니다. 1972년에 공부를 하시기 위해서 독일로 이주하셔서 간호학을 공부하셨고, 간호사 근무를 하셨습니다. 2003년에는 훔볼트대학에서 신학석사 학위를 받으셨구요. 2005년에 말씀드린 '동행' 호스피스 설립을 하시게 됩니다. 자세한 이야기는 대표님께 하나하나 이야기를 여쭤가면서 진행하도록 하고요 간단하게 드린 자료를 통해서 대표님에 대해서 좀 이해를 해주셨으면 좋겠습니다. 대표님 이렇게 참석해주셔서 감사드립니다.

김인선 : 네, 감사합니다.

김택호 : '이종문화간 호스피스 동행'이라는 단체는 그동안 간간히 국내에도 소개가 되긴 했지만, 많은 사람들에게는 아직 낯선 단체입니다. 뒤에 자세하게 여쭤볼 계획입니다만 간략하게 '동행'이라고 하는 모임이 어떤 단체이고 어떤 모임인지 말씀해주셨으면 고맙겠습니다.

김인선 : 네. '동행'은 저희들이 우선은 한국 분들을 위주로 하지만, 아시아 분들 12개 국가에 속하는 분들과 독일 분들을 위해서 여러 문화가 서로 교류할 수 있고 서로 도울 수 있는 글로벌시대에 맞는 그런 역할을 하고 싶어서, 그분들이 독일에서 삶을 마감하는 마지막 순간을

동행해드리고 있는 단체입니다. 그리고 계속하다 보니까 호스피스(hospice) 일뿐만이 아니라, 일반자원봉사자 문제 또 그분들이 계속 받을 수 있는 계속적인 교육을 하고 있구요. 저희들 자원봉사자들은 역시 여러 국적을 가진 분들이시고 저희들이 케어하는 분들도 또 여러 국가의 사람들입니다.

김택호 : 이제 요 내용은 뒤에 다시 자세하게 또 여쭙도록 그렇게 하겠습니다. 이번에는 대표님 어떤 일 때문에 방한하시게 된 거죠?

김인선 : 네. 한국에서 완화의료국제심포지엄이 있어서 거기에 제가 초빙됐습니다.[1] 그래서 거기서 완화학에 대해서 강의를 했구요. 그담에 방송, EBS나 또 기독교방송 KBS 라디오 방송 등 하고, 또 명지대학에서 슈퍼비전(supervision)에 대해서 강의했습니다. '동행'을 알리는 그런 일을 하기 위해서 왔습니다.

김택호 : 이제 본격적으로 대표님께 여러 가지 여쭙도록 하겠습니다. 우선은 대표님에 대한 이해도가 높아야 또 말씀하신 내용들을 우리가 충분히 이해할 수가 있으니까요 대표님의 생애에 관한 질문을 드리겠습니다. 1950년에 한국에서 출생하신 것으로 기록되어있구요 공식 기록에는 1972년에 독일로 떠나신 것으로 알려져 있는데 독일로 떠나시기 전까지 대표님의 성장과정에 대해서 좀 말씀해주셨으면 고맙겠습니다.

김인선 : 한국에서의 저는 참 사실 불우한 환경 속에서 좀 고생을 많이 하고 어려운 어린 시절을 지냈습니다. 제가 열다섯 살 되던 해

---

[1] 완화의료는 완치를 목표로 하는 치료에 반응하지 않으며 질병이 점차 진행됨으로써 수개월 내 사망할 것으로 예상되는 환자와 그 가족들이 질병의 마지막 과정과 사별기간에 접하는 신체적, 정신적, 사회적, 영적문제들을 해소하기 위해 제공되는 전인적인 의료이다. 완화의료의 목적은 환자와 가족의 고통을 줄이고 삶과 죽음의 질을 향상시키는데 있다. 완화의료에서의 '의료'는 신체적, 정신적, 사회적, 영적 측면을 모두 포함하는 포괄적인 의미로 사용한다.

외할머님이 돌아가셨는데요. 그 외할머님이 저한테는 사실 어머님 같은 분이셨거든요. 근데 그 외할머님이 돌아가셔서 3일장을 했는데 제가 염하고 뭐 이런 걸 다 했습니다. 사실은 호스피스가 거기서 시작된 거 같아요. 그리고 제가 스물두 살 되던 해에 저희 어머님이 1966년도에 한국을 떠나셨어요. 저의 계부가 UN에 근무하셔서, 인하공대 옛날에 캐나다 재단을 같이 설립하신 분이에요. 그래서 박정희 대통령한테 상도 받고 그랬는데 그분하고 결혼을 하셔서 나가시면서 제가 스물두 살 되던 해에 독일로 오겠느냐 아니면 결혼하겠느냐 그렇게 연락이 왔어요. 그래서 저는 독일로 간다, 무조건 그래서 저는 사실 국문과를 가서 문학가가 되든지, 아니면 그림을 그려서 예술가가 되든지, 아니면 사업가가 되든지, 그쪽을 생각을 했었거든요. 그래서 공부도 그쪽 방향으로 하려고 했는데 가보니까 이미 저를 간호학교이 입학을 해놓으셨더라구요. 그래서 안 할ㄹ고 계속 몸부림치다가 결국은 간호학을 하게 된 거죠.

김택호 : 정확한 내용인진 모르겠습니다만 제가 대표님에 관해서 이것저것 좀 찾아보다 보니까 어머니께서 상당히 신여성이셨다는 것, 그 다음에 또 독일에서 생활하실 때 수녀원에서 생활하셨다. 이런 내용들도 있더라구요. 그건 어떻게 된 이야깁니까?

김인선 : 수녀원이 아니고 그 병원이 제가 간호공부를 한 병원이 수녀들이 운영하는 곳이었어요. 그래서 저는 외할머님이 글을 모르시는데 가톨릭에서 영세를 받으셨거든요. 그래서 가톨릭은 조금 알고 있었는데 인제 그분들이 하시는 병원에서 교육을 받은 거죠.

김택호 : 대표님께서 독일로 떠나가시게 된 이유까지 저희들이 알게 됐습니다. 그래도 아무리 어머님이 계셔서 가시긴 하셨겠지만 독일에 도착하셨을 때 상당히 힘드셨을 거 같은데 초기에 독일생활에 적응하시는 과정이 어떠셨을지. 그런 게 좀 피상적이긴 합니다만 궁금하기도

하고 그렇습니다. 좀 말씀해주시면 좋겠습니다.

김인선 : 정말 독일에 대해서 저는 너무 모르고 갔던 거 같아요. 독일어를 한 것도 아니고. 그리고 정말 한국에 대해서 한국에서 사는 게 너무 피곤해서 사실은 새출발하기 위해서 갔는데 문화적 충격이 너무 컸어요. 음식도 우선 다르고 언어도 안 통하죠. 그리고 그 사람들이 살아가는 태도가 제가 그동안에 가지고 있던 가치관이나 사고로서는 도저히 이해할 수 없는 것들이 너무 많았거든요. 그래서 여기는 내가 살 곳이 아니다. 그리고 제가 간 데는, 그 병원은 한국분이 한분도 없었어요. 딱 한 분 수녀님 한 분 계셨는데 수녀님이니까 저하고 연락도 잘 안 되고.

김택호 : 어느 도시였습니까, 대표님?

김인선 : 본. 옛날 수도. 그랬는데 처음부터 한국 분들이 없으니까 무조건 독일음식을 먹어야 되고 독일 말을 해야 되고 뭐 이런 것들이 참 견디기 힘들었어요. 그래서 다시 돌아가야겠다는 생각을 많이 했죠.

김택호 : 그러니까 가시자마자 간호학을 공부하시게 된 건 아니니까 그 텀이 좀 있었습니까, 독일에 가서서?

김인선 : 가서 일주일 후에, 가니까 우선 언어배우기 위해서 학원에 등록을 해놨더라구요. 하고 일주일 후면은 간호학을 시작하래는 거예요. 제가 천재도 아니고 독일어도 한마디 못하는데 어떻게 간호학을 합니까? 그래서 이건 도저히 불가능한 얘기라고 그렇게 얘기를 했는데 우선 독일어부터 배워라. 그래서 인제 독일어도 안 배운다고 이렇게 버티고 그러다가 나중에 결국은 여기 남아있으려면 우선 독일어를 해야 된다 그래서 인제, 그리고 스물두 살이었으니까 언어를 배우는 덴 좀 자신이 있었던 거 같아요. 그래서 기를 쓰고 했죠. 그리고 외국인이기 때문에 차별하는 간호사들이 있었어요. 근데 말을 해서 혼을 내주고 싶은데 얘기가 통해야죠. 그래서 아 이거 그냥 열심히 배워가지고 내 한

번 보복을 해주리라 그랬는데 독일 말 어느 정도 소통할 수 있을 때 다른 데로 가버리더라구요.

김택호 : 본에도 초기에 파견되셨던 간호사 분들이 좀 계셨습니까?

김인선 : 네. 많았어요. 그 당시에.

김택호 : 그런 분들하고 교류도 좀 있으셨겠네요.

김인선 : 네, 그렇죠. 너무 외로우니까 제가 그분들하고는 간 동기가 다르지마는 한국분 있는데 찾게 되더라구요. 그래서 한인교회도 나가고 접촉을 많이 했죠. 근데 그분들은 이미 결혼해서 오신 분도 있고 또 독신으로 오신 분도 있고. 어쨌든 근데 종합적인 거는 한국 가정이 못살기 때문에 큰딸들이 많았어요. 큰딸이나 장남. 그래서 그분들이 가족을 책임져야 된다는 그런 의무감에서 그분들은 하여튼 보름만 일하면 되는데 주로 밤번을 많이 하시더라고요. 왜냐면 밤번은 수당이 또 나오니까. 그래가지고 그 당시는 그래도 독일이 굉장히 경기가 좋아서 보름만 밤번하면은 한 달 월급이 나오는데 다른 도시로 가서 또 보름을 밤번을 하시고 이중으로 버신 거죠. 그러니까 돈을 굉장히 많이 버신 거예요 그동안. 그래갖고 그 돈을 자기가 나중에 연금으로 부어야 되는 것도 그걸 안 하고 개인이 하는 보험이 있어요. 그걸 들어가지고 한 3년마다 한국으로 다 보내는 거예요. 그러니까 먹는 것도 형편없이 먹고 아주 사는 게 굉장히 힘들게 사시더라구요. 그런 분들을 많이 봤죠.

김택호 : 조금 다른 입장에 계셨지만 또 이해도도 많이 넓고 그러셨겠네요.

김인선 : 네.

김택호 : 처음에 간호사생활 본에서 시작하셨을 때에 일반적인 간호업무를 하셨던 거겠죠?

김인선 : 네.

김택호 : 그럼 그 덩치 큰 독일 사람들을 상대하는 게 힘드셨을 거

같습니다.

김인선 : 힘들었어요. 근데 한국, 저를 비롯해서 대체적으로 우리가 가지고 있는 게 오기라는 것도 있잖아요. 그러니까 한국인으로서 키가 작고 체격이 좀 왜소하지만 그래도 우리는 우수한 국민이다. 그리고 한국간호사들에 대해서 대체로 평이 참 좋았어요. 우리는 유교교육을 받아서 어른공경하고 이런 거 있잖아요. 그러니까 독일 사람들이 좋아했구요. 그리고 그냥 어쨌든 말을 했어야 되니까 굉장히 긍지를 가지고 했기 때문에 나중에는 제가 공부 끝나고 거기 수간호원을 했어요. 근데 외국인이 수간호원하기 참 힘들거든요. 그래서 나중에 수녀님들아 다 철수하면서 저를 추천해줘서 수간호원을 하다가 다른 지역으로 또 이사를 했죠. 그래서 거의 9년을 살았어요. 제가 본에서.

김택호 : 본에서 9년을 지내셨군요. 자연스럽게 얘기가 이렇게 되는데 대표님 경력을 보니까 87년에 비텐(Witten)에 있는 사회봉사국에서 안수하신 경력이 있다고 이렇게 나타나있습니다. 그러니까 비텐으로 이주를 하신 건가요? 그 무렵이면?

김인선 : 아니죠. 지금 뒤스부르크에서, 인제 뒤스부르크로 이사를 와서 비텐에 가서 1년 동안 교육을 받은 거죠 거기서 지내면서.

김택호 : 사회봉사국 안수라고 하는 게 뭘 의미하는 건가요?

김인선 : 사회봉사가 아니라 기독교봉사국이죠. 독일에는 안수 받는 직책이 두 가지가 있습니다. 목사님하고 디아콘(Diakon)이에요. 디아콘하고 디아코니세(Diakonisse)가 따로 있는데 인제 그분들은 자기 직책을 가지고 있고 배운 직책이 있어야 되고 그러니까 간호사나 사회복지사나 그런 직책을 이미 배우시고 그 종교적인 걸 1년 배우면 자기가 디아코니세로, 디아코니세가 한국말로 말하면 집사 같은 그런 직책이거든요. 봉사직이에요. 그래서 안수를 받는 거죠. 그래서 그 안수를 제가 받은 거죠.

김택호 : 2001년에 호스피스 팀장 교육을 하셨다 그렇게 알려져 있습니다. 그러니까 호스피스 팀장교육이라는 것을 대표님께서 이수를 하신 건가요? 교육을 하신 건가요?

김인선 : 팀장을 제가 받아야 되죠. 교육을.

김택호 : 교육을 받아서 팀장이 되기 위해서.

김인선 : 예. 세 가지 교육이 있거든요, 2년에 걸친. 그러니까 독일은 모든 걸 교육을 받아야 돼요. 미용사가 되거나 뭐 하여튼 판매원이 돼도 3년 교육을 받아야 되거든요. 그러니까 팀장이 되기 위해서도 받아야 되는 교육을 받아야 되고 그게 끝나야 자격증이 나와요 그 사람들을 교육시킬 수 있는.

김택호 : 그럼 병원에 계실 때부터 호스피스로서의 활동을 해야 되겠다는 생각을 오랫동안 가져오셨던 건가요?

김인선 : 아니. 그건 아니에요. 저는 처음부터 간호사가 될라고 생각했던 것도 아니고 그 이상하게 길이 자꾸 그쪽으로 연결이 되더라고 디아코니세가 되려고 한 것도 아니고 그랬는데 자꾸 그쪽으로. 그리고 디아코니세 안수를 받고 나니까 아, 하나님에 대해서 난 너무 모른다. 내가 좀 학문적으로 좀 알아야겠다. 이게 그냥 가서 뭐 믿어라 믿어라가 아니라 뭔가를 알고 믿어야 될 거 아니에요. 그래서 신학을 해야겠다고 생각을 한 거죠.

김택호 : 아, 그러셨군요.

김인선 : 네. 그리고 인제 호스피스를 하고 싶단 얘기는 나중에 그렇게 됩니다.

김택호 : 그러니까 호스피스 해야겠다고 마음을 드신 것은 이 팀장교육을 받으셨던 2000년 즈음에 그런 생각을 하시게 된 거군요.

김인선 : 예, 그렇죠.

김택호 : 거기도 어떤 계기가 있으셨던 건가요?

김인선 : 제가 사실은 신학을 해서 독일 종교청에 속해있는 목사가 되고 싶었어요. 그러니까 여기서 한국이주민을 위한 목사가 아니라 독일이 인정하는 독일 종교청에 있는 목사가 돼야 제가 할 수 있는 일을 제대로 하거든요. 그래서 여성문제든지, 이주민 문제를 좀 연구하고 싶고 도와드리고 싶어서 했는데, 독일은 일단 종교청에 속하게 되면 종교청에서 월급을 받아요. 그러니까 공무원이죠. 그러기 때문에 졸업을 해도 지금 실업자가 몇 명 있고, 몇 명이 지금 졸업을 하고 어디 직장에 있겠다는 걸 다 관찰을 해서 사람을 뽑습니다. 그러니까 만약에 자리가 여덟 개밖에 없는데 졸업하는 사람이 스무 명이 되면 열두 명은 제거가 되게 되는 거죠. 떨어뜨리는 거예요. 그 최종적인 시험을 대학에서 공부를 하지만 종교청에서 나와서 보니까. 그러기 때문에 저는, 저 같은 사람은 조건이 안 좋았던 게, 제가 시작할 때는 독일 입장에서는 1세로서 신학 할 사람 저밖에 없거든요. 그러니깐 신학을 1세대로서 하고 간호사고 그런 한국 문화와 독일 문화를 교류해줄 수 있는 다리 역할을 할 수 있는 사람으로서 아주 적합하다고 얘길 했었어요. 더구나 디아코니세죠. 그랬는데 제가 졸업할 때쯤 되니까 독일신학이 참 어려워요. 시간이 많이 걸리죠. 할 때쯤 되니까 독일 형편이 굉장히 안 좋아졌어요. 왜냐면은 교인들이 전부 나가요 거의. 그러니까 통독되고 경제가 어려워지기 시작하고 그리고 동독은 전혀 종교가 없었잖아요. 그러니까 계속 종교청에 돈이 적게 들어오는 거잖아요. 그러니까 그것도 자리도 줄여야 되고, 그러니까 종교청에서 하는 얘기가 처음에 당신이 시험 합격해도 목사는 못 준다. 그러니 당신 나이도 있고 배운 직업도 있으니까 간호사를 하든지 다른 걸 택하는 게 좋겠다. 얘기를 해주더라고요. 그래서 독일교회에 대한 분노가 굉장했죠, 제가. 아주 좌절해가지고 우울증도 뭐 걸리고 그랬는데 그러니깐 종교청에서 시험을 보지 말고 대학에서 시험을 보라 그래서 인제 제가 훔볼트에서 석사를 받은 거죠.

김택호 : 그 얘기를 여쭈려고 했는데요. 2003년도에 훔볼트대학교에서 신학석사학위를 받으셨잖아요. 여기 많은 분들이 아시겠지만 훔볼트대학교 하면 저는 마르크스의 모교로 딱 머릿속에 기억이 되는데, 뿐만 아니라 헤겔이나 아인슈타인 같은 분들도 훔볼트 출신이고. 그런 저명한 교육기관인데, 그때 당시에 그런 이유 때문에 훔볼트대학교에 입학하셨다는 것을 지금 대표님 말씀해주셨는데 그때 공부하던 과정이라든가 여러 가지 학문적인 고민이라든가 이런 것들이 있으셨을 거 같은데, 그 얘기를 좀 듣고 싶어요. 어떤 고민들이 그때 당시에 대표님 내면 속에 있으셨는지요.

김인선 : 저는 독일신학을 공부하면서 굉장히 이게 지성적인 신학이다 생각을 했어요. 그러니깐 시대비판적으로 또 냉철하게 예수님 살았던 시대가 어떻고 성경이 어떻게 쓰였으며, 어떤 면으로 봐야 되고 이런 건 굉장히 철저하게 공부를 했어요. 완전히 비판신학이죠. 근데 성령은 전혀 없어요. 신앙문제는 제가 해결해야 돼요. 그 신앙문제를 가지고 가서 하나님과의 만남 이런 거는 그 사람들은 지식 쪽으로 알고 행동하면은 그게 자연히 그게 하나님을 믿는 거다 이렇게, 거의 그렇게 생각이 그래요. 그러니까 지성적인 신학이죠. 그런 데서 갈등을 많이 했어요. 나는 인간적으로 하나님에게 접근하고 싶고 뭔가 성령적인 게 있으면 좋겠는데, 그게 너무 말라서 처음부터 저는 성서극을 했어요. 성서극은 다른 면으로 접근하는 방법이거든요. 성서를 자기 문제로 삼아서 드라마화 시키는 거예요. 그래서 성서극 하면서 그게 많이 소화가 됐어요. 그래서 거의 10년을 독일신학을 하다 보니까 아직도 한국에서 열광적인 교회, 기도하고 예수님 영접하고 그런 걸 보면 좀 생소해요. 저는 그게 마음속으로 갈망하면서도 뭔가 이렇게 탁 와 닿질 않는 거예요. 이건, 이거 좀 너무하는 거 아니야 이런 생각도 가끔 들 때도 있고 나는 왜 이렇게 냉랭하지 이런 생각도 들고 그래요.

김택호 : 그러니깐 철저하게 독일의 신학은 학문적인 견지에서 접근을 하는군요.

김인선 : 그렇죠, 예.

김택호 : 졸업하실 때는 논문을 쓰게 되나요?

김인선 : 그렇죠.

김택호 : 대표님 그때 논문은 어떤 게 테마였습니까?

김인선 : 제 논문 주제는 각 종교에서, 종교가 여자들에게 주는 영향이었어요. 제 결론은, 제 결론은 종교는 여자들한테 아무것도 좋은 걸 해줄 수가 없다. [웃음] 모든 종교가 여자들의 권리를 위해서 하는 거는 없다 이런 결론이었어요.

김택호 : 종교 자체가 가지고 있는 어떤 보수성들이 있으니까요. 그러면 그때 인터뷰라든가 이런 걸 통해서 논문 쓰시는 데데 도움을 받으셨던가요? 교리에 대한 연구를 주로 하셨던 건가요?

김인선 : 저는 특히 여성신학에 대해서 좀 매력이 있었구요. 그리고 독일은 여자 분들이 목사가 참 많아요. 그래서 그런 분들을 또 여교수들을 접하면서 한국하고는 전혀 다른, 그리고 학생들도 굉장히 비판적인 질문을 많이 합니다. 종교에 대해서. 그런 걸 스스럼없이 교수하고 주고받는 걸 보면서 아, 여자들을, 성서가 여자들을 어떻게 보나 이제 전 그런 걸 생각했었는데, 저의 교수님이 또 다른 종교에 굉장히 관심이 있으신 분이셨어요. 에큐메니컬(ecumenical)하게 운동을 많이 하시는 분이래서. 아 그러면 기독교에서만 하지 말고 모든 종교의 여자의 위치를 찾아보는 게 어떻겠느냐 그래서 다른 종교하고 접하는 기회가 되고 또 관심 있더라고요. 그래서 석사학위를 하고 나니까 교수님이 그러면 박사까지 하면 어떻겠느냐. 근데 아 인제 공부는 충분하다 공부 그만하자 그래가지고 안 하겠다고 그냥 했죠. [웃음]

김택호 : 예. 언제 기회가 되면 대표님 논문을 좀 접해봤으면 좋겠습

니다.

김인선 : 네. 도서관에 있습니다. 홈볼트 도서관에.

김택호 : 네. 그렇게 하도록 하겠습니다. 2005년에 '동행'을 설립하시 잖아요. 석사학위를 취득하시고 난 다음에 한 2년 정도 격차가 있습니다. 그러니까 그 2년 동안 '동행'을 설립하시기 위한 어떤 준비과정들을 이렇게 하셨던 건가요?

김인선 : 그렇죠. 근데 동행'은 제가 시작하려고 했던 건 아니고, 거기 계신 한국 분들이 간호사분들이 연세가 많아지니까 그분들이 언젠가는 한국 사람을 위한 호스피스가 하나 필요하지 않느냐. 그래서 부인회라고 있었는데 회원이 한 100명 됐어요. 그래서 좀 알아봐달라고 그래서 모든 자료조사를 저희들이 했죠. 그러니깐 상흫이 어떻고 얼마가 들고 뭐 이런 것들을 교육은 어떻게 받고 그렇게 했는데 나중에 임원진에서 너무 경비가 많이 든다고 우리로선 감당하기 어렵다. 그래서 제가 그때 두 가지 생각을 했어요. 한 가지는 어떤 지인이 나타나서 당신 참 아이디어가 좋으니까 좋은 생각이니까 돈을 이만큼 줄 테니까 하십시오. 그때까지 기다리든지 아니면 제가 그동안 공부 많이 하느라고 연금을 별로 안 부었어요. 그래서 아 그럼 생명보험을 들어놓은 게 있거든요 조그만 게, 그래서 그러면 그걸 트자. 그래서 그걸 터서 시작을 한 거죠. 그래서 사실은 뭐 그걸 크게 엄청나게 뭘 좋으니까 한다, 이런 것보다도 제가 외국인으로 살다 보니까, 나는 어디서 죽지 이런 고민이 되더라고요. 그때까지는 저는 너무 독일에 잘 적응을 해서, 독일에 사는데 문제없다 생각했는데 궁극적으로 죽는 문제가 딱 대두되니까 아 이건 아니지, 고향땅에 와도 전 아무도 없잖아요. 독일에서 쓸쓸한 땅에서 묻힌다는 것도 참 기가 막히는 얘기더라구요. 그래서 아 이 고민이 나만의 고민이 아니지 그래서 구체적으로 하게 된 거죠.

김택호 : 지금 그러니까 '동행'은 베를린에서 주로 활동을 하시는 거

잖아요?

김인선 : 그렇죠.

김택호 : 그 베를린에 한인들이 아까 말씀하신 것처럼 광부, 간호사 분들도 계시고, 조선노동자 이분들은 다른 데 계시겠죠, 뭐 베를린은 아니고.

김인선 : 함부르크.

김택호 : 함부르크에 주로 계시고 하실 텐데 파독 광부 간호사로 가신 분들이 베를린에 지금 남아계신 분이 어느 정도 계시지요?

김인선 : 베를린 교민이 지금 7,000명인데요 다 합쳐서. 3분의 1?

김택호 : 3분의 1 정도. 대체로 한 60대 70대 이렇게 되시고.

김인선 : 더 되시죠.

김택호 : 더 되신 분들도 계시고.

김인선 : 예. 제일 연로하신 분은 이미 돌아가셨고 지금 80대 되신 분들도 꽤 돼요. 그러니까 결혼해서서 오신 분들도 있잖아요. 당시에. 처녀만 온 게 아니거든요.

김택호 : 그러면 그분들은 독일 현지 분들하고 결혼하신 분들도 꽤 좀 계실 수 있겠습니다.

김인선 : 꽤 많죠.

김택호 : 그게 귀국을 하시지 않은 이유도 됐겠네요. 현지에서 결혼하신 분들.

김인선 : 예. 그렇죠, 그렇죠.

김택호 : 그럼 그런 분들은 상대적으로 독일사회에 대한 적응력이 더 높지 않으셨을까요?

김인선 : 예. 독일어도 잘하시고, 또 독일분하고 사시니깐 2세가 태어나도 완전히 독일식으로 기르고 하는데도 뭔가 채워지지 않는 부분이 있어요. 그 문화적 갈등 같은 게. 그리고 연세가 드실수록 그분들이

더 외로워해요. 그래서 한국 가고 싶어 하시고. 그담에 그래서 남해마을 같은 경우가.

김택호 : 독일마을.

김인선 : 독일마을 그런 경우죠. 그래서 한국에 가서, 부모님은 안 계시지만 어디 우리가 가서 잘 수 있는 그런 뭐 그런 데라도 복지관이나 아니면 호텔 같은 데 아니면 그런 숙소가 있으면 좋겠다. 뭐 어디 가서 자는 것보다는 우리를 위해서 만들어주는 공간이 있으면 좋겠다고 생각하고. 그담에 사람한테는 귀소본능이 있는 거 같아요. 나이 들수록 자꾸 옛날을 그리워하고. 그리고 문제는 연세가 많아지시면 어눌해져요 언어가. 언어가 어눌해지는데 독일어는 더 안 되고 한국말도 안 되고 그러니까 이민자들이 가지는 언어를 쓰게 되는데 독일말 반 한국말 반 이런데, 치매가 걸리면 나중에 배운 언어는 다 잊어버려요. 그러니까 모국어만 하는 거죠. 베트남 사람들은 베트남말만, 한국 사람은 한국말만, 또 뇌출혈이나 그런 걸 당해도 마찬가지예요. 그러니까 문제가 심각한 거죠. 그리고 음식도 옛날에 먹던 음식, 청국장 뭐 그런 거만 찾고 근데 그게 없죠. 독일에. 그래서 참 그런 문제들이 저희들이 해결할 문제에요.

김택호 : 특히 독일 현지 분들하고 결혼하신 분들은 훨씬 더 심각하겠군요.

김인선 : 그렇죠. 보통 때는 잘못 먹으니까. 그리고 이 문화적 소통이 어려운 게 뭐냐면 독일 분들은 굉장히 논리적인 분들이고 어려서부터 민주적인 토론을 배우고 자라요. 그러니까 학생하고 선생 관계도 항상 네가 원하는 게 뭐지? 어떻게 생각해? 그러니까 발표력이 50% 들어가거든요. 근데 저만해도 제가 학교 다닐 때는 선생님 말하면 그냥 네, 맞습니다, 네 그냥 말대답 딱딱 했다가는 건방지게 이게 어디서 그런 식이었잖아요? 그러니까 그게 남아있어가지고 눈치만 보는 거예요 눈

치. 근데 독일 사람들은 안 그렇거든요. 그러니까 남편도 마찬가지에요. 남편한테 물어보는 게 남편이 얼굴이 표정이 안 좋으면 너 무슨 일 있어 도와줄까 그러면은 아니야 아무것도. 아무것도 아닌 게 아니죠. 얘길 안 하는 거예요. 나중에 부인들이 하는 얘기는 20년을 같이 살았으면 눈만 봐도 알아야지 어떻게 일일이 얘길 해. 그러니까 독일남편 입장에서는 내가 무슨 점쟁이냐 내가 어떻게 그걸 다 알아 얘길 해야지. 그게 큰 문화적 차이예요. 이제 그런 면에서 소외되고 외로워하시고.

김택호 : 그게 또 그런 측면도 있겠지만 반대로 독일여성 분들이랑 결혼하신 분들은 또 다른 방식으로 또 문화적인 격차를 느끼겠군요.

김인선 : 있겠죠. 고독감들도 있겠죠.

김택호 : 뭐랄까 보다 헌신적인 여성상을 그리고 계실 텐데 독일여자 분들은 그렇지 않고.

김인선 : 예, 맞아요.

김택호 : 그게 또 개인적으로 외로움으로 다가오고 또 그 지점에 '동행'의 필요성도 있는 거고요. 방금 전에 말씀해주셨는데 '동행'을 설립하는 과정에서 자신의 생명보험을 털어서 설립하셨다고 말씀해주셨습니다. 저도 어느 매체에선가 봤습니다. 보면서 대단하신 거 같다 이런 생각을 했는데요. 또 보니까 독일연방정부 프로젝트를 수행하고 있다 이런 내용이 있습니다. '동행'에서. 그게 구체적으로 어떤 프로젝트인가요?

김인선 : 예. 독일연방정부 프로젝트는, 저희들이 호스피스만 하면 한계가 있어요. 어떤 이런 호스피스법이 너무 규정이 잘돼 있어서 호스피스 단체는 호스피스만 할 수 있거든요. 그러니까 그 이외에 우리가 할 수 있는 일, 여기 복지관에서 하는 것처럼 뭐 한국음식을 해드린다든지 뭐 그런, 그러니까 뭐 좀 패치워크(patchwork)를 한대든지 모이

는 공동모임을 주선한대든지 그런 건 전혀 안 나와요. 그래서 일반자원봉사자 교육을 저희들이 하려고 프로젝트 신청을 했는데, 그게 3년짜리가 저희들이, 유일하게 외국인 단체로서는 혜택을 받게 됐어요. 그래서 그때부터, 그때까지만 해도 독일에 외국인단체가 좀 많아요. 그러니까 한 번 보자 뭘 하는지, 독일 사람들이 뭘 인정하는데 시간이 엄청 걸리거든요. 그랬는데 그걸 딱 받고 인제 보니까 아하 이거 아니구나. 외국인들이 가지고 있는 문제 더군다나 동양하고 서양하고 차이가 이렇게 크구나 하는 것을 '동행'을 통해서 많이 알게 된 거죠. 그래 저희들 알리는 계기가 많이 됐습니다.

김택호 : 그러면 그 프로젝트는 3년이면 끝난, 정리가 된 상태겠군요?

김인선 : 예, 끝났죠. 그리고 지금 저희들이 하는 프로젝트는 받아서 하는 프로젝트는 그, 독일은 재단이 굉장히 많아요. 재단이 많은데 여기도 로또 하잖아요. 로또하면은 그 이익금을 넘겨주는 재단이 있어요. 그러면 거기서 검토를 해서 좋은 프로젝트면 후원을 해주거든요. 그래서 동아시아, 동남아시아 사람들이 가지고 있는 그런 문제, 문제를 저희들이 해결은 못해주지만 연결을 해주는 네트워크를 하고 그걸 3년 받았어요. 그래서 그걸 지금 하고 있죠.

김택호 : '동행'에는 몇 분 정도 자원봉사 하시는 분이 계신가요?

김인선 : 호스피스 자원봉사자는 100명, 그리고 일반자원봉사자 70명, 그담에 그러니까 직원까지 하고 또 후원하시는 분까지 하면은 200명 정도 됩니다.

김택호 : 그럼 상당히 큰 조직입니다.

김인선 : 예. 지금 10기가 나가거든요. 매년 저희들이 교육을 하고 있으니까. 자원봉사자 교육을. 그게 1년 과정이에요.

김택호 : 1년 과정입니까?

김인선 : 예. 130시간. 거기는 전국적으로 다 그래요 독일은.

김택호 : 신중하군요. 뭐든.

김인선 : 예. 신중하죠. 자격증이 나가야 되니까요.

김택호 : 독일도 다문화사회잖습니까? 다문화사회인데 우리가 심심찮게 한국사회에서도 독일의 극우적인 경향을 가지고 있는 사람들의 행태라든가 이런 것들을 접하게 되고 또 다른 한편에서는 민족주의라고 하는 요소가 나오면 화들짝 놀라면서 제어하려고 하는 움직임도 또 있는 거 같고, 그런 것은 사실 독일사회가 다문화적으로 많은 갈등을 지금 안고 있는 게 아닌가, 이런 추측을 가능하게 하는데, 지금 다문화사회로서 독일이 봉착해 있는 문제 사항 중에서 중요한 것들이 뭐라고 생각을 하시는지. 또 그걸 극복하기 위해서 정책적인 차원에서든, 캠페인의 차원에서든 어떤 움직임을 독일사회에서 해나가고 있는지 그걸 좀 소개해주셨으면 좋겠습니다.

김인선 : 독일은 처음부터 이민국가가 아니었어요. 저희들이 지금 한국 간호사나 광원들이 간 때도 그렇지마는 터키서 온 분들 또 아프리카 필리핀에서 온 간호사들 그분들도 다 노동계약이 돼 있어서 왔거든요. 그러니까 일시적으로 3년이나 3년 계약이 끝나면 다 돌아가게 돼있었어요. 그래서 사실은 돌아가신 분들도 있고 거기 남아계신 분들은 한국 여자 분들은 간호사들은 캠페인을 많이 벌였어요. 여기 머물게 해 달라. 그랬는데 캠페인이 성공을 해서 우리가 남게 됐거든요. 그래서 지금 독일이 이민자가 들어오기, 외국인이 들어온 게 60년이에요. 독일 외국인 60년사인데 60년사에 독일이 오늘날까지 있기에는 이민자들이 엄청난 공헌을 했어요. 왜냐면은 독일 사람이 안 하는 청소 허드렛일은 다 외국인들이 한 거거든요. 그랬는데 그 사람들은 늘 생각이 정치인들이, 이 사람들은 언젠가 돌아간다. 그러니까 이민에 대해서 신경을 안 쓴 거예요 통합에 대해서 별로. 그리고 이민자 자신도 우리도 언젠간

돌아가지 지금도 그런 생각하고 계시는 분들 있으니까. 그러니까 서로 그걸 못하는 거예요. 통합에 대해서 노력을 못했는데, 지금 200개 국가 사람들이 와서 살아요. 그리고 유럽화되기 시작하면서 유럽동맹이 되기 시작하면서 다른 나라에서 막 들어오잖아요. 근데 그 사람들은 그래도 조금 비슷하니까 문화가, 문화가 전혀 다르고 종교가 다른데서 문제가 생기기 시작하는 거야. 인도사람이 힌두교죠? 무슬림 많아지죠, 터키 사람들 엄청 많거든요. 동양 사람들은 불교, 여러 가지로 많잖아요. 그렇기 때문에 손을 못 대는 부분이 많아요. 그리고 자기네들 입장에서 항상 물어보는 뭘 해드릴까요 말을 해야 알지 이런 식이지 아 저 사람 다른 문화권에서 와서 이게 안 되겠구나 생각을 못하는 거예요. 당신네들이 얘기 안 하는데 내가 뭘 도와줘. 그리고 개인주의가 너무 발달돼 있어서 개인의 의견이 절대적으로 중요합니다. 그러니까 본인이 그거를 얘길 안 하면은 아무 일 없는 줄 알아요. 그래 동양 사람들은 거의 얘기 안 하는 편이거든요. 그러다 보니까 문제는 쌓이죠. 그래도 한국 분들은 교육열이 높아서 어떻게든지 대학을 보내서 이런 분들이 많은데 터키 분들은 또 배우는데 대해서 좀 관심이 없어요. 그래 총체적 범죄자 들어나죠. 그러니까 이게 외국인들하고 뭘 해야 되겠는데, 어떻게 해야 될지 모르는 거예요. 그래서 정부에서, 연방정부에서 하는 프로젝트에 제가 갈 때마다 그분들의 언어로 그분들의 문화로 같이 살 수 있는 게 통합이다, 흡수가 아니다, 우리는 흡수를 요구하는 거 아니다, 당신네들이 요구하는 거 흡순데 우리가 절대로 40년 60년을 살아도 독일 사람은 될 수 없다. 독일에 살고 있는 한국 사람으로서 독일시민권을 받았지마는 그러나 우리 정체성은 한국도 있고, 독일도 있고, 그 다름을 인정해 달라, 그걸 계속 호소하거든요. 그러니까 그런 면에서 독일정책은 어쩌면 이딘정책에 약간 성공은 못 한 거 같아요. 그리고 제가 생각하기에는 또 문제가 되는 거는 항상 독일이 선진국으로서, 후진국을 도와주는 입장, 항상 아래로 내려 보는 입장, 그게 아니다 우리는 동등하다. 우리는 한국인이지마는 못사는 나라에서 돈 때문에 왔지만 우린 당당하다 한국이 그만큼 문화를 가지고 있고 절대로 당신들한테 무시당할 사람 여기 아무도 없다, 그런 태도를 취하기 때문에, 지금은 조금 사람들이 인정하는 거 같아요. 그래서 제가 보기에도 한국도 이민자 중에서 누군가 나와서 그들의 문제를 그들하고 같이 연구하는 게 안 되면 항상 여기서 그 사람들을 위해서 그 사람들 위해서가 아니라, 그 사람들의 필요에 의해서 그 사람들한테 아이디어를 받아서 같이 협조하는 게 안 되면 나중에 통합은 어려울 거 같아요. 문제가 자꾸 생길 거 같아요.

김택호 : 우선 정책단위에서라든가 이런 것들도 꾸준히 시행되긴 시행되고 있습니까? 연방정부 차원에서?

김인선 : 예.

김택호 : 최근에, 제가 정확하게 그분 이름은 생각나지 않지만 베트남계 입양되신 분이 연방정부 장관직에 오르셨던가요? 아마 그랬었던 기억도 나고 그러는데. 특히 그런 것 같아요. 독일에서 어느 국가든 이민자들에 대해서 약간 백안시하는 태도가 다 있는데 독일에 대해선 특히 위험하게 생각하는 어떤 측면들이 있어서 더 크게 보일 수 있지 않을까 하는 이런 생각도 듭니다. [참석자들을 향해] 여기 책이 한 권 있습니다. 김인선 대표님께서 쓰신 책이거든요. 저술하신 책인데 이 책의 판매수익은 '동행' 회관을 건립하는데 활용이 된다고 합니다. 기회 있을 때마다 이 책을 주변 분들에게 알리시고 또 책을 선물하실 기회가 있으시면 특별히 이 책을 선물하시고 그렇게 좀 했으면 좋겠습니다. 이야기하는 동안에 옆으로 돌려서 한 번씩 보시도록 하겠습니다. 책 제목은 『내게 단 하루가 남아있다면』입니다. 다른 내용 여쭙기 전에, 대표님께 책에 대한 말씀을 좀 들었으면 좋겠어요. 이 책을 어떻게 쓰셨고

이 책에서 뭘 말씀하시고 싶으셨던 것인지요?

김인선 : 이 책은 제가 호스피스를 7년 동안 하면서 동행해 드린 많은 이민자들, 한국 분들을 포함한 그분들의 이야기를 실었습니다. 독일 분 얘기도 있고요. 그러니깐 문화와 종교에서 주는 그런 어떤 메시지 같은 것도 있고, 그 각 사람마다 죽음을 맞이하는 태도가 다르다는 점을 알려드리고 싶었고요. 또 하나는 정말 우리가 매일 매일을 잘 살지 않으면, 소유한 게 너무 많으면 나중에 가기가 어렵다. 그런 면에서 매일 매일을 조금 점검하고 충실하게 살도록 노력하는 게 좋지 않겠는가, 그런 생각도 있었고요. 그리고 또 하나는 우리는 글로벌시대를 살고 있습니다. 그러니까 내 민족 내 나라가 중요한 만큼 다른 나라도 존중해 주고 중요하고 우리는 같이 사는 방법을 배워야겠다. 그래서 아까도 말씀드렸지만 독일은 지금 200개 국가 사람들이 살잖아요. 그러니까 한국 분들은 거기 소수에요. 그러니까 소수민족끼리라도 같이 뭉쳐야 목소리가 나온다. 그러니까 독일정부에서 보기는 너무 작은 단체기 때문에 그냥 넘겨줄 수 있는데, 그게 아니라 우리도 같은 이민자로서 같은 하나의 인간으로서 대접받을 권리가 있고, 그래 당당하게 좀 사회에 알리는 것도 되고, 또 한국인들이 주가 돼서 이런 일을 한다는 거에 대해서 한국인으로서 좀 독일사회에 많이 알려야겠다. 그런 생각을 했어요. 그런 의미에서 저희들이 염원하는 게 한국 분들이 마지막 모일 수 있고 청국장이라도 마음대로 끓여 드실 수 있고, 또 치매환우가 많아지니까 치매환우들을 외롭지 않게 좀 같이 케어 할 수 있는 그런 공간이 필요하지 않을까 그래서 그 공간을 마련하는데 주춧돌이 되는 돈이 될 것이다 그래서 책을 써봤습니다. 그러니까 그런 내용이에요.

김택호 : 시간을 내서 저도 꼼꼼히 읽어보도록 하겠습니다. 사실 대표님께 이 내용을 여쭈려고 모신 것은 아니지만, 다문화사회 문제에 대해서 워낙 많은 생각이 있으셨을 것이기 때문에 조언을 듣는다는 차원

에서 좀 여쭙겠습니다. 한국사회도 조금씩 다문화사회가 되어가고 있습니다. 그런데 제 판단에는 한국사회는 이런 상황에 대해서 상당히 촌스러운 방식으로 접근을 하고 있는 거 같아요. 이를테면 흡수하겠다고 하는, 한국에 들어오는 외국인들을 한국문화 속에 녹여내겠다고 하는 게 전체 기조를 이루고 있고요. 특히 외국에서 온 이주민들에 대해서 한국어 교육이라든가 한국 전통문화, 전통음식, 전통복식, 이런 거에 대한 교육을 중심으로 이렇게 한다든가 이런 것들이 좀 문제가 있지 않는가. 이게 상호문화의 어떤 동등성, 상대성 같은 것들을 잘 인정하지 않으려고 하거나 그런 측면이 있는 거 같은데, 이거에 대해서 대표님께서 어떤 견해를 가지고 계시고, 어떻게 좀 이걸 극복해 나갈 수 있을지에 대한 조언을 좀 듣고 싶습니다.

김인선 : 제가 생각하기에는 독일이 하고 있는 방법이 옳다 뭐 나쁘다 그걸 판단할 순 없을 거 같아요. 각 나라마다 가지고 있는 특성이 있기 때문에. 그리고 한국 분들이 가지고 있는 그 유교적 바탕에서, 이민자들 더군다나 결혼이민자들을 위해서, 여러 기관에서 일을 하시는 거 같은데 굉장히 저는 긍정적으로 봐요. 긍정적으로 보고 또 한국인들은 정이 많잖아요. 그래서 그런 면에서는 잘하시는 거 같은데, 우선 케어 하는 부분에서 그러니까 아까 말씀하신 것대로 우리가 한국 사람이 더 나으니깐 너희들이 가난한 나라에서 왔으니까 한국 걸 우선 다 배우고 우리가 당신들을 뭘 위해서 해준다. 이런 입장보다는 당신하고 나하고 똑같은데, 우린 다르다. 한국문화가 중요한 것만큼 너희 나라 문화도 중요하다. 그게 특히 자녀들한테 굉장히 중요한 거 같아요. 안 그러면 그 정체성에 혼란을 느끼게 되거든요. 독일의 경우를 보면. 문화를 같은 눈높이로 존중해줄 수 있는 그게 좀 된다면 그분들도 나중에는 아 이게 내 제2의 고향이구나. 그런 소속감을 느낄 거 같아요. 그러니까 독일 보면 지금 많은 분들이 아직도 우리는 외국인이다 그런 생각하

거든요 독일시민권 가지고 있어도. 그게 뭘 말하겠어요. 자기가 거기서 완전히 뭔가를 독일이 사회가 나를 인정해주고 받아들인다는 걸 못 느끼기 때문에 그렇거든요. 그러면 영원히 이방인으로 남는 거죠. 국가적으로 볼 때도 굉장히 손해라고 봐요. 그러니까 특히 자녀들한테는 엄마하고 아빠하고 다른 나라지마는 다른 종교지만, 참 우리는 같이 살 수 있다 그런 측면을 조금 보충하시면 한국은 잘될 거 같습니다.

김택호 : 아직 한국은 다문화사회 초기고 그러니까요 제가 어느 분이 사석에서 말씀하시는 걸 들었습니다. 동남아계 한국인이 전체인구의 30%쯤 되면 한국사회도 많이 세련돼질 것이다 뭐 이런 이야기를 하던데, 그건 잘 모르겠습니다. 여러분들도 말씀하시는 거 들으면서 아셨겠지만 '동행'은 기본적으로 호스피스단체이잖습니까? 다른 사람의 말년을 함께 보낸다는 것은 상대방에 대한 위로일 수도 있지만, 동시에 고통일 수도 있지 않을까 이런 생각이 듭니다. 그래서 동행의 자원봉사자들이 어떤 이별이라든가 이런 걸 대하는 방식이나, 또 이런 것들을 자기 내면에서 겪어내는 것을 곁에서 대표님께선 쭉 지켜보고 계실 텐데, 이런 것들 또 그걸 바라보시면서 또 대표님께서 느끼시는 소회 같은 것들이 있으시다면 좀 허심탄회하게 말씀해주시면 고맙겠습니다.

김인선 : 우선 저도 몇 번 여기를, 한국을 와봤는데요 독일은 그 호스피스에 대한 체제가 참 잘돼있습니다. 독일 모든 체제가 그렇듯이 잘돼있는데 독일어서 조금 빠지는 거는 정적인 문제에요. 그러니까 모든 걸 이성적으로 판단하고 논리적으로 하기 때문에 머리는 잘 생각을 하고 판단을 하는게 가슴이 뜨겁질 않아요. 그런 분들이 많거든요 너무 논리적으로 생각하다보니까. 그래서 한국 분들이 거기서 오는 외로움도 사실은 많고요. 그리고 죽음을 대하다가 '동행'하면서, 그 사실 쉬운 일이 아니거든요. 왜냐면은 본인들이 외국인이기 때문에 더욱 어려운 거예요. 아 내가 외국 땅에서 나도 저렇게 죽어가게 되겠구나 생각하면

기가 막히는 거죠. 그러니까 자기하고 연결시켜서 볼 때 그게 엄청난 스트레스로 올 수도 있어요. 그래서 저희들은 교육부분에서 굉장히 중요시하게 생각을 합니다. 자기검찰, 자기검토, 나의 뿌리가 어디며 나는 어디서 살고 있으며 나는 어디서 죽고 싶은가 마지막을 보내고 싶은가 그런 걸 정립하는데 1년이란 세월이 걸리고 하기 때문에 저희들은 교육을 처음 시작하면서 나중에 꼭 자원봉사자로 봉사하기를 강요하지 않아요. 왜냐면 자원봉사는 스스로 기쁨이 있어야 하는 일이지 꼭 해야 된다는 아니거든요. 그런 결정을 하는데도 많은 시간이 걸려요 그분들한테는. 왜냐면 우리가 그런 교육을 못 받았기 때문에 자기 의사를 소통하고 이렇게 발표하는 것도 부끄러워하고 그러시기 때문에. 그리고 외국인들이 돌아가시는 걸 보면 참, 고국에서 묻히지 못하는데 대한 안타까움이 많죠. 그러니까 결국은 그 뭐 코끼리도 죽을 때 되면 장소를 찾아간다고 그러잖아요. 그러니까 정말 아무도 없어서 못 와서 정말 논리적으로 생각할 때 이론적으로 현실적으로 독일에 사는 게 더 좋다 또 자녀들이 거기 있으니까. 그렇지마는 뭔가 허전한 게 있는 거예요. 그 땅에서 묻힌다고 생각하면. 그러니까 그런 문제에 대해서 저희들은 그 이종문화간의 호스피스를 피부로 절감을 합니다. 죽음은 순서가 없잖아요. 여기 사시는 외국인도 언젠가는 그 생각을 해야 될 때가 올 거예요 분명히. 그리고 여기 결혼해서 오셨으니까 거의 다 여기 거주할 거 아니에요. 그러니까 그분들 위해서는 그분들 자녀들을 위해서래도 그런 그게 형성이 돼야 될 거 같고 하여튼 외국 소수의 소외된 자들을 위한 호스피스는 자기 종족뿐만이 아니라 다른 사람한테 소외된 사람들한테 눈을 돌리는 게 참 중요한 일이라고 생각을 많이 합니다. 그래서 저는 그 일에 참 보람을 많이 느끼고 그리고 '동행'에서 호스피스 봉사하시는 분들이 헌신적으로 하시는 분들이 참 많아요. 자기 생활이 고달프고 힘든데도 뭔가 다른 사람을 위해서 산다는 보람 그런 것도 있고. 그래서 힘은 들어요. 경제적으로도 힘들고 운영상에 힘도 들지만 참 좋은 일이고 기쁨도 많고 또 돌아가시면서 감사해하는 거 보면 아주 참 보람된 일입니다.

김택호 : 그래도 함께 시간을 보내시다 돌아가시게 되면 마음이, 심리적으로 우울해진다든가 이런 거는 자원봉사자 분들이 느끼시지 않으실까요?

김인선 : 있죠. 있죠. 사람이기 때문에. 근데 교육이 적당한 거리를 둬라 이건 철로 같은 관계가 돼야지 이게 부딪혀버리면, 같이 죽어줄 수 없잖아요. 그러니까 그 보호가 철저히 돼야 되는 거죠. 그러니깐 환우를 동행할 때 그 집에서 나올 때는 갑옷을 벗어버리듯이 문제는 거기 다 놓고 와라. 집에 가서 뭐 다시 환우를 꿈꾼다든지, 내가 뭘 계속해서 해줄 수 있을까 생각하면 자기만 망가지는 거예요. 그러면 인제 소진이 되는 거죠. 그러니까 그 거리를 배우고 하는 게 자기 보호를 하는 게 아주 제일 중요한 부분이에요, 자원봉사에서는. 자기를 사랑하는 거. 다른 사람한테 자기가 희생돼서는 안 되거든요 그게 강요돼서도 안 되고. 그러니까 내가 나를 지켜야지 하는 거를 늘 자기 사랑을. 그래 어떤 분은 교육하시는 분이 있는데 그분이 성이 박 씨에요. 아침에 그런대요. 박 여사님 오늘은 어떤 음식을 드시고 싶으십니까? 자기 자신한테 물어본대요. 그러듯이 최고, 나는 뭘 위해서 나를 위하고 살았지 내가 하고 싶은 게 뭐야 이제 그런 것들을. 그래서 이민자들이 참 좋아해요. 아 내가 나를 이렇게 대접해야 되는 구나. 그 인제 외국인이라고 좀 무시하는 것도 있고 그런 걸 받다보니까 상처를 많이 받잖아요. 그러니까 아 내가 정말 외국인이라서 좀 별 볼일 없는 사람인가 그런 생각하는데, 자존감을 높여주기 때문에 아주 기쁜 마음으로 교육들 받습니다.

김택호 : 저로서는 자신이 없을 거 같아요. 그게 말로는, 그래서 어

떻게 그게 참 쉬울까 싶은 생각이 드네요. '동행'은 지금 주로 베를린 지역에서 많이 아시는 거죠?

김인선 : 아니요. 외환은행에서 저희들 작년부터 소망사진을 후원해주고 있어요. 나눔재단에서, 외환은행 나눔재단에서. 그래서 작년엔 100명을, 베를린 교민들 100명을 상대로 소망사진 찍어서 곽까지 다 해서 이렇게 주고 그렇기 때문에 순회강연을 합니다, 제가. 호스피스가 왜 필요한지 이종문화 간에 호스피스가 왜 필요한지, 거기에 대해서 그리고 사진도 찍어드리고, 그래서 저는 전국적으로 많이 알려져 있죠. 독일에서도. 그래서 앞으로는 유럽 쪽도 뭐 가까운데 영국이나 뭐 네덜란드나 이쪽으로 프랑스나 이쪽도 조금 확대하려고 노력을 하고 있습니다. 이민자 문제는 어디나 마찬가지니까요.

김택호 : 다른, 예를 들면 터키라든가 필리핀이라든가 이쪽 분들도 많이 호스피스가 가능한 그런 상황을 만든다든가 이런 계획도 있으신가요?

김인선 : 근데 종교가 다르기 때문에 참 어려워요. 왜냐면은 문제가 되는 거는 무슬림이나 유대교나 불교 같은 경우는, 불교는 조금 다르겠지만 힌두교에서는 죽은 사람을 못 만지게 돼있어요. 그러니까 꼭 그 종교 안에 속하는 사람만 만질 수 있거든요. 그러니까 그거는 우리가 해줄 수 있는 부분이 아니죠. 벌써 돌아가실 때가 되면 병원에서도 거기 성직자를 부른다든지 이렇게 해줘야 되는데, 모르기 때문에 그냥 간호사가 하려고 그러는데 그게 종교적으로 굉장히 치명적인 게 된대요. 그러니까 그런 문제에 대해서도 그렇고. 그러니까 그분들을 어떻게 하면은 자원봉사자들이 존중해줄 수 있는지 어디까지 우리가 할 수 있고 어디부터 손을 놔야 되는지 그런 것도 배우고 해야 되기 때문에 참 중요한 부분이에요 독일 같은 나라에서는 여러 문화의 사람들이 살기 때문에. 그래서 그분들이 그분들의 말로 그분들의 정서로 교육받을 수 있

게 우리가 해주라고 많이 노력하고 있죠. 그래서 베트남 그룹은 베트남 말로, 40년씩 살다도 독일어를 못해요. 그리고 베트남 사람들이 숫자가 제일 많은데 옛날에 보트피플로 온 사람들하고, 옛 동독지역으로 이주한 호치민 쪽에서 온 사람들하고는 지금도 얘길 안 해요. 사상문제가 그렇게 심각한 거죠. 그래서 저쪽에 동독 쪽에는 지금 한 지방에 6,000명씩 살아요. 근데 그분들이 다 병원에서 돌아가서요. 그러니까 그분들도 종교적인 문제가 있기 때문에 자기네들이 배우고 싶은데 말이 안 통하니까 제가 통역사를 통해서 그 나라 말로 교육을 시켜드리고 그러죠.

김택호 : 그렇겠군요. 파독 광부 간호사들이 7,000명 중에 3분의 1 정도 베를린에서 지내신다고 말씀해주셨는데, 그분들은 유대관계라든가, 정기적인 모임이라든가, 이런 걸 하면서 지내시나요?

김인선 : 단체가 많아요. 단체가 많은데, 좀 이렇게 서로 연대하고, 서로 같은 배를 탄 사람들이니까 같은 민족끼리 어울려 살면 좋은데, 그분들이 받은 상처가 너무 커서 너무 외롭고 자신들이 그래서 그 화풀이도 동족한테 하고 그러다보니까, 서로 상처를 받는 경우가 참 많아요. 안타까운 부분이죠. 우리가 뭉치는 일보다는 헤어지는 일을 더 잘하는 거 같아요. 한인회도 그래서 좀 복잡합니다. 영국도 두 군데로 나뉘져 있죠. 베를린 간호요원회도 두 군데로 나뉘져 있죠. 그런 문제들이 참 그 아집이. 그러니까 독일 같은 그 민주적인 바탕에서 살면서도 그거를 받아들이지 않는 거 같아요. 그런 면이 참 안타까운데 제가 할 수 있는 부분은 아닌 거 같아요.

김택호 : 대표님 지금 상처에 대한 말씀을 해주셨는데 저희들이 알 것도 같고 또 자세히 또 모르기도 하고 그렇습니다. 그러니까 그분들이 받는 마음의 상처라는 게 구체적으로 어떤 것들일까요? 인종적인 문제라든가 언어적인 거, 문화차이 이런 우리가 일반적으로 상상할 수 있는 것들 외에도 또 우리가 예상 밖으로 혹은 저희들 잘 모르는 어떤 것들

이 있을까요? 어떤 것들일까요?

김인선 : 우선 제가 생각하기에는 1960년대 가난한 조국을 등지고 맏딸이나 장남이 많이 왔어요. 그 맏딸이나 장남은 가족을 책임져야 한다는 게 있기 때문에 늘 큰언니 큰오빠로서 다 희생을 했잖아요? 늘 돈을 한국으로 보내고, 지금은 연금이 없는 분들이 많아요. 독일에서는 연금을 붓게 돼 있었는데 독일정부가 처음에는 그냥 3년 계약으로 왔기 때문에 개인연금을 붓게 해줘서 3년 계약이 끝나면 그걸 찾아서 가게 이렇게 했단 말이에요. 근데 이분들이 계약이 이렇게 되면 3년 만에 찾아서 돈 한국으로 보내고, 한국으로 보내고, 이런 식이 돼서 한국에선 집도 사고 또 동생들 공부도 시키고 지금 다 괜찮은데 본인들이 느끼는 거는 나는 뭐냐, 평생 나는 가족들 위해 살고 조국의 근대화에 이바지했다고 얘기는 하는데, 우리를 위해서 해주는 게 뭐 있지? 굉장히 소외감 느끼는 거예요. 그러니까 대한민국이 자기네들을 잊지 않고 조국이 자기를 잊지 않고 기억해준다는 그런 데서 굉장히 상처를 많이 받아요, 기억 안 해준다는 데 대해서 상처를 많이 받는 거 같아요. 이쪽에서 무슨 얘길 하면 제가 생각하기에는 한국에 뭐 큰 재단이나 아니면 생각이 있으면 그분들이 와서, 예를 들자면 같이 거주할 수 있는 조그만 아파트 같은 걸 해서 한꺼번에 오시는 건 아니니까 오시는 분들이 돈을 조금 내더라도 이거는 독일에 있는 간호사 광원들을 위해서 쉴 수 있는 집이다 그러면 굉장히 좋아할 거다, 그런 의미에서 외환은행에서는, 외환은행 나눔재단에서는 너무너무 좋은 일 하신 거예요. 소망사진 찍어주니까 결혼한 다음에 두 번째로 자기가 사진을 찍어보는 거래요. 한국에서 이런 일을 해주다니 상상이 안 된다는 거예요. 그래 너무 고마워하는 거예요. 이제 그런 것들이 말로만 하지 말고 이렇게 좀 실천적으로 그분들의 아픔 그러니까 이거 완전히 자기는 가족을 위해서 희생당하고 한국에도 갈 수 없고 이런 상황이 된 거예요. 그러니까 거

기에 대해서 상처가 많은 거 같아요. 그래서 한국으로 오시면 조금 따뜻하게 받아주면 참 좋을 거 같아요. 그리고 독일이 좀 차고 냉랭한 사회이기 때문에 정적인 면에서도 상처를 많이 받고요. 그리고 말이 갈수록 어눌해지니까 그런 문제도 고민도 되고 하여튼 외국에서 노인이 된다는 건 나이 들어간다는 게 참 쉬운 일은 아닌 거 같아요.

김택호 : 1960년대 70년대 독일에 파견되신 간호사들 또 광부들 사이에는, 이런 표현이 적절할지 모르겠지만 대표적인 인력수출 정책처럼 인식이 되고 있습니다. 그런데 그 정책의 대상자였던 광부 간호사들은 어떤 정책에 의해서 생활공간이 옮겨지는 과정에서 자기 삶에 근본적인 변화가 일어난 분들이고요. 그런 점에서 당시에 독일 인력파견정책에 대해서 대표님은 어떤 견해를 가지고 계신지 좀 말씀해주셨으면 좋겠습니다.

김인선 : 제가 개인적으로 볼 때는 그거는 국가가 가라 뭐 이런 건 아니잖아요? 동기는 분명히 본인들이 개인적으로 가족을 위해서 개인의 그걸 어떤 목적이 있어서 갔단 말이에요. 그런 거 성공을 많이 하다보니까 국가적으로 이익이 된 거예요. 그러니까 국가를 위해서 희생했다는 것은 전혀 아닌 거죠. 그러나 역사적으로 볼 때는 그분들이 한국에 고마운 것도 크거든요. 그러니까 그런 거를 지금 아 우리가 대한민국의 발전의 위해서 뭐 이렇게 했으니까 국가가 훈장을 줘라, 유공자로 인정해 달라 이건 조금 아닌 거 같아요. 그건 아니고 순수하게 우리는 가족을 위해서 갔지만 결과가 대한민국에 그만큼 외화가 들어와지고 했으니까 기여한 바 있으니까 인정을 해 달라 이거가 맞는 거 같아요. 제 생각에. 그러니까 서로가 그것도 이쪽에서도 너무 과장하지 말고 정확하게 보고, 한국의 여러분들이 독일로 간 것도 사실 개인적인 가정사 등으로 갔지만 한국을 위해서도 일을 많이 하셨습니다. 그러니까 지금 거기서 연세 드시고 그러시니까 우리가 정말 한국 조국으로서 여러분

들한테 이러이러한 정도는 해드릴 수 있습니다 하는 게 그게 그분들한 테도 좋을 거 같아요. 그러니까 자꾸 정치하시는 분들이 막연하게 이것 도 해주겠다, 저것도 해주겠다, 이러니까 기대를 자꾸 하는 거예요. 처 음부터 분명하게 이 정도까지 우리가 해줄 수 있지만 더 이상은 어렵다 든지, 그런 걸 확실하게 해주면 좋을 거 같아요. 그러면 실망도 좀 덜 하게 되고.

김택호 : 한 가지 더 여쭙고 지금 플로어에 계신 다른 분들 이야기를 듣도록 그렇게 하겠습니다. 대표님 독일로 가신 시기가 거의 유신체제 선포되는 무렵하고 겹칩니다. 그리고 독일로 가셨고. 그다음에 독일에 서 한참 힘들게 적응하시고 젊은 날을 보내고 계시는 시기가 또 박정희 정부가 막판까지 가는 과정이었는데, 밖에서 박정희 정부라든가, 또는 한국 정치상황이라든가, 혹은 사회상황이라든가, 이런 걸 고국이니까 보셨을 것 아닙니까? 그때 어떤 느낌을 가지고 보셨는지 궁금합니다.

김인선 : 그 박정희 대통령 하시고 또 정권이 바뀔 때까지 저는 너무 어렸어요. 나이가 너무 어렸고 근데 전두환 그 광주사건 일어나고 그럴 때는 우리가 저도 젊은 시대였고 그래서 굉장히 후원을 많이 했습니다, 독일에서. 한화갑 씨도 오고 뭐 김대중 씨 그다음에 또 교회에서도 그 렇고 계속 인권에 대해서도 노력을 많이 했죠. 한국의 민주화는 꼭 돼 야 된다. 그리고 노동자가 떳떳하게 살 수 있는 나라가 돼야 되고 그런 데 대해서 하여튼 뭐 보따리 장사도 저는 했으니까요. 그래서 거기서 공헌한 분 참 많아요. 국가에 대해서. 그리고 바깥에 나가 있으면 한국 이 못살면 문제가 있으면, 저희들이 제일 피부로 느낍니다. 왜냐면은 독일도 일본사람하고 비슷한 게 많거든요. 일본에 대한 인식은 좋아요. 그런데 한국은 그때는 광주사건 나서 뭐 경찰이 배 찌르고 이런 것도 텔레비전으로 보여주고 그러니까 저희들이 창피해서 그래서 같이 연대 하고 그랬는데, 그런 역사적인 게 외국에서 살기 때문에 더 절실했는지

몰라요. 그러니까 외국에 나가면 애국자가 된다고 그랬잖아요. 그래서 정말 한국의 민주화를 누구보다도 염원한 사람은 저희들이고, 그리고 또 한 가지는 뭐 그런 것도 있어요. 박 대통령이 어쨌든 가게 해줬으니까 그분에 대해서 개인적으로 좀 감명하신 분들도 있겠죠. 그렇지마는 전체적으로 볼 때는 어쨌든 군사 독재자였으니까 그런 데 대한 거는 의견이 나눠지고 있어요. 나눠지고 있는데 하여튼 제가 알기로 교회도 그렇고 한국의 정치상황에 대해서 굉장히 신경 쓰고 동참하신 분들이 많은 거 같아요.

김택호 : 방금 전에 광주항쟁 말씀하셨는데 광주항쟁과 관련된 필름이 최초로 국외로 나간 거 독일 분에 의해서 그랬으니깐.

김인선 : 예, 나갔죠. 바울 슈나이스(Paul Schneiss), 그 목사님. 부인이 일본 분이시죠.

김택호 : 아, 그렇군요.

김인선 : 그래서 일본에 가서 그 자료를 만들어서 한국으로 보내고 그랬는데 광주에서 또 막 싸움이 일어나고 그랬죠. 그런 분들이 계세요.

김택호 : 제가 대표님께 이런저런 말씀을 여쭈어봤었는데요 여기 다른 선생님들 '동행'과 관련해서도 혹은 또 현지에 계신 파독 광부 간호사분들 혹은 또 대표님 개인에 대해서 궁금하신 부분 있으시면 지금 직접 여쭤보는 시간을 갖도록 하겠습니다.

손동유 : 제가 질문 몇 가지 드리겠습니다.

김택호 : 손동유 선생님이십니다.

손동유 : 간단히 인사를 드리겠습니다. 손동유라고 합니다. 명함을 주셔서 받았는데요. 여기 로고하고 폰트가 우리가 흔히 보는 거하고는 조금 생소해서 의미 설명해 주셨으면 합니다. 어떻게 만드신 건지요?

김인선 : 예. 이게 이쪽은 로고가 '동행'의, '동행' 토고구요. 그 지금

호스피스 하고 있는 건 동반자가 또 있습니다. 단체가 저희들이 두 단체가 있는데 그래서 이쪽에 호스피스, 그리고 호스피스 활동 후원회는 이와는 다른 단체에요. 그러니까 보통 일반적인 케어를 할 수 있는 그런 단체고.

손동유 : 그리고 문양 있잖습니까. 어떻게 보면 한반도 같은데.

김인선 : 예, 그거예요. 한반도인데 손을, 손바닥을 뒤에서 받쳐주고 있는 거죠.

손동유 : 아, 궁금해서 여쭤봤구요. 그리고 아까 말씀 중에 면담자가 다문화사회로 우리사회가 가는 과정에서 좀 성숙한 정책이 필요하다는 취지의 질문을 드렸을 때 상호 존중하는 태도, 이민족간의, 이문화간에 이렇게 강조해서 말씀해주신 거 인상 깊게 들었는데요. 근데 우리가 일상에서도 사실은 부부관계다 그러면 수십 년 다른 문화 가정문화 속에서 커온 사람들이 결합하게 된다고 보면 가정 내에서도 문화 간의 충돌이 생기고 뭐 여러 가지 또 갈등이 생기고 그 뭐 영원한 과젠 거 같습니다.

김인선 : 영원한 과제죠.

손동유 : 그럼에도 불구하고 독일에서 경험하신 모델이 될 만한 사례랄지, 많은 사람들을 접하셨을 테니까요. 혹시 그런 사례 같은 게 있으면 소개해주실 만한 게 있을는지요. 갈등을 극복했던.

김인선 : 지금 말씀하신 대로 대화의 기술이나 소통의 문제는 사실 평생교육이에요. 그리고 어려운 거는 저희들이 40년 전에 갔을 땐 이미 인격이 형성돼서 간 분들이 많거든요 성인이 돼서. 그렇기 때문에 그걸 변화시키기가 참 쉽지 않았어요. 그리고 그게 아직도 안 되는 분들도 많고요. 그리고 우리 유교전통에서 오는 문제들도 많은 거 같아요. 왜냐면은 항상 지시를 받고 살았기 때문에 제 의견을 얘기한다는 건 굉장히 건방지고 거기에 대해서 좀 훈련이 안 돼가지고. 근데 제가

독일에서 많은 과정을 공부를 하다 보니까 독일이 제일 좋은 게 한 번도 자기의 감정을 노출하지 않고 감정조절이 너무 잘 돼요 그분들은. 그러면서 하고 싶은 얘기를 다 한대는 거예요. 우리는 얘기를 안 하기 때문에 이게 폭발이 돼요. 그러면은 왜 폭발되는지 이유도 모르고 막 그냥 폭력이 나가는, 말의, 언어의 폭력이 나가는 거죠. 근데 그 훈련은 아마 사회 전체적으로 배워야 되지 않을까. 그래서 저희들은 외국인도 그렇고 특히 한국 분들을 대화의 기술을 계속하고 있습니다. 그러니까 오시는 분들은 내가 한꺼번에 변하진 않지만 인제 나이가 70인데 이거 해가지고 언제 고치겠냐마는 인제는 몇 번 듣다 보니까 얘길 하고 아이 또 실수했구나. "야 뭐해?" 하다가 "아 뭐 좀 해주겠어?" 이렇게, 어색하기도 하고 그러니까 그게 참 필요한 거 같아요. 그래 절대적으로 같이 살아가는데 필수조건인 거 같아요. 그게 안 되면 뭐 속을 아는 사람이 알죠. 저 사람은 성격이 저래. 그러니까 비근한 예로 우리가 외국에서 보면 영상을 보면 국회에서 그렇게 싸우잖아요. 의자를 집어던지고 정말 창피한 얘기예요. 독일은 정말 그건 상상을 못할 거예요 아마. 그래서 야 저런 게, 그거는 볼 때 아무리 정당성이 있다 하더라도 정말 그렇게 성질을 내고 폭력적으로 한대는 건 우선은 기본이 아닌 거 같아요. 그래서 그런 것들이 사회 정책상 좀 바뀌어야 되지 않을까. 어디서부터 어떻게 해야 될지 저도 잘 모르겠어요. 근데 인제 와서 보니깐. 그래서 그 슈퍼비전이나 이런 거에 굉장히 활성화될 필요가 있다고 생각을 합니다. 모든 계층에서.

손동유 : 초창기 60대에 독일 분들이 경험에서 상호 존중하는 그러한 분들의 케이스가 있었나요? 그 수녀원 원장님.

김인선 : 처음에 수녀님이 계속 식사를 준비하시고 그러더라고요. 연세 많으신 저희들을 가르치시는 수녀님이 혼자서 그냥 식탁정리를 하는 거예요. 그래서 제가 아 이럴 수가 있어 독일이 어떤 나라야 왜 이

렇게 그냥 노인을 혼자하게 하지? 인제 그래 생각을 하고 늘 가서 도왔어요. 하니까 굉장히 고마워하시면서 나중에 하루는 돈을 딱 갖고 오시더라고. 아 그러면서 이게 주는 거라고 얼마나 자존심이 상하던지. "아 이게 뭡니까?" 그랬더니 "수고했으니까 너 지금 학비도 필요하고 그럴 테니까 주는 거다." 그래서 제가 "이건 아니에요. 한국은 그래도" 말을 더듬거리고 있지마는 "한국은 연세가 많으시기 때문에 제가 이렇게 해 드리는 거지 절대로 돈 받고 하는 건 아니다 이건 아니다." 그랬더니 이상하게 쳐다보더라구요. 그러면서 "이건 당연하게 주는 거다. 그러니까 네 시간에 서빙을 해주는 건데 노동의 대가를 주는 거야 내가." 그분은 이해를 못하고, 나도 이해를 못하고 제가 그런 경우가 있었고요. 또 한 번은 같이 잘 친하던 친구가 있었는데 그 친구는 어디를 가든지 굉장히 친했어요. 친했는데 항상 이렇게 보면 자기 꺼 자기가 딱 내고 한 번도 뭐 내준다거나 이런 건 없어요. 저는 처음에 오해하기를 같이 가자 그래서 초대를 해서 아 참 고마운 친구다 나를 초대해서. 우리는 초대하면은 당연히 인제 페이를 지불하는 걸로 생각을 했는데 아 그게 아니고 가니까 자기 꺼 딱 계산하는 거예요. 그래서 이상한 나라다 참 인심이 고약하구나. 그랬는데 살면서 그게 알게 되고. 그리고 그 사람들은 분명히 처음부터 얘길 딱 해요. 이러이러하니까 괜찮겠니. 근데 저는 습관이 안 돼가지고 아 그냥 얘기 안 해도 대충 알아듣겠지 그래 갖고 오해가 참 많았어요. 오해가 참 많았고. 저도 많이 참는 성격인데 한 번 폭발하면은 왜 폭발하는지 몰라. 그래가지고 막 쏘대고 그러면은 저쪽에서는 같이 쏴대는 게 아니라 가만있다가 "다시 한 번 얘기해봐. 차근차근 무슨 문제가 있지? 내가 뭘 잘못했지? 지적해주면 거기에 대해서 얘길 할게." 아 이런 것들이. 그리고 저희들 수간호원 같은 경우는 수녀님이신데 제가 제일 존경하는 수녀님이신데 그분들은 늘 모여서 간호사들하고 회의를 해요. 회의를 하는데 너무너무 존중하는 거예요 그 간호사들이. 그리고 한 번도 수녀님이 아니야 그건 아니야 그렇게 하지 마. 뭐 이게 아니라 여러분들 얘기하시고, 그리고 얘기를 하는데 중간에 끼어드는 사람이 없어요. 다 얘기하고 나면은 "아 당신은 그렇게 생각하지만 난 그거 아니야 당신이 생각하는 거는 뭔가 잘못된 거 같소." 얼굴도 하나 붉히지도 않고. 그래서 제가 그 참 문화가 참 다르구나 하는 것도 느꼈고, 그 문화를 우리가 배울 필요도 있고, 우리가 문화가 다르대는 것도 가르쳐줄 필요가 있고 이제 그런 거를 전체적으로 배웠죠. 근더 한국적인 다혈질적인 기질은 저도 조금은 아직 남아있어요. 그래서 어떤 때는 좀 아 이게 아닌데 할 때도 있는데 그래도 많이 배운 편이죠.

김택호 : 축구경기 보면 독일선수들도 화를 많이 내고 하던데 일상생활에서는 안 그런 것 같습니다.

김인선 : 예. 일상생활은 안 그러죠. 좀 다르죠. 막 치고 박고 그러는 건 예외예요. 축구는 예외입니다. 폭력은 절대로 안 되죠.

김택호 : 아까 손동유 선생님 말씀하신 거에 이어서 제가 한 가지 더 여쭙겠습니다. 아주 세부적인 건데 독일분하고 한국분이 결혼을 해서 이루는 가정이 아주 원만하게 잘 가정이 유지되는 가정도 있지만 또 좀 삐걱거리는 가정도 있을 텐데 그건 대체로 그걸 일반화하긴 어렵겠지만 어떤 이유 때문에 원만한 가정이 이루어지고 어떤 이유 때문에 좀 힘들어한다는 느낌 받으신 적은 있으신가요?

김인선 : 그런더 독일 분들은 결혼을 해도 경제는 분명히 달라요. 그러니까 네 거 내 거 분명한 거죠. 처음부터 재산이 많은 분들은 돈을 너는 얼마 갖고 왔고, 내가 얼마 갖고 왔다는 거 합의서를 쓰고 시작하는 분들도 있거든요. 이혼할 경우에는 네 거 네가 가져가고, 내 거 내가 가져가고. 그동안에 모인 거는 공동으로 나누고 이런 식이기 때문에 이 우리는, 지금 저는 40년 살아도 그건 안 돼요. 그러니까 차라리 주

고 말지. 근데 이 사람들은 분명해요 그런 게. 그리고 같이 결혼 안 하고 살 경우 동거를 많이 해도 집세를 딱 반반씩 나눠서 한대거나. 물질적인 거에 대해서 너무 냉정하기 때문에 그런 면에서는. 그래서 저는 독일 사람하고 참 살기 어려울 거 같아요. 제가 독일을 좋아하지만. 그래서 삐걱거리는 게 많고 또 인제 한국을 도와줘야 되는 게 있잖아요. 가정을 도와줄 경우에는 독일 사람 중에서도 무조건 다 대주는 사람이 있어요. 그냥. 그리고 독일 사람들 다는 아니지만 특성이 또 하나 있어요. 그 사람들이 한 번 누구를 도와준다고 하면은 끝까지 도와줘요. 말 없이 그리고 생색 안 내고. 근데 보편적인 입장에서는 왜 네가 형제도 많은데 왜 네가 한국 가족을 도와야 되느냐. 다른 형제하고 나눠서 해야지. 장녀라서 한다는 거 이해 못하는 거예요. 이제 그런 데서 갈등이 참 많았던 거 같아요. 그러니까 몰래 숨겨서 보내고 뭐 이런 경우. 그러고 한국에 집을 사놨을 경우 당연히 남편으로서는 네 거니까 네가 보냈으니까 우리가 가서 살 권리도 있고 나중에는 네가 찾아와야지. 근데 아니잖아요. 동생 명의로 돼있든지 어머니가 전화해서 야 너는 거기 사니까 동생한테 줘 뭐 이런 식으로 하니까 남편한테 얘기도 못하고 아주 그런 데서 갈등이 많이 오는 거 같아요. 문화적 차이.

김택호 : 또 다른 선생님 또 말씀 여쭤보고 싶은 내용 있으면 말씀해 주십시오.

청중 : 다른 지역도 마찬가진데요 한국 사람이 외국에 가기에는 간호사로 가기도 하고 독일 같은 경우는 광부로 가기도 하고, 노동자로서도 많이 가는데 다른 민족과 달리 한국 사람들은 가면 교육열이 아까 말씀하셨듯이 교육열이 강한 거 같아요. 어떻게든 시간을 내서 공부를 해서 의사가 되는 간호사도 많고 성공한 그런 분들이 많은데. 그러니까 다른 민족과 구별되게 그런 특징들이 이렇게 두드러지게 느끼셨을 거 같다는 생각이 들고요. 그래서 어떤 점들이 우리민족의 그러한 장점들이 좀

이렇게 구별되는지 다른 민족들은 또 왜 안 그러는지 우리민족의 그런 어떤 저력이랄지 그런 느끼신 게 있다면.

김인선 : 예. 한국 분들은 정말 교육열만큼은 대단하죠. 대단해서 그리고 선생님들이 알아요, 학교가면은. 한국 애들은 무조건 입학하면 잘한다는 걸. 거의 뭐 1등. 그리고 학부형들이 자꾸 애들한테도 물어보는 게 그러니까 독일에서 태어난 애들이잖아요 만약에 국제결혼 했으면 그러면은 1등을 해가지고 왔다 그러면 너 같고 1등한 사람이 또 있어 누구 있어? 물어본대요. 그러니까 애들이 엄마 뭐가 그렇게 중요해 내가 1등 받으면 됐지. 근데 우리는 안 그렇잖아요. 그러니깐 너만 1등해야 되는 거예요. 그래서 하여튼 교육열 때문에. 그리고 한국 사람들이 굉장히 영리해요. 그러니까 아주 이게 잘 뭉치지 못해서 그렇지 참 우수합니다. 눈치 빠르고. 그리고 병원에서도 의사들이 피를 잘 못 뽑아요. 독일 의사들이. 막 여러 군데 찌르고 혈관을 찾기 힘들면 한국간호사 부릅니다. 그래서 사실 독일은 간호사들이 혈관주사 못 놓게 돼있어요. 그런데 나중에 와요. 저 사람 힘드니까 와서 좀 뽑아주라 이래가지고 소문이 났고. 그리고 간호학교도, 근데 간호조무사로 가서서 하신 분들이 많거든요. 그런데도 거의 다 간호사 공부해서 자격증 따고 의사 되고 변호사 되고 그러신 분들이 많고 저 박경란 선생님 같은 경우도 지금 딸이 둘이 학교 다니는데 큰딸이 지금 제일 연소자로 굉장히 좋은 거기 학교에 들어갔어요. 그 김나지움(Gymnasium)이라고 하면 알아줘요. 근데 얼마나 이게 공부에 열정이 많은지 아이 똑 소리 나요 정말. 그래서 선생님들이 너무너무 예뻐하는 거 있죠. 그거 볼 때는 한국의 미래가 참 좋다. 개인이 정말 그렇게 우수하고 하기 때문에 독일 사람들도 인정해요.

김택호 : 외국에서 이렇게 공부를 잘해서 수재가 되고, 교포라든가 조기유학생들의 사례가 많은데 최근에 한국에서는 자꾸 학력저하 얘기

를 하는 걸 보면 한국학생들이 역시 외국제도에 적응력이 강한 학생들이 아닌가. 한국교육제도보다는 외국교육제도에 적응력이 강한 학생들이 아닌가 싶습니다. 그건 인제 역으로 우리 제도가 그만큼 우리에게 맞지 않는, 좀 경직된 교육제도를 유지하고 있는 측면이 있는 게 아닌가 싶습니다. 아까 말씀하셨던 소극적이다 이런 이야기는 뭐 맞습니다. 초등학교 1, 2학년 때는 그렇게 적극적인 아이들이 왜 점점 그, 그렇게 변하는 건지 이게 사회적인, 어른들의 잘못이겠죠.

김인선 : 50%는 발표 실력이거든요. 아무리 필기를 잘해도 발표 안 되면 점수 떨어지는 거예요. 그러니까 그걸 해야 되기 때문에. 더군다나 철학시간 같은 데는 그거를 언어로 교사하고 해야 되기 때문에 그런 면에서 많이 잘하는 거 같아요. 그러니까 대학 가도 누가 뭐 관계하는 사람 없죠. 혼자서 공부를 해야 되니까. 대학생들이 유학생들이 와서 자꾸 우울증 걸리고 그러는 이유가 오면 자기를 도와줄 사람이 없는 거예요. 멘토가 없는 거예요. 근데 독일은 멘토가 필요 없거든요. 본인이 알아서 하는 거예요. 수업도 뭐 자기가 플랜 짜가지고 오려면 오고 그런 식이니까 그런 데서 굉장히 안 되는 거 같아요, 적응이. 그러니까 독일은 아주 철저하게 어려서부터 독립심을 기르기 때문에. 또 하나의 문제는 그러기 때문에 나이가 들어도 당연히 혼자서 삶을 마감하리라 각오를 하시는 거죠. 부모를 모시고 산대든지 이런 거는 상상을 못하니까 그게 다른 단점인 거 같아요.

김택호 : 또 다른 말씀하실 분, 얼마든지 말씀해주십시오.

청중 : 우리나라에도 얼마 전부터 기록관리라는 학문이 사회에 자리 잡고 있습니다. 저희는 영어식 표현을 많이, 아카이발 사이언스(archival science)라고 국가공공기관이든지 민간인들도 기록관리에 관심이 조금씩 늘어나고 있고 개인적으로도 그 공부를 함께 하고 있는 사람으로서 여쭙는데요. 독일도 저희가 멀리서 공부할 때 기록관리 전통도 훌륭하

고 현재에도 잘 되고 있는 나라로 알고 있는데 '동행'도 만들어진지 곧 10년 앞두고 있는 역사가 점점 축적된 그런 기관이고 참여하시는 분들도 아까 자원자들 다 포함해서 200명 안팎 되는 큰 조직인데요. '동행' 안에서도 업무나 관계 속에서 나온 여러 가지 자료 기록 이런 게 있을 거라고 추측이 됩니다. 그러한 것을 맡아서 담당하시는 분이나 부서 이런 거를 별도로 두고 계신지요?

김인선 : 동반자 호스피스 같은 경우는 저희들이 직접 건강보험 등을 해야 되기 때문에 그다음 교육비는 거기서 다 나오거든요. 그러기 때문에 동참할 때 내는 그 기톤은 아주 철저해야 됩니다. 그러니까 뭐 하여튼 돈 1페니도 아니 이게 행정에 대한 것도 그렇고 그러고 어떤 재단에서 뭘 후원한다고 그러면 정말 잘하지 않으면 계속 연락이 와요. 호출되는 거예요, 이제 '동행' 부분에서는 일이 또 여러 가지로 많이 산재하니까 그거는 주로 박경란 선생님이 홍보담당이시니까 또 한국에서 기자도 하시고 그래가지고 아주 잘해줘요. 그래서 우리는 홍보나 이런 자료에 대해서는, 그게 사실은 남는 거거든요. 그거를 사실은 거기 가 계시는 간호사들이나 광원들은 처음에 그거 할 여유도 없었고, 제대로 안 돼서 자료가 충분하진 않습니다. 그래서 우리는 우리 나름대로 그 자료 수집에 지금 전력을 다하고 있으니까. 역시 초창기에는 이제 좀 초창기 2, 3년은 너무 어려웠고, 인적 자원도 없었고, 제가 혼자서 뛰어야 되기 때문에 부실한 면이 있긴 하지만 그래도 그 뭐 교육이나 사람들 케어하고 이런 거 다 자원봉사자가 몇 명이고 어떤 사람이 하고 실적이 어떻고, 그런 걸 전부 해야 되니까 독일은 그게 또 너무 잘 돼가지고 그거 하다가 사람들 케어를 못하는 거예요. 한 사람이 만날 그거만 해야 되는 거야. 그것도 좀 문제가 있는 것 같아요. 너무 지나치면. 서류가 더 중요하고 사람이 중요하지 않게 돼버리니까. 그런 것도 있습니다.

청중 : 기회가 되면 한 번 구경을 할 수 있으면 좋겠다는 생각을 하

고요. 우리 입장에서 외국인데 독일에 거주하는 한국인의 입장에서 굉장히 어려우신 점은 뭐 이루 말할 수가 없겠는데 '동행'에서 만들어지고 갖고 계신 자료들은 결국 시간이 지난 뒤에 독일의 역사에서도 필요하고, 우리나라의 역사에서도 필요한 귀중한 자료라고 생각이 됩니다. 잘 관리돼서 나중에 역사자료로 활용되면 좋겠다는 생각 가져봅니다.

김인선 : 예. 이번에 오니까 특히 그러네요. 한국 역사에서도 역사의 한 페이지가 정말 완전히 객관적인 입장에서 문제를 보고 쓰기는 어렵겠죠. 그렇지만 많은 분들의 측면을 이렇게 통합해서 관리해서 좀 정확한 역사를 만들 수 있는 게 참 중요하다. 그래서 내년에 광원 간호사가 온 게 50년이 되거든요. 근데 얼마만큼 그 자료가 충실하게 돼있는지 저도 참 궁금해요. 그래서 그런 것들이 재정리돼야 되지 않겠는가, 그렇게 생각하고 이런 기회가 참 중요한 기회라고 생각을 합니다.

김택호 : 마지막으로 대표님께 여쭙겠습니다. 광부, 광원이란 표현을 쓰셨는데 광원이란 표현을 저도 쓰겠습니다. 광원 혹은 간호사나 간호조무사로 독일로 이주하신 분들에 대해서 어떻게 접근해야 된다고 하는 차원에서 저희처럼 많이 부족하긴 하지만 사회분야 혹은 역사분야 등등 인문학 분야에서 연구하고 있는 관심 있는 연구자들에게 주시고 싶은 말씀이 있다면 지금 말씀해주셨으면 좋겠습니다.

김인선 : 연구를 하시고 만약에 그런 계기가 된다면 개인적으로 사회에서 인정 못 받고, 특히 광원들은 그게 심해요. 사회에서 인정 못 받고, 전통적인 가부장제도에서 살다가 완전히 자기는 그냥 정말 소외됐다는 느낌이 많으셔서 상처를 받으신 분이 많은데, 우선은 그분들을 인간적으로 이해한다는 측면이 중요할 거 같구요. 그담에 그분들의 역사적인 배경이나 그런 것을 비판한다는 의식보다는 포용하는 의식을 가지고 접근하시는 게. 그리고 간호사나 간호조무사 간의 갈등도 있잖아요. 그렇게 있거든요. 그러니까 그래서 거기서 그냥 간호조무사로 오신

분은 기를 쓰고 간호공부를 해서 너와 나는 똑같다 그렇게 할라 그랬는데 간호사로 오신 분들은 나는 그래도 한국에서 간호대학을 나왔어 그럼 너는 여기 독일에서 공부했으니까 뭐 이런 것도 있고. 그러니까 서로 인정 못 받기 때문에 오는 상처가 굉장히 커요. 그러니까 그런 거를 감안을 해서 그러니까 한국적인 입장보다는 그분들이 정말 어쨌든 간에 어쨌든 간에 한국국민이고 대한민국을 위해서 또 수고를 하셨고 뭐 친한 동기관계 아니라도 그런 면에서 조금 조심성 있게 접근하시고 가능하면은 많은 분들을 만나시는 게 좋을 거 같아요. 왜냐면은 개인마다 다 그게 다르기 때문에. 단체도 중요하지만 한인회나 이런 것도 분명히 중요하지만, 개인적으로 이렇게 문제를 정확하게 보시는 분들이 있으니까 그런 분들을 찾아서 연구하시는 게 공관 쪽보다는 더 훨씬 진실한 얘기가 나오지 않을까 생각을 합니다.

박경란 : 저도 한 가지. 첫 번째로는 지금 1세대, 파독 1세대 분들이 나이 들어가고 생의 마지막을 향하고 있거든요. 그래서 그분들의 생생한 증언들이 있으시면 현지 교민들 한인 1세대 분들에게 들어야 될 거 같아요. 그래서 1세대가 더 늙기 전에 정확한 역사의 재평가가 필요할 거 같아요. 초창기 뭐 지금 1960년, 1962년도에 파독 50년, 1963년도에 시작됐는데 그 시기에 시작부터가 어떻게 됐는지 즈금 더 정밀하고 체계적이고, 정확한 실증이 역사 재평가가 먼저 됐으면 좋겠고. 두 번째로는 독일입장에서는 전쟁 후에 재건사업에서 독일 정부도 이 파독노동자들은 피해갈 수 없는 숙제거든요. 그래서 사실 이 논의, 파독노동자 부분은 한국정부뿐만 아니라 독일정부, 독일사회, 그리고 한국의 역사학자나 이런 정치 분야의 3자가 같이 통합적으로 독일정부와의 연계성을 가지고, 그쪽 입장에서도 사실 우리 노동자들이 하던 재건사업이나 통일, 전쟁 후에 그건 꼭 정리가 필요한 테마거든요. 그런 연계들을 좀 루트들을 찾아서 독일정부와 연계성 한국정부와 그걸 같이 3자간에

좀 논의가 되면 훨씬 좋겠다는 생각이 듭니다. 세 번째로는 아까 김인선 대표님 말씀하신 것처럼 여기에서 그냥 그렇게 어떤 이론적인 어떤 접근이 아니고 그 현지인들의 정확한, 현지 교민들이 그곳에 거주했기 때문에 그들의 실상을 아는 게 제일 정확한 실증연구에 도움이 될 거 같고 그렇지 않다면 그곳에 있는 '동행' 호스피스가 통로가 될 수 있겠지만, 그곳에 있는 사람들이 그곳의 것들을 연구할 수 있는 그런 뒷받침이 돼야 되지 않을까. 그런 게 조금 더 구체적인 그런 연구가 되지 않을까 싶어요. 더 늦기 전에 이 작업들이, 아까 기록관리 말씀하셨는데 독일 같은 경우는 한 사람의 개인의 어떤 기록관리 파일이 엄청나거든요 구청에 암트(Amt)에 가보면. 그런 것처럼 우리나라도 마찬가지, 그 파독한인들에 대한 기록관리가 조금 더 지금부터라도 좀 시작이 됐으면 좋겠어요.

김택호 : 감사합니다. 날도 더운데 이렇게 오셔서 여러 가지 말씀해 주시고 그래서 감사드립니다. 대표님께 큰 박수 드리는 것으로 포럼 마치겠습니다.

오종식 (파독광부 생활 경험자)

◻ 사회자 : 김상민 (명지대 국제한국학연구소 연구교수)

김상민 : 명지대학교 국제한국학연구소 63회 정기학술포럼 박정희 시대와 파독한인들을 시작하겠습니다. 오늘은 파독광부였던 오종식 선생님을 모시고 말씀을 들으면서 박정희 시대와 파독 한인들이라는 주제로 이야기 나눠보겠습니다. 작년까지는 주로 박정희 시대의 정치, 안보, 외교, 문학에 대한 얘기를 포럼을 통해서 진행해왔고, 올해 저희 연구소에서는 포럼을 통해서 박정희 시대의 인력수출 및 경제발전에 원동력이 되었던 파독 한인들과 간호사 선생님들에 대한 이야기를 관련 연구자 그리고 실제로 경험하신 분들을 모시고 함께 이야기를 나누고 있습니다. 그 일환으로 오늘은 2학기 첫 번째 시간이고, 저는 사회를 맡은 국제한국학연구소의 연구교수 김상민입니다. 우선 실례가 안 된다면 선생님께서 간략한 소개 말씀을 해주시면 듣고 이해하는데 참고가 되겠습니다. 부탁드리겠습니다.

오종식 : 저는 충청북도 청주에서 태어난 사람입니다. 내가 독일에 가게 된 이유는 옛날에 강원도에서 광산에 있었어요. 그래서 어느날 보니까 조선일보에 파독 광부 기사가 났더라구요 모집한다고. 그때 우리 참 50년대, 60년대 굉장히 고생하고 참 먹고살기 힘들 땐데 야, 여기를 가야 되겠다 수입도 괜찮고, 우리가 살아날 길은 내가 여기 가는 것 밖에 없다 생각했어요. 내가 중학교 2학년 때 6·25 사변이 났어요. 대전에서 기차통학을 하다가. 근데 그때 중학교 졸업 증서를 가져와야 된다

고 하더라고 중학교 졸업한 사람에 대해서 해당이 된다 그러더라고. 그래 졸업장을 받아야 되는데 난 졸업을 못했으니 무효가 되고 없어요. 도청에 갔더니 도청에서 인정해주더라고. 그래서 그때 시험을 봤어요. 그 대전 도청에서 시험을 봐가지고 합격이 돼가지고 참 어려운 과정을 거쳐서 독일에 가게 됐습니다.

김상민 : 독일 다녀오셔서 최근까지 한국에서 어떤 일을 하셨어요?

오종식 : 우리가 갈 적에는 그래도 독일 가면 돈을 많이 벌어서 잘 살 수 있을까 생각했는데 그게 아니었어요. 내가 3년을 마치고 1년 다시 계약을 했어요. 계약을 해서 더 벌려고. 근데 중간에 병이 나가지고 위장수술을 하게 됐었어요. 그래서 위 수술하니까 일하기가 어려운데 노조에서 가라고 하더라고. 그때 통역이 누구였냐면 조영희 박사, 동국대 교수였고 부총장 했던 그 사람이 통역관이었어. 우리랑 같이 간 사람들이야. 그래서 그 사람이 통역을 하는데 어떡하겠느냐 광산에서 집에 가라 그런다. 그래서 어쩔 수 없이 가게 됐어요. 그때 위장수술 할 적에도 병원에서도 참 독일 살기 좋았어요. 그때만 해도 독일 잘 살았어요. 병원에 가도 10원 한장 돈 드는 게 없고, 우리나라같이 병원에 가서 돈 뭐 그런 거 없어요. 참 살기가 좋은 나라더라고요. 그래 병원에 갔는데 위 수술을 하게 됐는데 보증인이 있어야 되더라고. 그래서 조영희 박사가 보증을 해가지고 수술했어요. 수술 후에 귀국했지 뭐. 69년도에 나왔는데 뭐 할게 있어요? 직장이 있어, 뭐가 있어, 아무 것도 없잖아요. 그래서 참 고생도 많이 하고 그렇게 살았습니다.

청중 : 몇 년도에 귀국하셨어요?

오종식 : 69년도에 귀국했어요 69년. 내가 여기 오기 전에 받은 게 어떤 거냐면 이게 권 박사가 하루사이에 신문에 났더라고요. 세상을 40년 50년 있어도 아무것도 모르고 살았어요 내가. 광부라고 어디다 내 세우지도 못하고 뭐 사는 게 하도 힘드니까 뭐 이런 사람 찾아댕기는

것도 쉽지도 않그. 신문에 나서 알았지, 파독광부협회가 생겼다는 걸 몰랐지요. 이 신문을 보고선 한 번 전화나 한 번 해보자 했는데 보니까, 아는 사람이야 나랑 아는 사람이더라고. 내가 전화를 했어요. 그러니까 직접 받더라고. 나 오종식이란 사람인데 아냐고 물었더니 모르지 뭐 한 40~50년 됐으니까 모르지. 난 당신 아는 사람이라 그러니까 그럼 어디서 근무를 했냐 그러더라고. 메르크스타인에서 근무하지 않았냐고 우리 같이 광산 처음에 들어가서, 같이 굴속에 들어가서 일한 사람 아니냐고. 우리가 한 200명 있었는데 나를 처음 만났다 하더라고 파독 광부 중에서. 그러면서 주소하고 전화번호하고 연락처를 달라고 하더라고. 연락처 줬더니 나중에 국무총리 초청을 받았는데, 30명 초청을 받는데 거기에 참석해달라 그러더라고. 그때 국무총리도 참석해서 공관에 가서 만났어요. 그때 만나가지고 그다음에 자주 연락을 해서 만나곤 하는데 책 쓴 거 보니까, 난 생각도 못하고 알지도 못했던 건데, 우리가 이렇게 박정희 대통령이 온거랑 여러 가지 이야기들이 책에 다 나왔는데 난 그런 거 모르고 살았어요. 그걸 보면서 난 광부로 갔다왔다고 어디가 내세우질 못하고 고생스럽게 살았구나 생각했어요. 이런 얘기 하니까 반갑더라고. 그래서 만나가지고 얘기하고 요샌 자주 만나서 점심도 같이 먹고 했습니다. 이 사람들은 교수들이니까 나 같은 건 뭐 쳐다보지도 않고 만나지도 않았을 거라는 생각이 들어서 만나러 가지고 않고, 찾지도 않았죠 난. 그렇게 살았어요. 그런데 그게 아니더라고. 사람이 너무 서민적이고 우리 정말 알아주더라고.

김상민 : 참고로 말씀드리자면 권이종 박사님은 한국교원대 교수님이신데요, 파독광부간호사협회 부회장을 맡고 계십니다. 근데 지난 학기에 저희 포럼에 오셔서 본인의 광부였던 삶과 그다음에 그 이후의 삶들을 정리해서 말씀해주신 적이 있었거든요. 특히 교수가 되시고 나서 『교수가 된 광부』던가요, 책을 내시기도 했습니다. 권이종 박사님께

저희 연구소가 2학기 때 파독 광부출신 선생님을 한 분 모시고 싶다라고 말씀을 드렸는데 지금 오종식 선생님을 소개해 주신 겁니다.

오종식 : 저는 아무것도 별 배운 것도 없고 특별한 사람도 아닙니다. 뭐 있는 그대로만 얘기하는 것뿐이죠. 특별한 게 없어요.

김상민 : 저희도 있는 그대로 얘기를 듣고 싶어서 모신 것이죠.

오종식 : 독일에서 그때는 다 꿈에 부풀었잖아요. 독일 가는 사람들은 다 돈도 벌고 그랬는데 다 그런 게 아니고 잘사는 사람도 있었고, 거기 가서 또 공부할라고 하는 사람도 있고, 공부한 사람 얘기 들으니까 박사가 한 30명 이상 된다 하더라고요. 우리가 8,000명이, 광부가 8,000명이 못돼, 나 갈 때까지만 해도 한 1,000명도 안 됐어요. 근데 그 뒤에 또 많이 갔더라고. 난 그걸 몰랐어. 그것도 모르고 살았어요. 귀국해가지고, 그 뒤에 70년대에도 막 갔더라고.

김상민 : 독일에서 계셨던 이야기는 시간 순서대로 여쭤볼 예정이니까요, 잠시 후 말씀을 듣는 걸로 하고요, 먼저 선생님 개인적인 기록이 저희가 책을 만들거나 기록을 남길 때 굉장히 중요합니다. 그래서 선생님 실례가 안 되시면 지금 질문지에 나와 있는 거와 마찬가지로 선생님 출생부터 성장과정에 대해서 잠시 소개해주시면 좋을 거 같은데요. 어릴 때 기억이라든가 해방 맞았을 때 기억이라든가 뭐 이런 것들 있지 않겠습니까 그때 이야기를 좀 해주시죠.

오종식 : 난 시골서 태어났거든요. 시골서 태어났고 내가 살적에는 왜정 때인데 신발도 없이 짚신 이런 거 게다(げた)같은 거 신고 다녔어요. 일본시대 때 내가 일본학교에 다녔었거든요. 그러다가 해방돼가지고 우리는 한글을 제대로 다시 배우고 그러고선 중학교 들어갈 때 돼서 시험 봐서 중학교를 들어갔어요. 우리 집은 소 팔아가지고 학교 보내준 거야. 그땐 청주가 30리고 부강은 10리에요. 부강은 기차가 다녔고 청주는 거리가 멀고. 그래서 천상 어디 가서 하숙할 수도 없고, 자취 할

수 없으니까 기차통학을 한 거야. 그 시골길이 10리지만 약 20리 길 되는 거야. 거기서 새벽 다섯 시 일어나서 걸어서 학교 다녔죠. 그러다 어느날 난리가 났어. 인민군이 쳐들어왔다고, 서울로 왔다, 그러더라고. 그래도 학교를 다녔는데 기차도 끊어지고 이승만 대통령이 대전에서 하룻저녁 자고 대구로 내려갔어요. 그 무렵에 학교들 다 중단됐지. 해방은 되었어도 6·25때 뭐 할 게 있어. 그것도 인민군들 와가지고 노래도 가르치고 막 그러더라고. 그래서 노래도 배우고 그랬지. 그래도 시골 애들 할 일이 있어요? 6·25사변 나고 그러다 보니까 참 먹고 살기 힘들었어요. 다시 북진해 올라갔잖아요, 인천상륙하면서. 그때 내가 열일곱 살인가 아마 그랬을 거야. 열여섯 살이구나. 그래 미군부대 들어가면 먹고 살겠다 싶어서 들어갔어요. 정확히 말하면 미군부대에 들어간 게 아니라 KSC(한국노무단, Korean Service Corps)라고, 미군부대 뒤에 일해주고, 실탄 날라주고, 밥 날라주고, 벙커파고, 이런 일을 하는 한국사람 노무자가 있어요. 그게 KSC라고 해요. 거길 들어가서 미 7사단에서 일을 했어요. 그래서 일하다가 그것이 만기가 돼서 그만두게 됐어요. 그때 당시에 7사단, 7연댄가 1대대 대장이 누구냐면 김용옥이라고 있었어요. 그 사람이 그때 1대대 대장이었어요. 나는 그 사람 직접 못보고 그 한국 사람인데 메이저니까 그때 소령이니까 메이저급인데 그 기사하고 친해가지고 기사의 빨래도 해주고 그랬어요. 그러다가 거기서 끝나고 집에 와가지고 다시 또 들어가야 되니까 그래 들어가다 보니까 3사단이야. 미 3사단에 또 가게 됐어요. 거기가 철원 쪽인데, 그리스가 있었어요. 그리스, 터키 등의 도움을 받았어요. 거기 들어가기가 쉬운 게 아니거든요, 근데 어떻게 어떻게 내가 들어갔어요. 월급도 안 주고 그늠 새끼들 일만 시켜요. 그때 그래서 정전이 될 때까지 거기서 근무하다가 다시 민사처에 와가지고 다시 연대에 들어가서 미군애들 구두 닦아주고 빨래해주고 뭐 이런 일을 했죠. 그러다가 정전돼서 철수했잖아. 그래서 거기서 나와가지고 서울서 돌아다니다가, 지금 방산시장 있는데 그 미군부대가 하나 있었어요. 거기서 좀 일했어요. 그러던 어느날 서대문쪽으로 나오는데 형사들이 와서 너 몇 살이냐 그러면서 확인해 보더니, 서대문 경찰서 2층의 수용소로 보내더라구, 그래서 군대가게 된 거지.. 그렇게 끌려서 군대갔었어요. 내가 한 40개월 군대생활을 했는데, 제대라는 게 없었고 나중에 이영근이가 참모총장 하면서 제대 순을 밟게 돼서 그때 제대하게 된 거에요. 제대를 하고 나와 보니 뭐 할 게 없잖아요. 처음에는 군산보충대에서 군번을 받아요. 옛날 군산 보충대가 있었어요. 나중에는 수송연대가 논산으로 갔고, 논산서 훈련을 받고 전방에 배치되는데 그때 특과시험이라는 게 있어서 시험을 보는데 일개연대가 연병장에다 논산연병장에다 놓고 시험을 봐요. 병과마다 20명 뽑는데 어떻게 내가 시험 봐서 합격이 됐더라고요. 시험에 영어도 나오고 그러더라고. 그 많은 중에 합격해서 뽑혀 간 갔는데, 처음에 가니까 800명을 차출하더라고, 그 다음 400명 차출하고, 그 다음에 50명, 수송부는 50명, 헌병 부관 이런 거 다 뽑는데, 그 400명에 내가 걸리더라고요. 그리고 나서 6사단에 배치돼가지고 근무를 했어요. 양구에 있다가 홍천으로 후방으로 나왔어요. 교대하잖아요. 그 뒤 30사단, 충북 증평에 30사단 있어요. 거기서 지냈어요. 제대하고 나서 한 1년 가까이 있다 보니까 4·19가 났죠 그때 당시 난 결혼을 했었어요. 애가 하나 있었어요. 군대에 있을 적에. 고향에 오니까 결혼 하라 그래서 결혼해서 그래 애 하나를 두고 있었는데, 제대하니 먹고 살 길이 없잖아요. 강원도 가면 탄광도 있고 일할 데가 많다고 누가 그런 얘기하더라고요. 그래서 우리 집사람하고 애 데리고 올라왔어요. 올라와서 방 조그만 거 얻어가지고. 그때 묵호에서 강릉까지 기차 연결하는 일이 있었어요. 거기 들어가서 일을 했어요. 노가다 일을 하는 거지 돌일. 그전에 왜정 때까지만 해도 묵호에 기차가 들어갔지 강릉까지 안 갔거든요. 강릉까지 연결돼가지고 일이 다 끝났어요. 이제 할 일이 없으니까 배를 타야 되겠는데 오징어 배를 타야 되겠다 했어요. 오징어 배가 괜찮다고 하더라고요. 근데 오징어 배를 타는데 뭐 낚시 잡고, 뭐 옷 입고, 이런 걸 다 준비를 해가지고 들어가는데, 서툰 사람은 잘 모르는 데, 배도 앞자리 제일 높은데 잘 잡으면 다대기가 온다 그러더라구요. 몰려오면 잘하는 사람은 각각 좋은 자리 앉고 나같은 사람은 좋은 자리 안 주더라고. 그러다 보니까 일거리를 못잡고 그러니까 할 일이 없잖아요. 그러던 중에 어떤 사람이 광산을 소개해주더라고. 그래서 옥계라는 데가 있어요. 탄을 캐잖아요, 그걸 체에다 쳐요. 그걸 체에다 쳐가지고 차에다 실어요. 그걸 몇 달 하다 보니까 수입이 작아요. 그래가지고 굴로 들어가야 되겠다해서 굴 들어가서 탄을 캤죠. 나는 기술자가 아니니까 탄 깨서 구투마에다 탄 싣고서 나왔다 붓는 거 이런 거 하는 거지. 참 힘들었어 굉장히. 엄청나게 힘들었어요. 그래도 먹고 살기 위해서 한거지. 그래도 그걸 하니까 쌀이라도 사먹죠. 광산에 일하는 사람한테 쌀을 외상으로 주더라구요. 그래서 쌀 갖다 먹고. 그러다 보니까 하루는 조선일보에 서독광부를 뽑는다는 기사가 나더라고. 그래 이거 가야 되겠다. 우리 애들하고 우리 집사람하고는 시골로 고향으로 내려보냈어요. 그래서 쌀집에 가서 쌀 한 가마를 외상으로 빌렸지 그걸 여비로 해가지고 애들 옷 사입혀서 내려보내고 일을 했어요. 시험 날이 가까워 오니까 내가 고향에 내려갔죠. 내려가서 우선 학력증서를 떼야 되니까 졸업확인서를 떼야 되니까 그래 대전가니까 이게 안 되더라고. 6·25때 남은 게 뭐 다 파쇄가 되고 없어. 도청을 찾아가니까 거기서 인정해주더라고. 도청에서 시험을 봐가지고 합격이 돼서 수유리서 교육을 받고 또 태백 가서 교육받고 그렇게 교육받고 그랬어요.

김상민 : 우리나라에서 탄광에 계실 때는 얼마 정도 일을 하셨어요?

오종식 : 한국에서는 탄광에 한 1년 이상 있었는데 선탄 일을 한 5~6

개월 했고 광산 일을 한 10개월 정도밖에 안 했어요. 많이는 안 했어요.

김상민 : 험하고 힘든 일 많이 해오셨는데 독일에 가겠다고 마음을 먹으셨을 때는 자제분이나 사모님께서 반대를 하시거나 하시진 않았나요?

오종식 : 아니요. 반대는 안 했죠. 왜냐하면 먹고 살기 힘드니까 거기 가면 돈을 좀 벌 수 있겠다는 생각을 했기 때문에 다 환영을 했지. 아무나 가는 것도 아니고. 가서 보니까 나 같은 사람은 별로 없어요. 대학교 고등학교 다 졸업한 사람들이야. 그런 사람들만 많이 갔어. 그래 권 박사도 당시에는 고등학교밖에 안 나왔지만 조 박사 같은 사람은 동국대학교 다 졸업한 사람들이야. 대학교 졸업한 사람들이 많았어요. 연세대학교 졸업한 사람, 고려대학교 졸업한 사람 다 많았어요 먹고 살기 그러니까 대학교 졸업해도 먹고 살게 없으니까 간 거야. 난 그렇게 생각해.

김상민 : 독일로 가는 광부에 지원하셨을 때 시험을 보시게 됐지 않습니까? 어떤 내용을 주로 물어보던가요?

오종식 : 시험 보는데 그때는 참 애매한 게 뭐냐면, 광산에 동발 하는 거 정도 물어보고, 광산에 대해 별로 물어보지 않고, 상식적인 문제를 많이 물어보더라고. 독일이 UN에 가입됐느냐 안 됐느냐 그런 것도 물어보고, 이상한 거 많이 물어보고, 기억이 잘 안 나 옛날 일이라.

김상민 : 독일에 대한 일반적인 생각들 아는 것들이 어떤 것이 있나? 하는 질문이었나보죠?

오종식 : 근데 독일이 UN에 가입됐는지 아무 것도 몰랐지 난. 나중에 보니까 그때 독일이 가입이 안 됐어 UN 가입이 안 됐어.

김상민 : 그리고 아까 말씀하신 것처럼 이런저런 교육 받으셨다고 하셨는데 교육은 어떤 것들, 언어를 배우셨나요?

오종식 : 독일 사람이 와서 가르쳤어요. 일반적인 거 이렇게 가르치는데 뭐 잘 못해요. 배운 사람들이야 알지 난 배우지 못했기 때문에 독일어도 잘 몰르고 그랬어.

김상민 : 시험 합격하시고 교육받으시고 떠나실 때까지는 얼마나 걸리셨나요?

오종식 : 그러니까 내가 9월달서부터 64년도 9월 달인가 그때부터 시험보기 시작해가지고

김상민 : 예. 가시긴 65년도이신 거죠?

오종식 : 64년도 합격은 다 됐지. 1진이 63년도에 갔지만 2진 3진은 64년도 아마 10월 달 11월 달에 갔을 거고, 그 다음 4진이 65년도 3월 달하고 우리가 5월 달 이렇게 갔을 거에요. 그렇게 했어요.

김상민 : 그 처음에 공고보시고 지원하시게 된 계기가 살기가 어려워서라고 말씀하셨는데 공고문 내에는 만약에 독일에 가서서 일을 하시게 되면 어떤 정도의 대우와 보수를 보장하겠다 이런 내용들이 있었나요?

오종식 : 그런 게 나왔죠. 독일에 가면 그때 당시 우리가 월급이 한 40,000~50,000원 된다 그랬어요. 근데 그 당시 공무원들은 4,000~5,000원밖에 안 됐어요.

김상민 : 공무원 10배 정도 되는 거죠?

오종식 : 그리고 그때 쌀 한 말이 그때 당시 쌀 한 말이 300원, 250원밖에 안 됐으니까 큰돈이지. 독일 가서 큰돈인줄 알았더니 그게 1년 되니까 인플레가 되니까 싹 다르더라고. 독일 가서 3년 동안 고생해서 돈 벌어 100만 원 벌면 큰돈이라고 했는데 가치가 없더라고. 그러니까 고생할 수밖에 없지.

김상민 : 그럼 공고문에 나와 있는 대우는 받으셨지만 독일 자체에서 돈을 모아서 사용하기엔 좀 어려우셨다 이런 말씀이신 거죠?

오종식 : 아니 그때 송금을 해야 되니까.

김상민 : 독일에서도 생활비가 있어야하니까.

오종식 : 그래서 우리는 알뜰히 써야 되고, 쌀사서 밥해먹고, 그렇게 살았죠.

김상민 : 굉장히 열심히 힘들게 살아오셨는데요. 힘들게 살아오시면서 건강에 무리가 생기거나 그런 일은 없으셨나요? 이를테면 독일에 가기 위해서 또 독일에서 탄광생활을 하기 위해서는 건강도 대단히 중요했을 텐데요.

오종식 : 나는 원래 일하던 사람이니까 독일에서 힘든 걸 몰랐어요. 별로 힘들게 생각 안 했고, 첫째 좋은 게 뭐냐면 우리나라같이 토요일 일요일도 없이 일하는 게 아니라 토요일, 일요일은 놀죠. 그러니까 일주일에 5일간 일하지. 그것도 또 국경일이 많으니까 한 달 평균 20일만 일하면 충분히 다 일하는 거야. 그래서 난 편하더라고.

김상민 : 광부 지원하고 선발되시는 과정이 신문 공고를 보시고 내려가서 시험을 보신 거잖아요. 시험 본 사람 중에 몇 명이나 합격을 했었나요?

오종식 : 글쎄 그거 나 잘 모르겠네. 하여튼 그 강당이 꽉 찼으니까 사람들이 도청 강당에 꽉 찼으니까. 책상에 두 장씩 시험지 갖다 쫙 나눠주고

김상민 : 친구 분이나 다른 분과 같이 가서 시험 보신 건 아니시고요?

오종식 : 아니 없어요. 나 혼자에요. 그래서 우리 충청북도 청원군 남이면에서는 아마 나 하나였을 거예요. 유일하게 한 사람이었을 거예요. 그때 재정보증이 있어야 되고 호적초본을 떼야되고 그랬는데, 그땐 면서기가 그걸 다 썼어요. 근데 그게 그거 하는데 한나절 걸리더라고. 시골에 뭐 큰 재산 없잖아요. 그래 부잣집 사람한테 사정해서 이렇게

해달라고 해서 하고 그랬지.

김상민 : 일전에 포럼에 오셨던 구술자 선생님 중 몇몇 경우가 독일 광부로 가기 위해서 한국의 탄광에서 일했다는 증명서가 필요한 경우가 있었다. 근데 실제로 그런 게 많지 않으니까 가짜로 탄광에서 일했던 증명서를 만들어서 제출했다 이런 얘기를 들은 적이 있는데 선생님께선 탄광에서 일하신 적이 있으니까 그런 부분은 전혀 없으셨겠네요.

오종식 : 전혀 없지. 그런 게 많다 그러더라고. 뭐 대부분 다 그렇게 갔지. 탄광에 경험 있는 사람 별로 없어요.

김상민 : 선생님 탄광에서 일하실 때 같이 일하셨던 분들 중에서 또 가신 분은 없으셨던가요?

오종식 : 있지요.

김상민 : 그 분 얘기를 좀, 아시는 부분 좀 있으시면

오종식 : 그때 우리가 같이 있던 게 다섯 명이나 되는데 몰라 인제. 전부 잊어먹어서 몰라요. 어디 가 살고 어떻게 사는지 몰라요. 그리고 귀국해서도 처음에는 같이 모여가지고 개발공사 이런데 쭉 댕기면서 어떻게 외국에 다시 나갈라고 애를 쓰고 그랬어요. 그러다 보니까 그때는 모이던 사람들이 귀국해서 다 못 살으니까 모여서 어떻게든지 갈라고 참 애를 썼어요. 난 그때 성동공고에서 베를린에서 발전소에서 사람 모집하는데 독일사람이 직접 나와서 뽑는다 그래. 그 소식을 듣고서 용접, 드릴, 선반 이런 걸 기술 있어야 되는 거야. 그래 성동고등학교에 드릴을 거 가서 학생들하그 같이 짜장면 사주면서 배웠어요. 시험을 봤는데 마이스터(Meister)가 오더니 대번에 합격시키더라고. 질문 좀 물어보고. 그래 인제 합격이 됐죠. 참 기분 좋았는데 웬걸 신체검사 하는데 이 위장수술 한 게 문제가 돼서 딱 불합격 시키더라고. 그래 포기했어요. 포기하고 한국에서 뭐 집짓는데 노가다 판에서 일도 하고 그러다가 참 어렵게 어렵게 사는데 상호신용금고라고 해서 일수놀이 하는 회

사가 있었어요. 우리 1진에 이동수라는 사람이 어디 사는지 지금 소식을 모르겠어요. 전화 한 통 와서 안산인가 안양 어디서 산다고. 그 사람하고 같이 그걸 회사를 들어가서 같이 근무를 했는데, 그것도 회사가 또 없어지고 그래서 경비로, 뭐 배운 게 없고 특별한 게 없으니까 그런 거 밖에 못했지. 그래도 제일 보람 있게 일한 건 효성중공업에서 경비를 했어요. 그래도 그게 조금 나아지더라고. 그때서부터 조금 나아지더라고. 그래가지고 그것도 쉰다섯이 정년퇴직이야. 없어. 그래서 아파트 경비도 하고 마포출판사 경비도 하고 그런 경비생활 했어요.

김상민 : 그러면은 선생님 독일 얘기를 들어볼 때가 된 거 같은데요, 독일로 떠나시게 된 것이 64년도에 시험보시고 교육 받으신 다음에 65년에 가신 거죠? 65년에 독일에 가서서 있었던 일들을 여쭙겠습니다. 처음에 어디로 가셨나요?. 독일 어디로 어떤 방법을 통해서 가셨나요?

오종식 : 김포공항에서 루프트한자 타고 가니까 뒤셀도르프에 내려가지고, 메르크스타인 가는 사람들이 38명인가 이렇게 버스에 타고 다 헤어지니까 우리 한 버스를 메르크스타인 가는 사람들만 한 버스를 타고 가는데 그때 정말 천국에 온 거 같더라고.

김상민 : 너무 잘살아서

오종식 : 잘살고, 아스팔트 다 깔려있고 고속도로를 달리니까. 그리고 그냥 들 무한정 들판이고. 참 잘사는 나라구나 라고 생각했어요. 처음에는 하임(Heim)이라고 있어요 광부들 숙소. 거기서 세 사람씩 들어가. 세 사람 침대가 있더라고. 근데 거기 가니까 외국 사람들이 터키 애들이 제일 많아. 터키 애들이 아주 참 인식이 안 좋아. 터키 애들이 많고 스페인, 체코 이런 사람 많이 있더라고. 보니까 한국사람들은 그래도 거기서 살다가 개인집을 많이 얻어 나가더라고. 터키 애들은 거칠고 질이 안 좋아서 숙소에서 우리 한국사람들이 그놈들한테 칼에 찔려가지고 병원 입원하고 그런 적도 있었어.

김상민 : 다툼이 있었던 건가요?

오종식 : 아니 그런 것도 아니고, 하도 오래돼서 잘 모르겠어요.

김상민 : 알겠습니다. 아직 연락하고 계시는 그쪽 동료 분들은 많지 않으신 것 같아요.

오종식 : 없어요 그래 유일하게 신문 보고 이 권이종을 만나가지고 얘기가 된 거야. 근데 더르크스타인 사람 있냐니까 협회에 하나도 안 나왔대.

김상민 : 어떤 일들을 독일에 계시는 동안 하셨는지 말씀을 좀 차근차근 좀 해주시면 좋을 거 같습니다. 처음에 가서서 어떤 일부터 시작하셨어요?

오종식 : 처음에는 인제 교육을 받았어요. 교육을 받는데 인제 그 기구, 연장 스템필(Stempel), 함마(Hammer), 빅함마 이런 거 갖고 어떻게 하는 건지 우리가 두 달인가 아마 그렇게 교육 받았을 거예요. 그걸 받고서 굴로 들어가서 일을 하는 거죠. 우리나라 광산하고 달라가지고 판자가 이렇게 굴속에서 돌아가면 탄을 캐요. 뚫어요 그러면 판자에 실려서 나가요. 나가는 데 게 스템필(Stempel)쇠, 동바리지 막 그거를 세워요. 이렇게 해서 탄을 캐는 거죠. 난 그걸 하다가 인제 나중엔 뭘 했냐면 독일사람하고 나하고 둘이서 스템필(Stempel) 이거 왕 스템필(Stempel) 나사를 빼가지고 그걸 철거하는 거를 하라 그러더라고. 참 위험하지. 이걸 빼가지고 챙으로 잡아댕기거든요. 그걸 잡아댕기면 바로 이렇게 따르르 쏟아지지. 그런 일을 하다가 나중엔 또 내가 이 위 수술 하고 나니까 힘이 든다고 판자 여기서 스위치 누르는 거 있어, 앉아서 고거 보는데, 아무래도 안 좋지. 탄가루 먹으니까.

김상민 : 일하실 때 듣기로는 위험한 정도에 따라서 지급된 보수가 달랐다고 하던데요.

오종식 : 꼭 그렇지도 않고. 왜냐면 스템필(Stempel)을 땡기는 사람

들이 돈 많이 타. 그게 위험한, 제일 위험하지. 탄 캐는데 그냥 스템필(Stempel) 세워가지고 들어가니까 그게 위험한 거지. 거기서 한국사람들 죽었잖아.

김상민 : 예, 많이, 많이 돌아가셨죠, 일하시면서.

오종식 : 아니 내가 알기는 한 사람.

김상민 : 그 탄광에서요?

오종식 : 한 사람 있어요. 우리광산에서 딴 데는 모르고.

김상민 : 친분이 있거나 뭐 그렇게 알게 된 독일 분들이 계셨던가요 그때?

오종식 : 그렇지. 독일사람들은 참 신사거든. 참 인간적이에요. 인간 참 좋아요 상대방을 대우해주고. 그리고 또 어떤 때는 명절 때는 자기 집 초청도 해주고 그랬어요. 그렇게 독일사람들하고 참 친하게 지냈어. 그런데 터키 애들하고, 독일사람들 안 좋아하더라고. 한국사람들은 그래도 인정받았어요.

김상민 : 뭐 계시면서 좀 재미난 일화나 이런 것들 혹시 기억나시는 거 있으세요? 뭐 명절 때 초대받아서 놀러갔던 기억이시라든가.

오종식 : 놀러간 건 이태리 한 번 갔다 왔지. 불란서 거쳐서 이태리, 오스트리아 이렇게 한 10일간인가 갔다 왔지. 가까운데 네덜란드, 폴란드 갔다 오고. 그리고는 별로 다니지 않았어요. 그리고 우리는 결혼한 사람이니까 그렇고, 총각들은 간호사들 만나러 다니기도 했지.

김상민 : 한국에서 그때 떠나실 때에 얘기했던 보수하고 실제로 비슷하게 받으신 거죠?

오종식 : 그렇죠. 그렇게 받았지.

김상민 : 예. 그 돈을 보통, 집으로 한국으로 보내셨나요?

오종식 : 나는 가자마자 우리 아버지가 암으로 돌아가시게 됐어요.

김상민 : 독일에 계실 때

오종식 : 예. 그래 내가 독일에서 대출을 받아가지고 아버지 병을 고치려고 했는데, 못 고쳤어요. 우리나라에선 돈이 많아도 고칠 수가 없었어요. 그러니까 그저 돌아가셨거든. 그래서 난 시골에 살다 보니까 우리 형들하고 같이 살다보니까 아무래도 안 되겠어. 그래서 난 우리 집사람을 조치원 처가 집에다 보내라 그랬지. 근데 돈 보내면 우리 형이 다 관리하니까 안 되잖아. 그래서 안되겠어서 내보내가지고 그 다음부터 은행에다 조흥은행에다 저축했어요. 300마르크씩. 그거 나와서 찾으니까 한 70만 원 80만 원 가까이 되더라고. 근데 그거 가지고 뭐 할 게 없어요. 돈 100만 원 가지고 뭐 할게 없더라고요 그때. 참 그때 우리가 독일에 처음 갈 적에는 쌀 한말이 250원 혜가지고 그래도 100만 원이면 큰돈이었거든. 아무튼 직장이 있는 것도 아니고 직장을 구할 수도 없고, 그렇게 살다가 다 포기하고 그냥 경비생활 열심히 하고 애들 키우고 애들 크니까 좀 나아지더라고.

김상민 : 독일에서 3년 계약으로 원래 가셨던 거죠?

오종식 : 예. 3년 계약이에요 원래. 3년 계약인데, 그때 1진, 2진, 3진은 3년 계약으로 다 가게 돼있어요. 근데 우리 때부터는 경제가 풀리니까 1년씩 더 연장을 해주더라고. 거의 다 4년씩 연장했지. 갈 사람은 가고 연장할 사람은 연장하고 그랬어요. 간 사람은 가고 우리는 연장하고. 그 연장하다가 나는 병이 나가지고 돌아오게 됐죠.

김상민 : 연장은 본인의 의지나 의사만 있으면 계속 할 수 있는 거였나요?

오종식 : 그렇지.

김상민 : 3년 동안은 돌아오지 못하고.

오종식 : 계약이니까 그거 마쳐야 됐죠.

김상민 : 혹시 박정희 대통령이 독일에 갔을 때 그때 계신 건 아니신가요?

오종식 : 예, 그땐. 우리가 늦게 갔어요.

김상민 : 그때 계시진 않으셨어요?

오종식 : 난 잘 모르겠어요. 그래 책에서만 보고 이렇게 알은 거지. 그때 그런 얘긴 들었지.

김상민 : 독일에 계시는 동안 독일 동포 분들 계시잖아요. 한인동포 분들과 광부 또는 간호사 분들의 교류가 분명히 있었을 거 같은데요, 어떤 기억이 있으신가요?

오종식 : 나는 우리 같은 한인들끼리 놀러는 다니고 그랬지만 나는 그런 거 그렇게 관심 없어. 관심 없는 게 아니라 그 길에다 돈 뿌리는 거 참, 한국사람들 가서 차도 많이 사고, 간호사들하고 결혼도 많이 했어요. 권 박사도 간호사랑 결혼했잖아요. 조 박사도 간호사하고 결혼했고. 그 사람이 할 적에 나도 갔었고. 그때 당시만 해도 그 우리 동지들이 밴드 이런 거 조직을 해가지고 조 박사 결혼식 때 그 밴드가 연주도 하고 춤추고 그런 것도 다 했어요.

김상민 : 그러면은 같이 계셨던 분들이 공통적인 취미활동도 많이 있었겠네요. 주말에 보통 뭐 하셨어요?

오종식 : 그런 거는 별로 없었고. 어디 다니고 그러지도 별로 안 했고

김상민 : 번 돈을 어떻게 쓰셨다기보다는 주로 모으거나 특별히 취미생활 같은 거는 안 하셨나요?

오종식 : 그렇지. 월급타면 조흥은행에다가 저축하는 거 해야 되고, 집에 인제 생활비 조금 보내주고, 근데 우리 할머니는 그걸 죄 모아서 또 모아놨어.

김상민 : 주말에 쉬시는 동안엔 그냥 주로 쉬시고 그러셨나 봅니다.

오종식 : 놀러는 다니죠, 거기는 맥주 집이 토요일 날 일요일 날 놀잖아요. 맥주 집에 가면, 이렇게 한 통 놓고서 얘기하고 노는 거예요.

그 맥주 한 잔 하는 것도 저 사람 한 잔이면 나도 한 잔이면 금을 딱 그어요. 그럼 내 돈 내가 내고, 그 사람 돈 내고. 다 각자 하는 거야.

김상민 : 거기 살고 계신 동포분들하고 좀 이렇게 알고 지낸 건 없으셨어요?

오종식 : 왜 우리 같이 모임도 했고...

김상민 : 어떤 모임이신가요?

오종식 : 우리 친구끼리 친목모임을 했는데, 그 사람들 중에 나랑 세 사람 나오고, 일곱 사람인가 거기 있는데, 여기 한 사람은 죽었고, 한 사람은 어디 가있는지 모르겠고, 또 한 사람은 화성에 사는데, 그 사람은 눈이 실명돼가지고 책을 못 보더라고. 참 그 사람은 안타까워 사람 참 좋은 사람인데.

김상민 : 거기서 일하시는 동안 차별을 겪거나 아니면 동양인이라 좀 무시당하거나 이런 건 혹시 있었나요?

오종식 : 그런 거 한 번도 느껴보질 못했어요. 걔들이 잘해주고, 친절하게 해주고, 항상 뭐 무슨 일이라든지 협조해주고, 그렇게 해주더라고. 그래서 뭐 하나 불편한 게 없었어요. 그래서 난 정말 우리나라에 외국사람들 많이 와있잖아요. 근데 그 악덕업자들이 돈 떼먹고 그러는 게 너무 나쁘더라고. 외국사람들에 대해서 동정이 가. 자기 나라에서 못살아서 우리나라서 돈 벌고 있으니까 참 동정이 많이 가고, 그런 사람 우리 국민들로서 대우해주고 우리도 잘 해줘야 돼요. 난 그렇게 생각해요.

김상민 : 같은 광산에서 일하셨던 독일인의 경우에 보통 어떤 일을 하나요? 뭐 감독 같은 걸 하거나 무슨 아니면 똑같은 일을 같이 하거나 뭐 이러셨나요?

오종식 : 일하는 사람 똑같죠. 거기 책임자 마이스터(Meister)가 있고, 스타이러가 있어요. 스타이러, 감독관이죠. 마이스터(Meister)가 시

키는 대로 하는 거지. 독일사람이라고 우리보다 덜 하고 그런 거 없고 우리가 많이 하는 것도 없고. 모르긴 몰라도 월급도 똑같이 받았을 거야.

김상민 : 아까 잠깐 얘기를 들었습니다마는 귀국 하시게 됐잖아요. 건강문제 때문에 연장을 더 못하시고 귀국하시게 됐는데 원래는 계속 거기에 계시고자 했던 의향이 있으신 거죠?

오종식 : 그렇죠. 건강했으면 안 나왔지요. 안 나왔을 거야. 안 나온 사람들 많아요. 다 거기 독일에서 살고 캐나다, 미국 이런데 가서 살고.

김상민 : 아까 신문 보여주셨던 그분도 미국으로 가셨던 것인가요?

오종식 : 글쎄 그 사람은 간호사하고 가자마자 결혼을 했어. 석 달 만에, 그 석 달 된 애를 간호사로 갔다가 귀국한 사람한테 애를 보냈어. 자기 장모한테 키웠어. 아현동에 살았는데, 장모가 다섯 살 될 때까지 키웠지. 나와서 아현동 살았으니까 만나게 됐어. 그때 미국 가서 보석상 일한다고 명동에 그 보석가게에서 배우더라고.

김상민 : 그 신문 잠깐 소개 좀 해주실 수 있을까요? 같이 계셨던 분 중에 한 분이 미국으로 가서서 거기서 사셨는데, 자제분이 미국의 연방판사가 되었다 이런 신문기사를 가지고 오셨습니다. 내용을 좀 설명을 좀 해주실 수 있으세요?

오종식 : 이선구라고 나랑 같이 독일 같이 간 사람이고 그 간호사는, 독일에 가자마자 결혼식을 해서 결혼식장에도 내가 갔었고 그 사진도 있어요. 저 사람 결혼식 사진도 있어요.

김상민 : 저런 경우가 미국으로 터전을 옮긴 경우가 될 거고, 독일에 남으신 분들은 보통 뭘 하시던가요?

오종식 : 간호사하고 결혼하면 좋은 게 뭐냐면 그 간호사도 돈 벌고 자기도 버니까 경제적으로 여유가 있지. 그리고 대학졸업장도 따고, 학원에서 배울 것도 배우고 그래서 아들을 데리고 미국에 간 거죠.

김상민 : 독일에 계속 남으시고자 했던 중요한 이유는 혹시 돈이었나요?

오종식 : 그렇죠. 돈 벌어야 되니까.

김상민 : 사모님이나 자제분 많이 보고 싶지는 않으셨어요?

오종식 : 왜요, 보고 싶긴 하지만 애들, 참 후회가 참 앞서요. 그래도 안 나오면 안 나올 수 있었는데 몸도 약해지고 그러니까 자연스럽게 나와지더라고요. 후회를 많이 했죠. 후회를 많이 하고서 또 갈라고, 독일에서 귀국한 사람들 전부다 일자리가 없으니까 다시 외국에 나갈라고 해외개발공사 이런 데를 찾아다녔어. 그때는 노동청에서 안 하고 해외개발공사에서 했다고. 다방에 모여서 얘기도하고 듣고, 뭘 해라, 정보도 교환하고 그랬지. 나도 보니까 베를린발전소에 사람을 뽑더라고. 그래서 기술자가 선반, 용접, 드릴, 여러 가지 종류를 뽑는데 독일 사람이 직접 와서 차출하더라고. 그때 당시 성동고등학교에 기계가 다 있었어요. 용접이고 뭐고 학생들 배우는 그 과정이 있었어요. 토요일 날, 일요일 날 가서 선생한테 얘길 해가지고 학생들하고 그걸 같이 배웠지요. 그걸 배워가지고 직접 독일사람이 와서 시험을 보는데 합격을 시켜주더라고. 잘 된 줄 알았더니, 신체검사 할 적에 위장수술 한 거 때문에 불합격이 되더라고요. 그래서 못 갔지. 그러고선 인제 가는 거는 다 포기하고 먹고 살기 위해서 일하러 댕겼죠 뭐.

김상민 : 탄광이라는 게 굉장히 많은 위험이나 건강문제에 노출 돼 있잖아요. 이를테면 진폐증이 생긴다든가 위나 폐가 안 좋아지는 건 물론이고 골절도 다반사로 일어날 테고 선생님께서 거기 계시면서 병을 얻으신 것이, 결정적으로 어떤 이유인가요?

오종식 : 그런 거에 대해서 별로 관심을 안 가졌어요. 신경도 안 쓰고 그랬죠. 근데 우연히 위가 탈이 나니까 거기는 보건소장이라는 사람이 말하자면 의사가 그 하임(Heim)에 일주일에 한 번씩 와서 체크를 해

요. 아픈 사람 진찰해주고 약 처방을 해줘. 약 처방이 그때 50페니야. 5전이란 말이야. 그것만 가지면 다 약을 다 사. 그 의사가 처방해주면, 이렇게 봐서 그 사람들이 너는 어디 병원에 가봐라 가서 치료 받아라. 그래서 병원에 가서 엑스레이를 찍어 보니까 너 입원해야 되겠다 그러는 거야. 수술을 해야 된다 이거야. 수술해야 되는데 보증인을 세워야 되더라고요. 그 보증인이라는 게 그때 같이 간 동국대학교에 조영희 박사가 통역을 했었는데, 그 얘기 하니까 그럼 통역이 보증을 서야지 않느냐. 그래서 그 사람이 보증을 서가지고 수술을 했죠. 수술하고서 한 2개월 됐을 때 독일에서는 그 큰 수술하면 오스트리아 병원으로 요양을 보내요. 요양을 해도 돈은 다 나오는데, 기간이 딱 맞아떨어지더라고요. 그래서 가려고 계약을 다른 사람한테 언제 간다고 까지 말했는데, 그냥 나와버렸죠. 그게 후회스럽더라고 나중에. 나와 보니까 후회스럽더라고. 거기 있으면 몇천 마르크 더 받아가지고 나오는데. 그래서 아깝더라고. 나와 보니까 너무 돈이 아쉽더라고 한국 나오니까.

김상민 : 귀국하신 다음에 독일에서 계셨던 경험이 선생님 돌아오신 다음부터 생활하시는데 영향을 준 것이 있을 텐데요, 어떤 것들이 있을까요?

오종식 : 그런데 독일사람들은 살림하는 게 그냥 덤벙덤벙하는 게 아니야. 걔들은 슈퍼를 가더라도 다 적어가지고 가더라고. 적어서 꼭 살 거만 사는 거지. 우리나라 사람들은 그냥 가서 맘대로 막 사지만 독일사람은 그런 게 아니야. 다 적어가지고 댕기더라고. 필요한 것만 딱 사다가 며칠 먹고 그렇게 하는 거 같더라고요.

김상민 : 그렇게 생활하셨던 걸 한국 오셔서 비슷하게 하게 되시던가요?

오종식 : 그게 잘 안 되더라고. 한국사람에서는 그렇게 안 되더라고. 그렇게도 하긴 하는데, 그래서 짠사람 소릴 듣는데 독일에서처럼 그렇

게까진 안 되더라고.

김상민 : 다른 분들께도 드리는 질문이긴 한데, 본인이 광부로 갔던 사실을 숨기고 사시거나 불편해하는 분들이 많이 계시단 얘기 많이 들었는데, 선생님 생각에는 이유는 어떤 것인가요?

오종식 : 근데, 사실 그지 맞는 얘긴데, 나도 한 40년, 50년 동안 아주 것도 모르고 살았잖아요. 그냥 어디서 광부로 갔다 왔다고, 자랑스러운 얘기도 아니고, 하고 싶지도 않고. 살기를 어렵게 살으니까 그런 거하고 거리가 멀어지고. 그러다가 권이종 박사 신문을 보니까, 이 사람이 나와 같이 있던 사람이고, 그 사진도 있고. 이 사진은 이 사람도 없어 내가 가지고 있어, 있다 보여드릴게. 그래서 전화를 했어요. 나 오종식이란 사람이다 하니까 아느냐 하니까 뭐 알 수가 없죠, 모르죠. 한 50년, 40년 가까이 된 사람이니까 모르죠. 그럼 어디서 근무했냐고. 메르크스타인에서 근무했다 그러니까 메르크스타인 처음 듣는 얘기다 이거야. 딱 한 사람, 우리가 한 200명 있었는데 나를 처음 만났단 얘기야. 그러냐고 그러더니 우선 내 주소 이런 걸 알려달라고 하면서 조금 기다려보라고 다시 연락한다고 그러는 거야. 전화가 왔더라고, 그럼 아돌프 클럽이 아니냐고 묻길래 맞다고, 그 아돌프 클럽 자기랑 같이 했는데 그럼 대번 알지. 처음 만났다 그러면서 반갑다고. 그때 총회하느라 바빠가지고 이 사람 혼자 다 일하더라고. 내 연락할 테니 기다려달라고 그러더라고. 며칠만에 연락이 왔어. 혹시 요번에 1월 14일 날인가 국무총리 공관에서 우리가 30명이 가서 만나기로 했는데 거기를 참석할 수 있냐고. 갈 수 있다그. 그럼 됐다고. 그래서 그때 공관에서 처음으로 만났죠. 뭐, 잘 모르지. 얼굴이 늙었으니까 다 70대 할아버지가 다 됐잖아요. 혹시 내가 가지고 있는 사진 같은 거 있으면 갖고 나와 보라 그러더라고. 그래 가지고 나갔지. 그래 좋아하는 친구 사진 몇 장, 서너 장 있었거든. 나랑 둘이 찍은 것도 있고. 그런 사진을 그 파독광

부사무실에다 크게 하나 맨들어 놓고 전시관에 낸다 그런 얘기 하더라고. 이게 그래도 그 사진 중에 오래되고 그러니까 앨범 속에 그게 하나 있어가지고 그냥 찾아낸 거야. 그렇게 돼서 그 사람 하여튼 그래 얘기하고 인제 조영희 박사라고 아시는지 모르지만 그 양반 내가 라디오를 듣다 파독광부에 대해서 조 박사가 라디오 방송 다큐멘터리 나오더라고. 그 양반은 내 조카 되는 사람하고 동국대학교 동창이야. 그래서 둘이서 같이 댕겨. 언제든지 같이 댕기고, 그 사람은 미국 가 사는데 오병헌이라고. 그래 같이 친한 친구들이라고. 그러던 중에 우리 아들이 결혼식 날이 됐는데 8월 15일 결혼식 날이 됐는데 주례 설 사람이 없는데, 주례를 누가 세울 사람이 없잖아. 에라 한 번 전화나 한 번 해보자. 그래 동국대학에다 전화를 했어 내가. 조영희 박사를 좀 만나고 싶은데 어디로 가면 되냐 그러니까 집 전화를 알려주더라고. 그래 집에 전화하니까 날 아주 잘 알지, 그 내 조카하고 아주 친한 사람이니까 결혼식 때도 내가 갔었고. 다른 게 아니라 어려운 부탁이 있는데, 우리 아들 결혼식이 있는데 주례 좀 서줄 수 있냐고 그러니까 승낙하더라고. 그렇게 주례를 서고선 지금까지 못 만났어요. 내가 뭐 처지가 그러니까 만나고 싶지도 않고, 찾아가고 싶지도 않고, 근데 이 권 박사는 교수에 박사니까 우리 같은 사람은 상대하고 싶지 않을 거 아니야. 나도 자존심이 있어서 되도록 안 만날려고 하는 건데, 그렇게 반가워하고 참 알아주고 지금까지 만나서 같이 점심도 먹고, 자주 연락하고 이렇게 지내요. 여기도 이렇게 추천을 해주니까 왔고.

김상민 : 특별한 인연이네요. 감사합니다.

오종식 : 근데 우리 저, 국회에서 25억이 우리 기념관 짓는데 돈이 나와가지고 지금 서울 어딘가에 조그만하게 집을 샀다는데, 그게 리모델링하는데 5억 들고 7억 얼마에 샀다 그러더라고. 내년 3월 달 총회를 해서 그걸 개방한다 그러더라고. 지금 어렵게 어렵게 자기 돈, 주머니

돈 들여가지고 하는 거야. 그 뭐 돈 나올 데가 없잖아요. 그래 김태우란 사람이 그 사람이 회장인데, 10월 19일 날.

김상민 : 네, 여기도 오신 적 있었습니다 김태우 회장님.

오종식 : 지하 어디서 행사를 한다 그러더라고 조그맣게 한다 그러더라고.

김상민 : 선생님 말씀 정리하기 전에 말씀드린 대로 질문을 좀 받고자 합니다. 질문하시는 분께서는 본인의 소속하고 성함을 말씀해 주시기 바랍니다.

청중 : 문화체육관광부 학예연구사 김창일입니다. 지금 남해 독일마을에서 지금 한 1년 정도 같이 살면서 조사를 하고 있고요. 근데 독일마을에 파독 간호사, 조무사, 파독 광부들이 이렇게 만나서 결혼을 해서 많이 오세요. 그래서 지금 잘, 굉장히 좀 잘 사시는 분들이 많이 오셨는데 그분들 인터뷰를 하고 같이 있어보면 예전에 주로 가난해서 돈 벌기 위해서 많이 갔다라고도 이야기하는데 실질적으로 그때 한국사회가 답답해서 뭐 가위가지그 머리 자르고, 치마길이 재고 이런 것들 때문에, 한국사회가 답답한 것 때문에 탈출할려고 했던 사람들도 꽤 있었고, 그 다음에 외국에 대한 동경 그러니까 고학력자들이 굉장히 많더라고요. 그 시대에 여성분들도 고등학교 이상 졸업을 하고 남자들은 대학교 이상의 학력을 가지고 있는 분들이 굉장히 많더라고요. 그런 분들이 독일마을에 현재는 구성원들이 다수를 차지하고 있는데 선생님께서 그때 광부로 간 그 지역에드 학력이 높으신 분들이 많았는지요?

오종식 : 많았죠 예.

청중 : 굉장히 많았습니까? 비율이 어느 정도 됐습니까?

오종식 : 그것까지는 잘 파악을 잘 못하겠지만 많고 거기서 이제 그러니까 하여튼 그 사람들 결혼도 안 하고 온 사람들이니까, 캐나다로 가고 미국으로도 가고 다 그렇게 갔죠. 좀 배운 사람은 외국으로 다

떠났고 지금 독일에 남아있는 사람은 고등학교 정도 졸업한 사람들이 대부분인 거 같더라고. 이름 보니까 그런 게 나오더라고.

청중 : 그리고 비행기 탈 때 1달러 이상을 못 가져가게 했다고 하던데 혹시 선생님 나가실 때도 뭐 달러 많이 못 갖고 가게 했나요?

오종식 : 아니요. 그런 거 없었어요. 그런 거 없고 돈은 뭐 가져갈 생각도 못하고 돈도 있어야 갖고 가지. 가져가지도 못하고 그런 거하곤 아무 관계없었어요.

김상민 : 또 질문 없으세요?

청중 : 선생님 아까 인사드렸지만 국제한국학연구소 김택호입니다. 두 가지 정도 선생님 여쭙고 싶은데요. 하나는 독일에 남으신 분들 계시잖아요. 그분들 중에서는 선생님처럼 한국에 가족이 계셨던 분들은 그 가족들을 독일로 데려올 수는 없는 상황 아니었을까요 그때?

오종식 : 독일 그때 당시에 들어오기가 어려웠지요. 그런데 몇 사람 들어온 사람도 있었어요.

청중 : 아, 그런 경우도 있었습니까?

오종식 : 있었어요. 그건 특별한 사람들이야. 그 사람은 아마 김근철이라고 하는 사람인데, 사람도 참 똘똘한 사람이야, 영리한 사람. 그 사람은 데리고 갔더라고. 보통 사람들은 감히 생각도 못했죠. 꿈도 못 꿔요.

청중 : 제가 여쭙고 싶은 것은 그래서 그때 독일에 남게 되신 분들은 대개 독일에 가서 한국인들끼리 결혼을 했거나 아니면 현지인들과 결혼해서 남게 된 경우도 왕왕 있었는지요?

오종식 : 근데 지금 거기 남았던 사람들 대개 간호사하고 결혼했어요. 독일 여자들하고 결혼한 사람도 있을 거고. 근데 그 사람들은 다 독일 그냥 다 잘 살고 있는가 봐요. 그런 거 같애요. 나오지 않고.

청중 : 선생님 또 한 가지 여쭙고 싶은 것은 선생님 개인적으로는

어떻게 느끼셨는지 모르겠는데 한국에서 가실 때에 출신 지역도 다르고 나이도 조금씩 다르고 학력도 조금 다르고 직업들도 조금씩 다른 분들이 가셨잖아요. 그래서 그런 것들 때문에 가 계신 분들끼리 어떤 갈등이 있다든가 다툼이 있다든가 혹은 패거리를 짓는다든가 이런 경우는 좀 없었습니까?

오종식 : 아, 그런 건 없었어요. 근데 실제로 나쁜 애들 있어요, 싸움하고. 한번은 대사관에 신고해가지고 귀국시켜버린 적도 있었지.

김상민 : 마지막 질문이 될텐데요, 파독 광부의 입장에서 박정희 시대를 어떻게 회고하시는지요?

오종식 : 박정희 대통령 아니었으면 우리나라 또 어떻게 됐을지 몰라. 그 양반이 그래도 하다못해 광부래도 광부를 외국에 팔아가지고 차관 얻어다가 이렇게 만든 거는 잘한 거라고 봐야지 나쁘게 볼 수는 없는 거잖아요. 그런 대통령이 있었기 때문에 우리나라가 이만큼 컸다는 거죠. 그때 당시 필리핀 같은 데도 우리나라보다 잘 살았어요. 이북도 우리보다 잘 살았고. 그런데 지금은 뭐 그런 게임이 안 되잖아.

이제는 우리나라도 잘 사니까 우리나라에 온 외국사람들 잘 대접해서 돈도 벌어갈 수 있게 해주고 그러면 좋겠어요. 그리고 광부들이 그렇게 가서 했으니까 역사에 남을 수 있게 교과서 같은데 넣어주면 좋겠고, 그래야 자식들도 우리 할아버지, 우리 증조할아버지가 이런 사람이었다는 걸 알 수 있고 그렇잖아요.

김상민 : 파독 광부든 간호사로 가신 분들을 위해 역사적으로 남기는 것이 필요하다는 말씀으로 알겠습니다. 이제 시간이 다 되어서 이 정도로 좀 마칠까 합니다. 오늘 어려운 자리 해주신 오종식 선생님께 감사드리고 또 바쁘신데도 이렇게 일부러 찾아오셔서 말씀 들으신 여러분께 감사드립니다.

윤기복 (대한간호조무사협회 감사, 파독광부간호사간호조무사협회 부회장)

□ 사회자 : 김택호 (명지대 국제한국학연구소 연구교수)

김택호 : 오늘 모신 분은 윤기복 선생님이십니다. 쭉 살아오신 이야기를 저희들이 듣게 될 텐데요. 간략하게 선생님의 경력을 말씀드리겠습니다. 1970년에 독일에 가셨고요. 1974년까지 계시다가 귀국하시고, 1980년부터 2003년까지 공무원 생활을 하셨습니다. 현재는 파독광부간호사간호조무사협회 부회장으로 계십니다. 대한간호조무사협회 파독간호조무사 위원장, 대한간호조무사협회 서울시 마포구 회장 등으로 활발하게 활동을 하고 계십니다. 그래서 하실 말씀이 많으실 거라는 생각이 드는데요. 저희들 입장에서는 살아오신 과정에서 선생님께서 심정적으로 느끼셨던 감정 같은 것들을 말씀해주시면 많은 느낌을 받을 수 있지 않을까 싶습니다. 우선 요즘 어떻게 지내고 계신지 여쭙고 싶습니다.

윤기복 : 네. 저는 정년퇴직을 한 이후에 대한간호조무사협회에서 감사와 윤리위원, 또 서울시 마포구 회장을 맡아서 활발하게 열심히 일을 했습니다. 그러다가 보니까 파독광부협회에서 요청이 왔습니다. 간호사, 광부, 간호조무사 세 개의 직종을 합쳐서 하나의 협회를 만들려는데 그쪽에 참석해주면 어떻겠느냐고, 협회를 통해 연락이 왔습니다. 그래서 협회에서 저를 추천해주셨습니다. 그래도 공무원 생활을 했고, 행정을 조금 안다고 추천을 해줬던 거 같습니다. 협회는 작년 4월 달에 발족을 해서 처음에는 한 20여 명이 모였습니다. 그래서 그때에 광부

출신 한 분 회장으로 모셨고요, 또 간호사 측에서 부회장 한 분, 간호조무사 쪽에서 한 분 해서 정식으로 파독협회 이렇게 발족을 해서 그곳에서 일을 하게 됐습니다.

김택호 : 차차 그와 관련된 말씀해주실 거 같습니다. 이제 시간을 많이 거슬러 올라가서 출생하셔서 성장해 오신 내용을 좀 여쭙겠습니다. 저는 그냥 이모님께 여쭌다, 이런 생각으로 여쭙겠습니다. 1946년에 출생하셨는데요. 일전에 잠깐 말씀해주셨지만 함경남도에서 출생하셨다고요. 월남하셔서 충북 청주에서 성장을 하셨거든요. 한국전쟁 이후에 아주 어려웠던 시절을 어린 나이에 겪으신 것인데 부모님들께서는 어떤 분이셨는지 등등 포함해서 성장과정, 고등학교 들어가시기 전까지 과정을 기억나시는 대로 편안하게 말씀해주시기 바랍니다.

윤기복 : 저는 해방되던 이듬해에 태어났습니다. 그래서 어머니, 아버지가 함경도에 사시는데 그때 남하하시면서 저는 백일쯤 됐다고 그렇게 얘기를 들었거든요. 그때 안고 내려오셨어요. 그래서 피난을 오는 중에 충청도 조금 지방 쪽에 더 들어간 시골에 저희 아버지의 외삼촌께서 살고 계셔서 그쪽으로 아버지가 피난을 가신 겁니다. 그래서 청주에 터를 잡게 됐죠. 아버님께서는 양복점 운영을 하고 계셨어요. 저희 아버지께서 상당히 기술이 좋았나봅니다. 그래서 양복점을 하시면서 간단한 일본어 또 중국어, 당신 말로는 소련말도 간단하게 하셨다 그러거든요. 그래서 거기에 경찰서장 아니면 치안대라든지 뭐 여러 연배 높으신 분들이 오셔서 아버지한테 양복을 다 맞추고 기분 좋게 가시고 그랬답니다. 저희 아버지가 비록 양복점은 하셨지만 상당히 박식하셨습니다. 그리고 대인관계가 많고 또 인정이 많으시고 그렇게 살다가 보니까, 그때 전쟁 이후에 모두 다 하나같이 살기 힘든 세월이었었는데, 아버지가 마음만 착하고 순하시고 그렇게 인정이 많다가 보니까, 사람들 양복을 해주면 그 사람들이 돈이 없으니까 외상으로 가져가는 거예요.

그러면 그 돈을 못 받으셨어요. 그래서 그런 과정으로 인해서 가정이 많이 힘들었었죠. 그랬는데 그래도 다른 이웃보다는 저희가 많이 나았었습니다. 제가 생각하기에 초등학교 다니고 그럴 때에 옆에 친구들도 살고 걔네들을 가정방문, 인제 이렇게 집에 가서 놀고 이럴 때 보면 삼시 세끼를 국수나 수제비로 먹는 집이 많았습니다. 그래서 저하고 친한 그 친구도 옆에 사는데 그 집에는 아버지가 가정을 제대로 안 돌보시는 관계로 매일매일 수제비만 먹는데, 저는 그래도 또 가서 한 번씩 얻어먹으면 그게 어찌나 맛있었던지 저는 그걸 얻어먹으러 가고 그랬습니다. 그랬는데 우리가 조금 낫다 보니까 저는 엄마 몰래, 엄마가 좀 무서웠었거든요. 그래서 엄마 몰래 밥을 이렇게 주발에다가 싸고 그때는 별 반찬이 없으니까 고추장을 요렇게 해서 엄마 몰래 친구를 갖다 줬어요. 그렇게 해서 같이 먹기도 하고 그랬었는데, 그중에 우스운 얘기 하나를 예를 들자면, 그 시절에 아마 초등학교 5학년쯤 됐다 싶어요. 그때 어머니께서 저 시골에 계시는 우리 고모님 댁에 가시게 됐습니다. 그래서 하루를 저녁에 집을 비우게 됐는데, 아유 얼마나 좋아요 제가. 그 친구를 이제 불렀죠. 엄마 없으니까 너 우리 집에 와. 그래서 그날 저녁에 밥을 이렇게 걔가 원하는 대로 실컷 먹게 했습니다. 그러고 밥을 실컷 먹고 잤는데 걔가 별안간에 밥을 너무 한꺼번에 너무 많이 먹어서 그랬던지, 밤에 토사곽란(吐瀉癨亂)이 난 거야. 그래서 이불을 다 버리고 야단이 난 거야. 그래서 엄마 오신 후에 정말 많이 혼났던 그런 기억도 있습니다. 그리고 또 초등학교 시절에는 아마 여기 젊으신 분들은 잘 모르실 거예요. 먹을 게 없어서 정말로, 지금이야 과자가 흔하지만 그때는 과자 거의 없었습니다. 그래서 집에서 엄마가 빈대떡을 부쳐주면 그게 아주 유일하고 좋은 간식이었습니다. 그리고 센베이 과자라고 그랬나요? 그 옛날 과자 넓적한 거 그거 생과자 그거나 가끔씩 조금 얻어먹는데 그나마도 정말로 먹기가 어려웠고 그 시절에는 학교에서 우유를 저희들한테 배급을 줬었거든요 다. 그래 우유를 배급을 받으면 그거를 모아놨다가 그 과자 센베이 만드는 그 집에 갖다 주고 과자하고 바꿔서 먹고. 그렇게 어려웠습니다, 그 시절은. 모든 생활이 누구를 막론하고. 그렇게 해서 초등학교 시절을 보냈고, 중학교 시절에는 지금 생각하면 그때도 조금, 그래도 그렇게 힘들지는 않았죠. 학교생활을 말씀드리면 제가 청주에서 초등학교는 사범부속국민학교를 다녔습니다. 그리고 여중을, 청주여중을 다니고요. 근데 그 여중 시절에 학교에 뒷산이 있는데, 가끔 일주일에 한 번 정돈지 자세히 그건 모르겠으나 한 2주에 한 번 정도 되는지 학교에 뒷산에 올라가서 송충이 잡는 그런 거를 많이 했던 거로 기억됩니다. 그리고 그때 당시에 쥐를 잡아오라고 숙제를 냈었습니다. 그래서 쥐를 잡아서 학교에다 내면은 점수를 매기고 그랬었는데, 그전에는 왜 그랬는지 그 이유를 하나도 몰랐었는데 나중에 들으니까 그게 그때 당시에 쥐를 잡아서 그 가죽을 벗겨서 코리아 밍크라고 해서 수출하기 위해서 모든 학교를 다 동원해서 쥐잡기를 했다는군요. 지금에 와서 산업인력공단에서 백영훈 박사님께서 말씀하시는 걸 들으니까요. 학교 뒷산에 보면 나무가 없어서 민둥산이라 나무 심으러 자주 갔었습니다. 그럼 비가 조금 오면 그게 다 또 내려가고 그러니까 꼭 식목일이 아니다 하더라도 평상시에도 그거를 나무를 많이 심었던 기억이 납니다.

김택호 : 선생님 몇 남 몇 녀셨어요 형제분들이?

윤기복 : 2남2녀 중에 제가 맏이입니다. 제가 2남2녀 중에 맏이인데, 그때 제가 사실은 부속국민학교 졸업하고 여중 졸업하고 여고를 졸업할 그 무렵에 사범학교가 교육대학으로 그때 막 바뀌었습니다. 그런데 사실 교육대학이 상당히 가고 싶었어요. 그랬는데, 아버지가 이제 그때 다 연로하신 분들은 남자에 대한 아들선호사상이 많죠. 그래서 네가 가면 동생들은 어떻게 하느냐 그러니까는 너는 그냥 안 가는 게 좋겠다.

이렇게 말씀을 하셔서 두 말도 못하고 그냥 저는 교대를 가고 싶었지만 그걸 포기하고 나는 직업을 가져야 되겠다, 그러한 마음을 갖게 됐습니다. 그래서 여고를 졸업 맡고 바로 취업전선으로 들어갔습니다.

김택호 : 그러면 이제 그 다음 이어서 여쭐게요. 1970년에 독일로 떠나셨잖아요? 근데 여고 졸업하시고 1970년 사이에 약간 시간이 있어요. 한 5년 정도. 그때는 어떻게 지내셨었어요?

윤기복 : 인제 여고를 졸업하고 취업을 하려고 하니까, 그래도 아버지께서 조금 좀 그렇게 연줄이 있으시다 그랬잖아요. 그래서 저는 우체국하고 또 지금 말씀 들으면 좀 우습지만 교도소, 교도소 사무실에 명적계라고 있었습니다. 거기서 명적계에서도 업무를 봤고요 또 자동차 관련된 업체 사무실에도 가서 일을 해봤고, 여러 근데서 일을 하는 중에도 제 마음에 흡족하지가 않았습니다. 봉급이 너무나 적기 때문에. 그래서 아 이걸 어떻게 하나 하고 그냥 뭐 불만족한 가운데 생활을 하고 있었지만 아버지께서 어느 날 두꺼운 공중보건학 책을 주셨습니다. 그러니까 제가 그때가 스물 넷 다섯 고쯤입니다. 책을 주시면서 이거 갖고 공부를 해라 무조건 공부를 해라 이러셨어요. 그래서 제가 그걸 갖고 일주일을 공부를 했습니다. 그게 뭔지도 모르고 했는데 그게 간호, 그때는 간호보조원이라 그랬었거든요. 지금은 간호조무사지만. 간호보조원 시험 보는 자격이 되는 책이었습니다. 공부를 하라고 준 책이. 그래서 제가 일주일 동안 열심히 공부를 해서 충청북도청에서 시험을 보고 거기에 합격을 해서 그때는 보건사회부 장관이었죠, 보건사회부 장관이 주는 간호보조원 면허증.

김택호 : 아, 면허증이라고 불렀나요? 그때는?

윤기복 : 예. 면허증이었습니다, 그때는. 면허증을 받아서 제가 국립의료원에서 9개월 코스의 교육을 간단히 마치고 충청북도에 있는 보건소로 발령이 났습니다. 그때는 2년을 꼭 의무적으로 다 근무를 했었어

야 됩니다. 우리가 정부에서 주는 혜택을 받고 받았기 때문에 꼭 2년을 해야 되기 때문에 저는 충북에 있는 보건소에서, 충북하고 영동하고 두 군데에서 교육을 받고 근무를 그쪽에서 했습니다. 근데 근무하는 과정에 사람들이 독일을 간다고 그때 야단이 났어요. 바람이 불고. 그래 왜 가려고 하느냐 물었더니 거기 가면 돈을 많이 받는대요. 돈을 벌 수 있다고 그러더군요. 근데 고등학교 졸업할 그 무렵에 저희 가정은 사실 경제가 힘들게 기울었었습니다. 그때는 학교 가서 시험을 보려면 등록금을 내지 않으면 아예 교실에 들어올 수가 없었어요. 공부를 하려고 이렇게 쭉 교실에 앉아있으면 선생님이 호명합니다. 누구누구 이름 불러서 등록금 언제까지 내야 하는데, 왜 아직 안 내느냐? 언제까지 낼 거야? 그러면 대답을 못하고 있으면, 가라고, 시험보지 말고 가라. 가서 집에 가서 등록금을 가지고 와서 시험을 봐라 이렇게 했습니다. 근데 한 반에서 그때에 보통 네다섯 명이 있는데 저는 꼭 꼈습니다, 거기. 그래서 시험 공부할 그런 힘도 안 나고 공부도 솔직히 하기 싫죠. 그래서 번번이 쫓겨나고 그래서 야 돈을 벌어야 되겠구나. 그때서부터 어떠한 경제에 대한, 경제관념이 확실하게 머리에 새겨졌죠. 그랬기 때문에 그 보건소 생활 하는 중에 돈 번다 하니까 그것도 우리 귀에 번쩍 띄었습니다. 그 돈 얼마나 준대냐? 그랬더니 그거는 모르는데 지금 신청하면은 뭐 간호사들도 가고, 간호보조원들도 가고 많이 간대. 그러니까는 나도 간다고 뭐 옆에 있는 애들도 막 그래요. 그래서 아 그래 돈 많이 준다면 나도 가야지 그리고 가게 돼서 그리고 시험을 보게 돼서 가게 된 겁니다.

김택호 : 그러면 그때 간호사분들도 그렇고, 당시에 보조원들도 그렇고, 독일에 대해선 상당히 관심들이 많으셨군요.

윤기복 : 첫째는 돈 벌기 위한 것이고, 그렇지 않은 분들은, 물론 가정형편이 어려우니까 또 공부를 하려고 마음을 먹었으나 집에서 학비

못 대주고, 또 더구나 보편적으로 남아선호사상이 강하기 때문에 우리 여자들인 경우에 제 친구들이나 모두가 학교에 갈 수가 없기 때문에 공부를 하고자 하는 그룹과 저처럼 돈을 벌자고 하는 그룹과 또 그냥 남이 간다니까 덤벙덤벙해서 따라온 그룹과 그렇게 3가지 그룹이 있더라고요. 제가 가서 보니까. 그래서 저하고 같이 간 사람들 중에는 거기에서 공부를 열심히 해서 마취과 의학박사가 된 강정희라고 친구도 있습니다. 그리고 또 그분은 그 세르비아 대사를 지낸 김영희 씨는 저하고 같은 병원에 근무는 하지 않았으나 그분도 간호조무사로 가신 분이십니다. 그리고 그 이외에도 거기서 공부를 해서 다시 간호사가 된 분 또 뭐 기타 등등 여러 분야에 많이 나가서 살고 있습니다.

김택호 : 강영희 선생님은 선생님께서 소개해주셔서 저와도 통화를 한 번 했었는데요.

윤기복 : 예.

김택호 : 제가 궁금한 것은요. 당시에 독일로 가시게 되면 돈을 많이 벌 수 있다는 건 상당히 매력적인 거잖아요? 근데 그렇다고 해서 쉽게 결정할 수는 없잖아요? 낯선 곳이고, 먼 곳인데 가고 싶다는 마음 하나, 또 두려움도 하나, 이렇게 갈등이 있었을 거 같은데. 가시기로 결정하시는 과정에 갈등이 없으셨어요?

윤기복 : 저는 그렇게 큰 갈등은 없었습니다. 거기에 가면 돈을 많이 벌어야 되겠다. 돈을 많이 준다니까 내가 가서 우리 동생들, 제 밑으로 여자 동생 하나, 남자 둘이고, 그래서 저희가 4형제라 그랬잖아요. 그러니까 첫째는, 이 동생들이 공부를 해야 되는데 저도 공부 못하는데 아버지가 시킬 능력이 안 되잖아요. 그래서 아 내가, 내가 책임을 지고 가서 동생들도 공부를 하고 우리 집을 좀 일으켜 세워야 되겠구나 하는 그러한 거 이외에는 다른 게 생각할 수가 없었어요. 그래서 제가 간다 하니까 우리 아버지가, 간다 그러면서 이렇게 서울로 오게 되는데 저를

안 보려고 우리 아버지가 다른 데로 가셨어요. 마음이, 저를, 뒷모습을 보기 싫다고 그러면서 그냥 저는 못보고 아버지한테 절을 하려고 찾으니까 안 계셔요. 그래 할머니한테 물어보니까 아버지가 너 가는 거 보기 싫어서 그냥 나가셨다 그냥 가거라 해서 그냥 엄마한테 그리고 할머니한테만 인사하고 서울에 왔습니다.

김택호: 아버님 왜 그러셨는지 이해할 수 있을 거 같아요.

윤기복: 충분히 이해하고도 남죠. 당신이 또 저를 그리 가라고 책 줘서 그런 자격을 만들어 주셨잖아요. 그러니까 얼마나 그때 당시는 사실은 그러한 목적은 아니었는데 간다 하니까는 너무나 서운하셨겠죠. 또 가면 언제 올지도 모르고 혹시나 안 올지도 모르고 그랬는데 너무나 서운한 마음이셨을 겁니다.

김택호: 그렇게 출발하시게 되시는데, 가실 때 나이들도 조금씩은 차이가 있지만 대체로 젊으신 분들이시고 그래서 또 좀 마음이 나으셨겠죠? 비슷한 동료들이 있으니까. 근데 그때 한 몇 분이 함께 가셨고 어떤 분들이 대략 많으셨어요? 거기 같이 가신 분 중에?

윤기복: 저와 함께 간 사람은 스물다섯 명이었습니다. 스물다섯 명이었는데 저도 처음에 김포공항에 가서 비행기 탈 때까지도 모르고 비행기에서, 그 비행기라곤 생전 처음 타는 그, 루프트한자를 타고 알래스카를 경유를 해서 뒤셀도르프 공항에 도착했습니다. 그래 공항에서 막 내렸는데 그쪽에서 호명을 하더라고요. 호명하고 부르는 사람은 순서대로 서라고 그래서 이렇게 쭉 서는데, 우리는 스물다섯 명을 따로 세워. 그러면서 버스를 타라고 그렇게 얘기를 하더라고요. 그래서 보니까는 그중에 아는 사람이 있어요, 같이 교육받은 사람이. 같이 교육받은 사람이 두 명 정도 있었고 나머지는 다 모르는데, 제가 병원에 가서 같이 간 사람들을 보니까 거의가 다 보건소 경력자들이었습니다. 아마 그렇게 했는지는 모르겠으나 보건소 경력 있는 사람이 거의였고 25명

중에 한 네 명인가 다섯 명 정도는 보건소 근무가 아니고 그냥 이렇게 오신 분도 있었습니다.

김택호 : 그렇죠. 선생님께서야 가시기 전에 이미 자격요건을 다 채우신 상태인데 또 그렇지 않은 분들도 거기 섞여지셨었겠죠.

윤기복 : 보건소에 근무 안 하고 일반적으로 교육받고 그런 과정에서 그렇게 된 분 몇 명이 합류하게 됐습니다.

김택호 : 선생님 처음에 도착하신 곳이 뒤스부르크인데, 지금 우리나라 축구선수가 거기서 뛰고 있죠? 뒤스부르크는 내륙 항구도시고 철강산업이 일찌감치 발전한 도시로 알려져 있는데요 처음에 딱 도착하셔서 뒤스부르크에 대해서 받으신 느낌 혹은 독일에 대해서 받으신 느낌은 어떤 거였어요, 선생님?

윤기복 : 비행장에서 딱 내려서 흩어져서 그룹 그룹이 버스를 타고 각자 병원으로 가게 되었습니다. 그래 저희 그룹인 스물다섯 명이 버스를 타고 뒤스부르크 적십자계통의 시립아동부인과 병원으로 가게 됐습니다. 버스를 타고, 대형버스 유리창이 크고 지금 생각하면 아마 그게 리무진정도 되는 거 같아요. 그런 거를 타고 이렇게 밖을 내다보면서 깜짝 놀랐어요. 너무나 도로가 깨끗한 거야. 우리는 그때 맨 종이 같은 게 흩어져있고, 전쟁 이후라 굉장히 사회가 안정도 안 돼 있고, 좀 어수선한 시절이었는데, 제가 독일 내려서 가면서 본 그 도로는 종이 하나도 흩어진 거 없고 그게 아우토반이었을 겁니다, 아마. 이렇게 갔지만 중간에 아우토반이었는데, 이 양쪽에는 숲이 우거져서, 푸르게 숲이 큰 나무가 쫙 뻗쳐있는데 그 밑을 보니까 땅이 거의 안 보일 정도로 그렇게 숲이 우거졌습니다. 그거를 보고 우리나라는 산이 다 벌거숭이라 비만 오면 흙탕물이 내려가고 우리가 나무 심으러 다니러 얼마나 그 식목일에는 가고 그랬었는데 여기는 이토록 나무가 푸르게 우거졌으며 이렇게 깨끗하구나, 그것이 가장 부러웠습니다. 그러면서 병원에 도착하

게 됐죠. 도착할 때까지 봤어도 계속 숲이고 거리가 너무나 깨끗했습니다. 그것이 너무나 감격스러웠죠.

김택호 : 선생님 말씀 중에 죄송합니다만, 뒤스부르크로 가신 분이 스물다섯 분이신 거고, 거기서 각 병원으로 이렇게 나눠져서 가신 건가요?

윤기복 : 그러니까 저는 저희 병원에 같이 간 사람만 압니다.

김택호 : 그게 스물다섯 분이신 거군요.

윤기복 : 예. 한 버스로 한곳으로 갔습니다.

김택호 : 그럼 뒤스부르크 전체로 보면 더 많은 분들이 오신 건가요?

윤기복 : 그렇죠. 근데 저희가 그때 1970년도 그때, 7월, 내가 날짜를 적었는데, 그때 간 게 저희가 뒤스부르크 내에 제1차 케이스입니다. 그래서 뒤스부르크 시에서 저희들에 대한 관심이 많았고, 우리들이 금방 도착을 하니까 벌써 기자 분들이 와서 계셨어요, 언론에서. 그래서 뒤스부르크 신문에 대대적으로 기사가 났습니다. 처음으로 왔기 때문에. 그래서 병원 관계자들, 원장님 등 해서 쭉, 이런 교실에 가자마자 들어가서 얘기하고 그것도 신문에 났고, 밖에 나가서 또 단체로 사진도 찍고 그래서 굉장히 환영을 해주는 그런 분위기였습니다.

김택호 : 선생님 거기 가셨을 때 한국에서 가신 분들 말고 다른 나라에서 오신 의료 인력들은 없었나요 뒤스부르크에?

윤기복 : 그러니까는 그때 처음에는 없었습니다. 처음에는 없었는데, 한 2년 지났을 때에 필리핀 간호사들이 조금 왔고, 의사들은 인도분들이 계셨습니다. 인도분들이 계셔서, 그러니까 피부가 검은 사람들이라 깜짝 놀라기도 했죠, 그분들하고 같이 조금 이야기 하고 그랬으나 뭐 별로 접촉은 없었죠.

김택호 : 항구도시에는 원래 외지인들이 많이 있잖아요? 뒤스부르크도 외국인들이 많이 왔다 갔다 하는 도시일 텐데요.

윤기복 : 예. 지금에는 그렇겠죠. 근데 말씀드리지만 그때에 저희가 한국 사람으로 처음 갔고 또 저 같은 경우에는 사실 제가 거기 뒤스부르크 병원에 도착하면서부터 3년을 그곳에서 근무를 했는데, 저는 그때 3년 동안 나이트만 근구를 했습니다. 그랬기 때문에 사실 밖에 많이 나가거나, 다른 외지 사람들하고 접할 기회가 없었고요. 휴일에만 가끔 백화점이나 동물원 같은 데 그 이웃, 그 근처에 그런 데만 다녔기 때문에 외국인들은 별로 보지 않았습니다. 근데 말은 들었습니다. 여기 외국 사람들이 많고, 그렇기 때문에 우리는 껌껌해지견 밖엘 나가면 안 된다, 위험하다. 그러니까- 껌껌해지면 밖에 절대 나가지 말라 이런 소리를 들었고, 제가 직접적으로 외국인들과 그렇게 별로 많이 접촉한 기억은 없어요.

김택호 : 선생님 딱 도착하셔서 일을 시작하시잖아요. 어떤 일을 시작하셨고, 숙소라든가, 식사라든가 이런 건 어땠는지요?

윤기복 : 저희들이 뒤스부르크 시립병원에 딱 도착을 했는데, 거기서 보면 우리가 외국 사람들이잖아요. 그러니까 그분들이 굉장히 예뻐했고 환영을 했습니다. 귀여워해주고 그랬었는데. 저는 처음에 가자마자 그때도 두 그룹, 거기서는 왜 두 그룹으로 하는지, 이쪽에 기숙사가, 기숙사가 말하자면 두개 있었습니다. 이렇게 3층으로 된 기숙사하고 이쪽에는 지금 생각하면 한 15층 건물에 굉장히 큰 기숙사가 있었는데, 이쪽에 한 3층 건물 되는 기숙사에 저희 한국 사람들을 다 넣으려 그랬는데 그것이 아마 수용이 되지 않았나 봅니다. 그래서 그쪽으로 많이 갔고 나머지 한 일곱 명 정도가 이쪽에 큰 기숙사에 들어가게 됐죠. 그랬는데 아파트 같은 숙소를 보는 게 처음이었고, 가자마자 또 이름을 부르면서 층별로 배치를 해요. 근데 저하고 같이 간 친구 하나를 9층에다가 배정을 해주더라고요. 근데 방을 9층을 배정을 하는데 저 구석에 있는 방 하나를 주면서 거기 들어가래요 그리고 걔는 그 옆에 방. 그래

서 들어가서 이렇게 보니까, 아 너무 깨끗해. 그 방이 요거보다는 조금 작았지만 요거의 한 3분의 2정도 되는 방이었습니다. 근데 거기에 간단한 세면대 있고 칸 막아놓고 넣었다 뺐다 할 수 있는 베드, 그리고 책상 의자 이렇게 있었고 너무나도 환경은 좋았죠. 여기 한국에서는 같이 한 집에 아래위 칸에서 이불하나 덮고 동생들하고 같이 네다섯 명이 살고 그랬었는데, 독방을 써본 일도 없고. 그 방에 들어가서 딱 보니까 좋기는 좋은데 무서워요. 무섭고 또 집을 이렇게 떠나서 오래 있어본 적이 없었는데 거기 가니까 어떡하나 나 혼자 있네, 하면서 조금 무서운 생각이 더 많이 나기 때문에 옆에 방에 가서 늘 걔하고 같이 있는 거에요. 환경조건은 좋았으나, 처음에는 겁이 나서 그랬고 저쪽에 따로 구분된 분들은 더 인원이 많고, 거기는 또 기숙사가 그렇게 돼있기 때문에 그들은 쭉 같이 있었어요, 한 층에. 그러니까 그들은 더 좋죠. 그래서 그리 가고 싶었으나 이미 배정이 됐기 때문에 제가 뭐 옮겨달라고 해도 되는 거 아니고 그냥 거기서 그냥 있게 됐습니다. 그런데 제가 가자마자 바로 병실들이 모두 배정이 되는데 저는 그 기숙사에 2층에 있는 조산아 신생아실 그리로 배정을 받게 됐습니다. 그리로 발령을 받아서 이렇게 가서 보니까 사실은 그런 애기들도 제가 뭐 만져봤겠습니까? 뭐 나이 어린 아가씨가. 그런데 보니까는 애기들이 요만한 애기들이 인큐베이터에 다 들어앉아 있고 아니면 좀 큰 베드에 애기들이 누워 있는데 거기서 일하게 됐어요. 큰 문제는 독일어를 한마디도 못하니까. 저희들은 여기서 독일어교육을 받고 간 게 아니고 아무것도 모르는 상태에서 보건소 근무를 하다가 그냥 갔기 때문에, 독일어에 아(A) 자도 모르고 갔습니다. 그러니까는 처음에 거기서 조금 교육을 시켰습니다. 모아놓고 교육을 얼마동안 시켰는데, 그게 뭐 자기들도 일 시키려고 데리고 온 사람들을 계속 교육을 시키겠어요? 그래서 배정을 받아서 일을 하는데 말이 안 통하니까 답답하기 때문에, 가운에다 사전을 넣고 뭐 할 거 있으면 조금 물어보고 보여주고 이랬는데 그 한 6개월까지는 너무나 힘들더라고요, 언어 때문에. 음식도 거기서는 기름진 음식을 주니까 그거는 좀 몇 달간 힘들었는데 그 이후에는 잘 적응이 됐습니다.

김택호 : 그럼 식사도 구내식당에서 제공이 되고 그랬던 건가요?

윤기복 : 네. 저희가 갔던 데, 거기 시설은 너무나 좋았어요. 지금 생각을 하면 아마 거기가 국립의료원, 제가 국립의료원에서 교육을 받았다 그랬잖아요. 그 높은 건물 아래에 지하층에는 식당이 있었는데 굉장히 넓어요. 식당이 평스로 한 수십 평도 더 되는 거 같은 그 넓은 홀에 이렇게 음식을 뷔페식으로 다 갖다 놓고 자기가 원하는 거 갖다가 먹으면서 얘기를 하고 그랬었거든요. 그랬는데도 식비도 사실은 아주 조금 내고 저희들은 그 혜택을 봤죠.

김택호 : 언어가 아무래도 제일 어려운 문제셨겠군요.

윤기복 : 언어가 좀 힘들어서 실수한 일도 있었죠.

김택호 : 그렇죠, 아무래도.

윤기복 : 그랬는데 1층에는 조산아하고 신생아들이고 2층에는 약간 좀 시간이 지난 그런 애기들이 있었는데, 처음에 제가 가서 저하고 같이 갔을 적에 제 방에 배정된 그 친구가 또 간호사예요 걔는. 근데 걔는 순천 앤데 나보다 나이가 한두 살인가 적었어요. 그런데 걔하고 나하고는 너무나 잘 통했죠. 한 데 있었으니까. 그러니까 걔는 그래도 좀 그런 일을 했으니까 실습을 했다거나 해서 조금 알겠죠. 많이 저보다는 애기 다루는 문제에서. 그래 같이 이렇게 보면서 하고 그랬는데 혼자 있을 적에 간호사가 저보고 뭐라 그랬어요. 독일간호산데 나이가 많으신 분인데 굉장히 친절하그 딸같이 아껴줬어요, 저를. 근데 그분이 뭐라고 그러는데 알아들을 수가 없는 거야 뭐라고 그랬는지. 근데 하여튼 2층에 가라 그랬는데, 그 2층에 가라 소리만 알아듣고 그건 그 다음은 모르겠는 거예요. 그래서 그렇다고 바로 뭐냐고 또 가서 물어볼 수도

없고 그래서 알았다고, 알았다고. 자존심이 또 있어서 그냥 알았다고 그래서 2층에 올라갔어요. 2층에 올라가서 모르니까 보니까 이쪽에 애기들 기저귀 그게 이렇게 있더라고요 안 접어진 게. 그래서 거기서 앉아서 그걸 접었어요, 그냥. 그랬더니 그 사람 말은, 나중에 조금 있으니까 올라왔어요. 그런데 이렇게 보니까 제가 그거를 하고 있거든요. 이거 아닌데 이거 아니고 애기 젖 먹는 시간 된 거예요. 그래서 애기 젖 먹이라는 거를 애길 했는데 제가 못 알아들은 거죠. 와서 알려주더군요. 그게 아니고 요건 나중에 하고 애기 젖 먹는 거를 해라. 그래서 인제 요렇게 알려줘서 젖을 먹이고 그러한 좀 웃지 못 할 에피소드가 참 많이 있었지요. 그러면서 세월이 지나갔습니다.

김택호 : 낯선 곳에서 하얀 가운입고 왔다 갔다 하는 젊은 아가씨들의 모습이 눈에 이렇게 떠오릅니다. 예뻐 보이기도 하고 또 안쓰럽기도 한 그런 느낌인데요. 그때 당시에 지금 기준으로 말하면 간호사하고 간호조무사 이렇게 일하는 영역이 분명하게 구분이 돼 있었습니까?

윤기복 : 아니요. 절대로 구분 안 돼 있었어요. 제가 그 후에 다른 분들 얘기를 들으니까 자기네들은 뭐 구분이 그렇게 돼 있었다라고 말하는 분들도 있었고, 얘기를 저도 여러 사람한테 들어보니까 고생을 하고 구분하고 멀리 요양원이나 노인병원 같은 데 계셨던 분들은 전부 좀 더 고생을 많이 했나 봐요. 근데 저희 같은 경우에는 시립병원이라 그런지 아니면 그때에 저희가 갔던 게 1970년도였었는데 1969년도에 해외개발공사하고 정부 간에 계약이 맺어졌습니다, 정식으로. 그래서 간 저희들은 그렇게 간 케이스로는 말하자면 첫 번이에요. 그 뒤스부르크 병원에 떨어진 게. 그렇기 때문에 저희들은 완전히 극진하게 대우를 받고 독일 사람들하고 똑같이 봉급이나 수당이나 근무하는 근무시간이나 모든 걸 전혀 차별 없이 그렇게 했습니다. 그리고 그 병원에는 더구나 적십자계통이라 그랬는지 나이가 많으신 분들만 많이 계셨어요. 젊

은 애들은 주로 학생들, 그리고 수간호사나 좀 나이가 많았지 나이가 조금 한 지금 생각하면 즌, 수간호사가 한 40대 그리고는 거의 다가 나이 많은 50대 60대 가까운 분들이 많이 지셨어요. 그러니 조그만 저희들이 얼마나 귀여웠겠습니까. 그래서 어깨 두드려주고, 불러서 먹으라고 그러고, 가르쳐주고 너무나 친절하게 잘해줬기 때문에 그분들이 뭐 너는 이 일을 해라 이거는 안 해라 이렇게 하지 않았어요. 그리고 그때에 그 병원에 독일의 간호사 수준이 우리들이 볼 적에는 한국하고는 차이가 많았습니다, 그때 당시로. 한국에서는 솔직히 말해서 간호사들이 뭐 이런 거나 들고 다니면서 챠팅(charting)이나 하고 의사 옆에 따라다니고 IV(intravenous) 정도나 하는 걸로 알고 있잖아요? 근데 거기에서는 간호사 수준이 그때 당시에 인원도 많이 부족해서 저희들이 갔겠지만, 이렇게 일을 구분하고 그렇지 않았습니다. 예를 들면 거기 수간호사가 애기들이 나가고 이러면 침대가 비고 그러지 않습니까? 그러면은 물론 인저 저희들한테 처음에 알려주기 위해서도 그랬겠지만, 항상 장갑을 탁 끼고 변기를 가서 닦아요. 그런데 그 사람들이 나는 간호사고 나는 수간호사라고 (권위를 내세우고) 이러는 거를 전혀 느껴본 일이 없어요. 3년간 근무하면서 그러한 구분 없었습니다. 그리고 우리와 같이 간 애도 똑같이 저하고 같이 간 그 애도 걔도 간호사지만 저하고 똑같이 일했습니다.

김택호 : 그 병원내의 문화가 많이 달랐군요? 한국하고.

윤기복 : 많이 달랐습니다, 그때에는.

김택호 : 그런 거에 적응하는 과정도 심리적으로는 좀 있으셨겠네요. 아 이렇구나 깨닫는 과정이.

윤기복 : 그렇죠. 근데 인제 저 같은 경우에는 실제로 병원 근무는 실습만 하고 간 상태기 때문에 조금 달랐죠. 그래 국립의료원에서 그 병원시스템을 보건 저도 그때 뭐 중앙공급실이라든지, 저도 소아과에

서 좀 근무를 하다가 가긴 갔는데 그때에는 다른 병원이나 다른 병실은 보호자가 이렇게 가서 있고 그랬잖아요. 근데 그때 당시에 국립의료원은 상당히 그래도 수준이 높고 스칸디나비아 3개국에서 거기를 그때는 유지를 했던 그런 상황이었던 거로 알고 있습니다. 저희들이 나오면서 그게 아마 바뀌었다 그러더라고요. 그래서 그 병원 시스템이 거의 외국처럼 그렇게 돼있었다 그러거든요. 그래서 일반인이 애기를 아무 때나 뭐 보고 싶다고 본다든지 환자를 방문하고 그런 시스템은 아니었습니다. 거길 가니까 거기가 그랬어요. 저는 다른 병원은 별로 보질 않았기 때문에 잘 모르고 그 시스템이 그랬고. 보면 우리는 그때 다 소독을 하느라고 그 전부 이렇게 싸서 전부 기구가 무슨 스테인리스나 뭐 이런 거로 돼서 전부 중앙공급실로 보내서 거기서 소독을 하고 그랬는데 거기를 가서 딱 보니까 전부 일회용이에요 그때 당시에. 그래 그거를 보고 전부 한 번 쓰고 버리는 거예요. 너무나 아까워 일회용이라. 그래 그걸 보면서 아휴 우리나라로 이걸 가져가면 다 또 쓸 텐데 여기는 한 번 쓰고 다 버리네. 그런 걸 보고 놀랐죠.

김택호 : 비슷한 처지에 있는 젊은 아가씨들이 여럿이 모여 있는데 얼마나 수다도 많고 재미있었겠습니까? 뿐만 아니라 햇볕만 밝게 비치면 놀러가고 싶고 이럴 나이실텐데 일하시는 시간 말고 다른 때 휴일이나 이런 땐 어떻게 지내셨어요, 주로?

윤기복 : 저 같은 경우에는 보통 정상으로 15일을 근무를 하면은 10일 정도를 쉴 수가 있어요. 그렇기 때문에 여기 병원에서 처음에 한 2~3개월, 2개월 정도를 근무를 하니까 나이트만 근무를 하면 돈을 많이 준다고 그러더라고요. 그래 왜 많이 주느냐 그랬더니 거기는 수당, 토요일, 일요일 근무수당, 또 시간외 근무수당이 됐기 때문에 나이트만 근무를 하면 돈이 된다, 이런 소리를 듣고 그래? 난 그러면 무조건 해야지 하고 2개월 근무한 다음에 제가 거기 원장수녀님 말고 바로 간호

과장인데 그분이 굉장히 좀 높으신 분이에요 여기하곤 달리. 그래 그분한테 갔습니다. 나는 나이트만 근무하겠다고, 원한다고, 나이트만 근무하겠다고 그랬더니 어? 그래. 나이트만 하겠냐고 그래서 네 나이트만 근무하겠다고 그랬더니 아 알았다고. 그래서 바로 나이트로 저를 돌려줬어요.

김택호 : 그것만 하겠다는 분이 많지가 않았던 거군요.
윤기복 : 거의 없었죠.
김택호 : 힘드니까.
윤기복 : 거의 없었죠. 거의가. 그래 제가 저는 나이트근무 한다고 그래서 나이트를 하는데, 나이트를 하고 한 보름 근무를 하면 열흘을 쉬게 되니까 저는 그때 인제, 인제 그때는 조금 말이 될 때에요. 어느 정도 조금은 뭐 이렇게 갖고 다니면서. 그래서 다른 병원에 가서 얘기를 했습니다. 두조건 찾아가서 원장 만나서 나 여기 당신네 병원에서 나이트 일하고 싶습니다. 나 지금 어디어디 병원에서 이렇게 하고 있는데 나이트 시간외로 할 수 있습니까? 아이 좋다고. 그때는 거긴 사람이 모자라고 그런 재니까요. 그래서 그때부터 저는 낮 근무하고 나이트하고 이러고는 그럼 시간이 거의, 쉬는 시간이 없죠. 한 달이면 그저 며칠. 그때는 친한, 저희는 같이 그 같은 동에 있던 친구들이랑 셋이 아주 친했습니다. 아주 가깝게 지냈어요. 그러고서 셋이서 수다 떨고. 걔네들은 부인과하고 아동과 근무하고 시간이 좀 다르기 때문에 제가 나이트 할 때에 이외에 낮 시간에 걔네들 시간 나면은 만나서 얘기하고. 또 그때는 처음으로 걔네들 따라서 밖에 나가보니까 병원이 완전히 숲 속에 싸여있는 거예요. 아름드리 숲이 아름드리나무가 쫙 있는데 거기 속에 병원입니다. 그래 문밖에만 나가면 바로 거기 숲, 오솔길 가면서 수다 떨고 오솔길로 가서 앉아있고 또 간혹은 산 밑에를 보니까 고사리가 많이 있는 거예요. 고사리가 거기서, 그런데 나는 그걸 고사리를 몰

랐는데 시골에 살던 애들은 그거 고사리라고 알더라고요. 그 여기도 있네, 저기도 있네, 그 고사리를 보고 어머 야 이거 한국에서 무지하게 비싼데 굉장히 비쌌어요, 그때. 그래서 그걸 꺾었습니다, 우리들이. 그거를 꺾어서 가서 저희들이 기숙사 생활을 했지만 한국음식이 좀 먹고 싶어요? 그러면은 간혹은 이렇게 몰래 끓여먹었습니다. 그러면은 휴일 그런 때에요. 그러면 냄새난다고 싫어하죠. 그러면 문을 다 열어놓거나 아니면 베란다에 나가 살짝 해먹고 그러는데 그때에 그걸 꺾어다가 삶아서 말리기도 하고 반찬도 해먹으니까 한국에서 먹던 그 고사리 맛하고 똑같아요. 그래서 야 고사리 이거 무지하게 많은데 우리 뜯자 그래서 우리 셋이 시간 날 적에 가서 산, 거기 뭐 산도 아니에요 거기 병원에서 바로 나가면 거기 바로가 숲속이니까. 거기 굉장히 습한 데니까 낫으로 벨 정도로 고사리가 많이 올라오고 그래서 따서 갖다 놓고, 또 와서 갖다 놓고 그래서 막 모이는 거예요 그걸. 그래서 그거를 삶아. 삶아서 말리고 한국으로 부치기도 했습니다.

김택호 : 뻣뻣하지 않던가요?

윤기복 : 아니요. 뻣뻣하지 않아요. 통통한 게 아주 좋아요. 그랬는데 그거를 하는데 어느 날 그러니까 그게 한두 번이 아니고 여러 번 가서 하는데 어느 날 독일 사람들이 지나가다가 아이 너희들 뭐하니 그래요. 그래서 예? 그러니까 그 뭐하는 거야? 그래서 이게 이 뭐 또 혼나는 건가 그래서 먹는 거 아니고 이거 토끼 줄라고. 자존심은 있어서 이거 또 먹는 거라 그러면 아니니까. 그 사람들은 이런 걸 보면 너희 나라에도 이런 거 있나? 너희 나라에도 이런 거 있나? 이렇게 물어봐요. 그러면 아, 무조건 있다고. 없어도 무조건. 아이 우리나라 이런 거 많다고 이러는데 고사리 그거 묻는 거예요. 그래서 우리는 이거 토끼, 토끼 줄라고 해서 가는 거라고 이렇게 거짓말을 했어요. 그러면서, 그 사람들 그거 안 먹으니까요. 그래서 그거를 뜯었던 기억도 있고. 병

원 근처에 병원에서 한 15분이나 20분 정도 가면은 주(Zoo)라는 동물원이 있었어요. 그래 거기 동물원에 휴일에 가끔 가기도 하고 그 동물원 뒤쪽에는 아주 큰 넓은 공원, 숲이 있습니다. 아주 축구장만한 잔디밭이 깔아져 있는데도 있그요. 그래서 그쪽에 가서 친구들하고 같이 어울려서 놀기도 하고 낙엽이 지금은 우리나라도 이렇게 나무가 많이 우거져서 낙엽이 쌓이지만 거기 가서 낙엽이 떨어져서 쌓인 걸 보고 너무나 놀랬습니다. 우리는 다 쓸잖아요. 근데 거기는 낙엽을 그냥 놔둬요. 그러니까 그게 쌓이고, 쌓이고 그런 데 가서 사진 찍고 그런 데에서 감상에 젖고 그러면서 시절을 보냈습니다. 그러니까 일을 하면스 힘들기는 했지만 그런 추억이 있었고요. 한 번은 요거는 제가 어디 가도 말씀을 드리는데 얘기 해보고 싶은 얘기에요. 저 거기 가서 그렇게 혼자 독방 쓰고 있다가 보니까 너무나 외로워요. 그리고 그냥 집 생각이 나고 엄마 아버지 보고 싶고 그래서 한국노래 좀 보내달라고. 제가 노래를 워낙, 라디오 듣기를 좋아하고 한국에 살 때도 요만한 트랜지스터 라디오를 그냥 끼고 살았었거든요. 그런데 거기 가선 들을 수가 없으니까 거기서 음악을 들을 수 있게 판을 보내달라, 그랬어요. 그랬더니 집에서 판이 왔습니다, 이미자 노래. 이미자 노래가 한 두어 장 왔어요. 그래서 그거를 들으려니 들을 데도 없고 그래서 그 식당에 얘길 해서 그 인제 우리 수간호사는 아니고 옆에 있던 수간호사한테 이거 갖고 왔는데 이거 듣게 좀 해 갈라 그러니까 그분이 아, 오케이 해서 밑에.

김택호 : 턴테이블

윤기복 : 예, 그거. 점심시간에 우리 밥을 먹으려고 갔는데 주기는 줬었는데 그날 뭐 들려준다 소리가 없었거든요. 근데 우리 친구들이랑 이렇게 가서 이렇게 밥을 먹으려고 밥 갖다 놓고 듣는데 이미자 노래 나오는 거야. 깜짝 놀라서 어머 내가 준 거 그거, 그거 틀어주나 보다 얘 가만있어봐 얘 이거 들어봐. 이미자 노래 나오니까 그냥 하나같이

끌어안고 통곡을 하고 울었어요. 집 생각이 나서 그때에. 그랬던 기억이 있습니다.

김택호 : 근무시간 외에 다른 시간에 어떻게 지내셨는지 여쭸는데요. 참고로 말씀드리면 선생님께서는 뒤스부르크에 3년 계시다가 나중에 마인츠에 가서 또 1년 정도 더 계셨거든요. 근데 뒤스부르크에 3년 계시는 동안 다른 도시로 여행을 다녀오신다든가 이런 적은 없으셨어요?

윤기복 : 그 제가 말한 한국에서 첫 오신, 가서 한 부부를 만났다 그랬잖아요. 그분들이 저를 턴테이블도 사게끔 안내를 해주시고. 이제 가니까 사진도 좀 찍어야 되겠어요. 처음에는 돈을 좀 보냈지만. 그래서 카메라 하나 사는데 그분이 도와주시고 그분이 그때는 몰랐는데 나중에 생각하니까 여행도 추진을 했던 거 같아요. 한국 사람들 모아서 다니는. 그랬는데 그분들 따라서 우리 병원에 있던 친한 셋이서 폴란드, 네덜란드, 룩셈부르크에 여행을 갔었어요. 돈 조금 내고. 많이는 아니고 그렇게 한 번 했던 기억이.

김택호 : 그러셨군요. 당연히 뒤스부르크에 계실 때 향수가 아까 이미자 씨 노래 들으신 말씀을 하셨는데 향수가 상당히 많이 있으셨을 텐데, 어떤 때에는 감당하기 힘들만큼 힘드셨을 때도 있고 그러셨을 텐데 그럴 때 어떻게 그 심리적인 어려움을 극복하셨다던가, 혹은 넘어간다든가 이런 느낌 받으셨어요?

윤기복 : 저희들은 같이 친하게 셋이 있었다고 그랬잖아요. 실과 바늘 같이 붙어있었어요 그냥 근무시간 외에는. 그래갖고 옛날에 별이 삼형제라는 반짝반짝 빛나는 별이 삼형제 그 노래를 부르면서 서로 울기도 하고 그냥 그랬습니다. 걔네들하고 같이 그렇게 하는데, 저는 거기 기후가 오늘처럼 이렇게 비는 많이 오지 않지만 거기는 부슬부슬 비가 오면서 흐린 날이 많아요. 날씨가 아주 거기엔 좋지가 않아요. 꼭 런던처럼. 그랬는데 제가 어렸을 적에 백일 때 나오면서 백일해를 앓았대

요. 그런데 그거를 치료를 제대로 못한 관계로 제가 좀 기관지가 약해요. 기관지가 확장이 있어서 지금도 좀 환절기가 되면 이렇게 기침을 하고 그러거든요. 그랬는데 그 기후하곤 아주 안 맞는 거예요. 그래서 시름시름 아픈 일이 저는 많았어요. 아프면 또 그래도 병원에 근무하는 사람이라고 독방 주고 대우를 잘 해줘요. 또 기관지가 아프니까 그 기관지 이렇게 수증기 많이 나오는 그런 치료도 굉장히 잘해주고 입원을 하면 아주 열심히 치료를 잘해주죠. 그러는데 그거를 하면은 입원을 해서 모든 검사를 다 하면 향수병이라고 하임위(Heimweh)라고 향수병. 다른 거는 아픈 데 없다고 그리고 퇴원을 해요. 또 그러면 퇴원을 해서 근무를 하면 거기 기후가 안 맞으니까 또 그런 일이 있고 자주. 그런데다가 나이트만 하다 보니까 나이트하고 낮에 좀 뭐 시장을 간다든지 백화점을 구경을 한다든지 이럴 때에 친구들하고 같이 나가면 눈 딱 뜨면 어지러워요 그래 번쩍하고 그냥 이렇게. 그런 상태에서 건강이 많이 좀 안 좋았던 거 같아요. 그러면서 3년 동안에 한 서너 번 입원을 했었어요. 그런데 제 성격상이나 제 체질상이나 거기에 이렇게 장기적으로 머무는 게 저는 그게 맞지를 않더라고요. 내가 뭐 여기 독일에서 오래오래 살거나 또 뭐 여기서 공부를 해서 뭐 한다든지 이런 것보다는 저는 여기서 빨리 돈 벌어서 한국에 가서 한국에 식구들과 살고 한국 사람하고 또 결혼할 거다 여기서는 나는 이 체질이 아니다 있을 때도 그런 걸 느꼈어요. 자꾸 이렇게 몸도 그렇게 슬슬 그러면서.

김택호 : 제가 잘 아는 가까운 분 중에 한 분이 독일에서 10년 공부하고 오신 분이 계세요. 근데 이분 말씀이 차별 같은 것 못 느꼈냐? 특히 동양인으로서 그렇게 물었더니 이분 말씀이 한 번도 그런 얘기를 들어본 적은 없지만 매순간 느끼면서 살았다 이렇게 말씀을 하시더라고요.

윤기복 : 예. 맞아요.

김택호 : 선생님 그때 그 어떤 그런 차별적인 느낌 같은 거는 없으셨나요?

윤기복 : 병원에서 그 간호사들이나 모든 사람들이 차별을 줄라고 그러는 거는 아니나 자기들이 무의식중이겠죠. 이렇게 좀 가난한 나라에서 돈 벌러 왔다는 게 머릿속에 있는 거예요. 그렇기 때문에 자꾸 그렇게 보여요. 뭐 이런 거 있느냐 그러면 아 우리나라에 그런 거 많다 자존심 세우느냐고 없어도 너희보다도 많다 이러고. 그런 게 마음이 좀 많이 상했던 거 같아요. 저는 그런 면에서. 그리고 저하고 나이트 할 적에 보통 나이트는 둘씩 하거든요. 그런데 독일 애들은 뭐 국민학교 때부터 담배하고 그래요. 그랬는데 조그만 동양애가 와서 그러고 앉아 있으니 이것 좀 해보라고 니넨 이런 거 안 하느냐. 우리나라는 그런 거 안 한다고 할머니들이나 기생 술집아씨들이나 이런 사람들이 이거를 하지 안 한다고. 그거 이상하데. 그러니까 조금 더 제가 그 말을 잘했으면 이제 그거에 대해서 딱 설명을 할 텐데 우리는 할머니나 그냥 그런 정도로만 얘기를 하고. 진짜 속상한 거야. 만날 지네 나라 있는 거나 뭐 물어보고 이런 자동차도 있느냐 뭐 있느냐 이런 거로다가 마음을 조금 좀 다치게 하더라고요. 저는 그게 가장 좀 자존심이 상했어요. 다른 거는 크게 무시하거나 구분하거나 멸시한다, 이런 건 전혀 느끼지 못했습니다.

김택호 : 당시 독일 사람들도 질문 수준이 촌스러웠네요.

윤기복 : 조금, 그러니깐요 병원의 수준이 좀 그렇다 그랬잖아요. 거기 병원에서 일하는 간호사들의 수준이 뭐 우리나라의 지금의 요양사 수준이랄까 하여튼 그렇게 형편없었어요.

김택호 : 선생님 뒤스부르크에 계시다 마인츠 시로 근무지를 옮기셨다고 하셨는데 어떤 계기로 마인츠로 옮기신 것인지 좀 말씀해주세요.

윤기복 : 우리가 계약한 3년을 딱 끝나고 나니까 사실은 거의가 다

한 번 좀 이렇게 일하는 환경을 바꿨으면 하는 그런 생각들을 가지고 있었어요. 그랬는데 마침 저는 마인츠에 계시는 이수길 박사님하고 좀 어떻게 안면이랄까 그러한 인간관계가 좀 멀찍이 있었어요. 그래서 이왕이면 아주 모르는 다른 병원보다는 그래도 그 아시는 병원에 가는 게 낫지 않나 싶어서 한 번 방문, 집에 가서 상의를 했죠. 3년 됐으니까 다른 데를 좀 옮기고 싶은데 어디로, 그것도 좋은 데 있으면 좀 안내를 해주시면 좋겠다고 그러니까 아 그 왜 다른 데로 가느냐? 나 있는 이리로 와라 해서 제가 그리로 가게 됐어요. 그렇다고 해서 뭐 그분이 병원의 원장한테 마인츠대 병원 원장한테 전화를 해준 일도 없고 그분한테는 그렇게만 얘기하고 거기에 가서도 제가 바로 그냥 원장실로 갔죠. 그런 방문을 하게 됐기 때문에 원장실에 가서 다이렉트로 얘기를 했습니다. 3년 병원 기간이 끝났는데 당신 병원에서 일하고 싶습니다. 일을 할 수 있겠느냐 그랬더니 좋다고 당장 오라고. 그래도 그때는 더 좋은 기숙사죠. 이쪽에 있었던 것보다 더 좋고 가니까 한국 사람들이 굉장히 많더라고요. 그래서 거기서 근무를 하다가 거기서는 신경정신, 말하자면 신경관데 신경외과에요. 그래서 오토바이사고나 이런 사고로 거의 죽는 거 아니면 영구 불구자 되는 그러한 병실에 제가 있게 됐어요. 그래서 거기서 조금 있다가 한국으로 오게 된 거죠.

김택호 : 그 뒤스부르크에서 함께 형제처럼 지내시던 두 분은 어떻게, 헤어지신 건가요? 마인츠로 오시면서?

윤기복 : 헤어졌죠. 헤어졌는데 그분 중에 한 분은 지금까지 거기서 한국분하고 결혼해서 살고 또 한 사람은 거기서 귀국했어요. 오랫동안 있다가. 걔는 저보다 한 5년인가 후에 귀국해서 여기서 결혼을 해서 살고 지금도 만나고 있습니다. 그 강정희 박사하고 독일에서 사는 친구 어머니가 여기 계시잖아요? 한국에. 그러니까 오면 만나서 1박 2박씩 같이 여행도 하고 그렇게.

김택호 : 선생님 거기 계시면서 돈은 많이 버셨어요?

윤기복 : 네. 제가 생각하기에 그때 당시에 그때 우리는 그렇게 가고 돈을 벌자 하는 그 욕심으로 갔지만 그 마르크하고 원화하고 그, 뭐, 이런 비율이라 그럴까 그런 것도 사실은 정확하게 몰랐어요. 그랬는데 보통 우리가 가니까 거기서 600마르크 내지 700마르크, 조금 더 많은 사람은 한 700~800마르크까지 받았습니다. 그랬는데 저 같은 경우에는 나이트만을 하겠다 해서 나이트만을 하게 되니까는 한 1,200~1,300마르크씩 받게 됐어요. 근데 나중에 얘기 들으니까 그게 무슨 우리나라 그때 당시에 장관 정도의 월급이었다고 그러더라고요. 그때 당시에 그 정도 수준이었다고 그래요. 그거 뭐 얘기 들으니까 그 정도. 굉장히 고위급 월급정도였다고 그러고.

김택호 : 선생님 그러면은 그렇게 많이 버신 돈이 도움이 많이 되셨겠네요.

윤기복 : 돈을 그냥 월급 받으면 제가 처음에는 인제 한 600~700마르크를 받을 때에는 고거를 저 쓰는 거를 한 20~30마르크 조금 용돈정도 남겨놓고 다 부쳤어요. 그거 다 부치고 나이트만을 근무하게 되면 그때는 더 많았죠. 그때는 보통 1,200~1,300에서도 한 50마르크 정도 남겨놓고 다 부쳤어요. 그러니까 그게 집안에 굉장히 도움이 됐죠. 그래서 아버지가 빚졌던 거를 거의 다 갚게 됐어요. 그리고 동생들이 뭐 고등학교, 대학교 가게 돼서 제가 보내면 아 이번에는 누구누구 등록금 내고 요번에는 이거는 엄마가 올적에 나 가져가라고 반지 빼서 팔아서 준 돈 그거 내가 안 잊어버렸으니까 엄마 반지 해드리고 요번에는 동생들 책상, 책상 걸상 없이 사는 그때 시절이었잖아요 학교 다닐 때도. 그래서 요번에는 책상 사주고 그러라고. 집에 있는 그 빚을 어느 정도 탕감하고 난 다음에는 그렇게 했습니다. 그래서 한 3년 넘게 돈을 버니까 아버지가 너 이제 돈 안 부쳐도 된다. 돈 부치지 말고 너도 거기서

같이 여행도 다니고 또 뭐 좀 사고 싶은 것도 사라 돈 안 부쳐도 된다 이러시데요. 그러니까 인체 돈이 다 갚아진 거죠. 그래서 아 알았다고 그러고는 그때서부터는 저를 위해서 저금을 많이 했어요. 그래서 저는 저쪽 마인츠 가서도 나이트를 했습니다. 돈 그래서 많이 벌었어요.

김택호 : 그러니까 계신 기간은 4년이래도 돈으로 치면 7년 계신 셈이나 마찬가지로

윤기복 : 예. 돈은 저는 상당히 벌었다고 생각하고 그래 와서 보니까 아버지가 그때는 다 참 쓰러져가는 집에 조그만 집에 살았었는데 그래도 청주에서 마당 있고 슬라브 집을 사놓으셨고 또 그거를 바탕으로 해서 아버지가 헌 집을 사서 또 고쳐서 새로 팔고 그렇게 하셔갖고 상당히 많이 발전했죠. 집에서 도움이 되고 동생들도 잘 컸고 저희 동생들도 대학 나왔고 우리 막내 제가 막내를 제일 예뻐하거든요. 우리 막내 동생은 걔가 충북대학을 나왔지만 대한주택공사에서 굉장히 높은 지위에 있습니다. 지금 현재까지도 근무하고 있고요. 그래 걔가 날 보면 항상 나는 누나가 존경스러워 이런 말을 가끔 제가 들었습니다. 다른 애들은 그런 소리를 안 하는데 막내는 무엇인가 알고 나는 존경하는 사람이 누나야 이런 소리를 가끔 하는 걸 듣기도 했답니다.

김택호 : 많은 도움이 되신 거네요. 독일에 다녀오신 것이 상당히 큰 도움이 되신 건데. 4년 정도 지나시고서 한국에 다시 귀국해야겠다고 결심을 하시게 되는데, 아까도 말씀하셨던 그리움, 누구나 당연한데 그리움이 크셨을 거 같기도 하고 어떤 게 계기이고 귀국하신 과정이라든가 처음에 한국 오셨을 때를 간략하게 좀 말씀해주세요.

윤기복 : 그러니까 저는 우선 제 생각에도 제 체질상에 여기 독일에는 맞지 않는다. 내가 독일 사람하고 맞지도 않거니와 그 사람들하고 결혼할 생각은 더더구나 없고 사실은 병동에 있다가 보면 후레거(Pfleger)라고 남자간호사들도 있어요. 그런 사람들이 굉장히 예뻐해요. 예뻐하

고 그랬는데 관심을 보이는데도 전혀 그게 안 됐어요. 그러면서 나는 끝내 한국 사람하고 결혼을 하게 됐죠. 그리고 4년이 되고 난 다음에 돈도 좀 벌었고 굳이 여기서 살면 안 되겠다는 생각이 나서 한국으로 왔어요. 한국에 와서 1974년에 한국을 돌아와서 인제 결혼생활 하는 중에 우리 남편이 사업을 하느라고 굉장히 조금 힘들었어요. 그러니까 아무것도 모르는 사람이 뭐 이것저것 사업을 혼자 하다가 보니까 실패를 좀 많이 했죠. 그래서 가정생활이 굉장히 많이 힘들어짐에 따라서 제가 아 내가 직장생활을 해야 되겠구나 하는 생각이 들었어요.

김택호 : 그리고 공무원생활 시작하시게 되는 거죠? 그걸 조금 있다 제가 또 한 번 여쭤보겠습니다. 선생님 독일 계신 동안 박정희 전 대통령 재임기간이었잖아요? 1971년인가 3선에 성공하고 유신체제도 금방 들어오고 그랬는데 독일에서도 한국 상황에 대해서 이렇게 들으시거나 이렇게 자주 그러실 수 있으셨던가요?

윤기복 : 그때는 그렇게 할 수가 없었어요. 왜냐하면 우리가 듣는 한국의 소식이래는 거는 집에서 보내주는 편지나 전화를 통해서 들어야 되는데 편지도 그때는 한 번 오면 거의 보름정도가 걸렸어요. 그 편지를 통해서 뭐 아버지가 써주는 그 편지 한국소식 아니면 제가 보내는 거 궁금하면 전화를 한 번 걸려면 한국에다가 호출을 해야 돼요. 내가 또 우체국에 가서 호출을 해서 해야 하기 때문에 전화도 할 수 없었어요. 지금은 뭐 핸드폰이나 뭐 이런 거 뭐 인터넷 너무나 좋죠. 지금은 실시간으로 다 볼 수 있고. 그래서 너무나 그런 게 안 됐기 때문에 한국소식은 간혹 텔레비전에서 무슨 큰 일이 나면 얘기를 해주잖아요. 잠깐 나와요. 그러면은 그거를 보고 우리 전부 방안에 모여앉아서 아이고 큰일 났다, 한국에 또 전쟁 나려나보다. 항상 그 전쟁에 대한 공포 때문에 전쟁이 날까봐 아유 또 무슨 일이 났대. 그때 당시에는 유신체제 뭐 이런 거 몰랐어요. 나이도 어렸고 그거 알 수가 없었죠. 와서나 알

았지 전혀 몰랐습니다.

김택호 : 당시 독일 계실 때 대사관이라든가 이런 외교공관 같은 곳에서 뭐 어떻게 일하고 계신지 이런 걸 좀 파악한다든가 이런 건 없었던가요?

윤기복 : 없었거요. 전혀 없었어요. 대사관이나 이런 거 없었고 다만 처음에 가서 불편했을 적에 유학 가신 분들이 통역을 해주신 분들이 계셨어요. 그분들이 와서 통역만 좀 해주는 정도로 도움을 받았지 대사관이라든지 뭐 특별히 누가 그런 거 없었습니다.

김택호 : 그렇군요. 제가 선생님 말씀 듣고 난 다음에 아 이런 업무가 있었구나 하는 걸 처음 알았어요. 물론 제가 과문해서 그렇겠지만. 선생님의 약력에도 있지만 1980년부터 4년 동안 서울시 산하 구청 가족계획 결핵 관련 업무를 수행하셨고 또 1985년부터 2003년까지 서울시 지방공무원 보건직으로 정년퇴직하실 때까지 쭉 계셨거든요. 그 일을 하시게 된 계기가 뭐였습니까?

윤기복 : 그러니까 아까도 얘기를 조금 하다가 말았는데 애기 아빠가 사업 실패로 인해서 내가 취업을 해야겠다고 마음을 먹었으나 그때 뭐 별로 주위에 아는 사람이 없었고 또 부탁할만한 사람도 없었습니다. 그래서 독일에 살았던 그 용기 그거 하나만 가지고 제가 그 보건소에 근무를 하면 아 요런 절차를 밟으면 들어갈 수가 있겠구나 하는 그런 생각이 들었기 때문에 무조정 서울시청으로 인사과로 뛰어 들어갔습니다. 다급하니까. 뛰어 들어가서 인사과 그 담당계장한테 제가 사정을 했습니다. 제가 독일에 가기 전에 2년 동안 어디어디에서 이렇게 결핵요원 가족계획 요원으로 우리나라 인구 줄이는 그러한 정책에도 내가 기여를 했고 결핵환자 치료하는 그런 거도 많이 했습니다. 그러면서 제가 자격증, 그때에는 이게 한 번 변경이 돼서 자격증으로 된 거 같아요, 그죠? 자격증이죠. 그러니까 그때 제가 그 면허증을 발급 받을라고 애

쓰고 돌아다닐 때 이미 세월이 오래 지나갖고 다시 발급을 받았어요. 그랬더니 그때에는 면허증에서 자격증으로 좀 아래로다가 떨어져서 자격증으로 돼있더라고요. 그래서 그거를 해서 복사하고, 이력서 간단하게 써서 들어가서 보건소에 근무를 했으니까 독일에서 제가 열심히 몇 년 동안 근무하다가 왔습니다. 그러니까 자리를 마련해주시면 제가 열심히 일을 해서 보답을 하겠습니다. 그러니까 어 그러냐고 알았다고 놔두고 가라고 그러시더라고요. 그러더니 한 두 달 후에 연락이 왔습니다. 성동구 보건소에 가족계획요원 자리가 있는데 거기를 가겠느냐고. 네 갑니다. 그때 저는 수유리에 살았어요. 그래 출근을 하려면 한 시간 반, 거의 두 시간 걸려서 출근을 하게 됐습니다. 그래서 또 제가 거기에 가족계획 요원으로 발을 들여 놓으면서 열심히 일했죠. 가가호호 방문하고, 가족계획 권장하고, 그러면서 하는 중에 제가 지금은 강북구로 바뀐 도봉구 보건소 결핵실로다 가게 됐어요. 그때는 이제 저희들이 임시직이기 때문에 상대방 쪽에서 요구를 하면 갈 수 있었어요. 그래서 저가 성동에서 동부보건소 결핵실로 가서 근무를 하다가 1985년 1월 1일에 대한조무사협회에서 회장님이 굉장히 노력을 많이 하셔서 보건직으로 그때에 전환이 됐습니다. 특채로. 이미 지방은 한 3년 전에 전부 됐어요. 가족계획요원 결핵요원이 많이 열심히 하고 그 사람들을 다 구제해줘야 되겠다는 그러한 정부시책이 있어서 지방은 벌써 이미 3~4년 전에 됐는데 서울시만 그게 안 돼 있었는데 그래도 그냥 그 협회에서 회장님이 열심히 뛰어서 그때에 정규직으로 됐습니다.

김택호 : 주로 어떤 일이셨죠? 가족계획하고 결핵요원이 하는 일이.

윤기복 : 그때 우리가 인구가 너무나 많았습니다. 보통 한 집에 애기들이 열 명, 여덟 명, 열 명도 넘는 집이 많았습니다. 근데 먹고 살기가 너무나 어려우니까 가족계획시책을 정부에서 아주 강하게 했어요. 그래서 제가 독일에 가기 이전부터 가족계획이 굉장히 활성화돼서 했었는

데 주로 어느 지역을 담당을 주면 거기를 호호방문하면서 불임수술이나 가족계획, 그 방법을 홍보했죠. 더 자녀를 낳지 않아야 된다고 계몽하러 다니고, 결핵요원으로서는 우리나라에 또 그때에 결핵환자가 많았습니다. 굉장히 많았습니다. 그래서 그때에도 역시 가가호호 방문하면서 물론 소내에서 환자들한테 투약도 하고, 교육도 시키고, 그런 것도 하지만 방문하면서 그 집에 식구들한테 전파되지 않게 어떻게, 어떻게 하라고 얘기를 하면서 거기서 객담도 채취하고 또 갖고 오고. 가족계획 할 때에는 또 버스로. 이동버스를 타고 동네에 나가서 풀어놓으면 막 집집마다 다니면서 계몽을 해서 난관시술, 정관시술 할 사람들을 데리고 오거나 아니면 온다 하면 바로 데리고 병원으로 가거나 아니면 시간약속을 해서 당신 어느 날짜에 나하고 어디어디서 만나요 이렇게 해서 만나잖아요. 그럼 병원에 거기 데리고 들어가서 시키는 거예요. 한 번은 정관시술을 완전히 권고를 해서 하게끔 돼 있는데 인제 수술하기로 하고 병원에 갔는데 이분 담배 자꾸 피더라고 앉아서. 그러더니 나 요거 담배 좀 피고 들어올게요, 하더니 도망 가버렸어요. 무서웠던 거야 그분이. 그러니까는 그렇게 어려운 가운데서도 그래도 가족계획 결핵요원 하면서 열심히 했다고 상도 많이 탔어요. 실적을 잘 올렸다고.

김택호: 예. 그러셨을 거 같아요. 제가 선생님께 여쭤볼 게 몇 가지가 더 있긴 한데요 여기서 일단 플로어에 계신 선생님들, 독일생활이라든가 방금 전에 말씀하신 그 과정 등등과 관련해서 선생님께 여쭤보실 부분 있으시면 말씀 주시면, 먼저 여쭙고 그담에 제가 나머지 진행하도록 하겠습니다.

윤기복: 물어봐주시면 제가 아는 상식이나 또 경험했던 범위 안에서 진솔하게 말씀드리겠습니다.

김택호: 국제한국학연구소 조영재 교수님이신데요.

조영재: 두 가지를 여쭤보겠습니다. 하나는 당시 국내에서 파독간호

사에 대한 일부 잘못된 정보나 안 좋은 시선이 있었던 걸로 알고 있습니다. 혹시 주위에서는 어떻게 바라보셨는지요.

윤기복 : 네 그 말씀, 신문에도 났었죠. 무슨 신문인지는 몰라도 신문에 그 전에 그걸 난 것들을 우리 병원에서도 돌게 돼 있었어요. 그래서 돌아왔는데 야 이거 읽어봐라 한국가면 시집가긴 다 틀렸다 이거 난 대로라면. 한국가기 다 틀렸다 이렇게 생각을 하면서 거기에 많이 기울어진 사람은 그쪽에서 결혼도 하고 아니면 뭐 여기 임자가 있던 사람이면, 약속하고 갔던 사람이라든지 이런 사람들이 있었으면 오기도 하고. 저희가 같이 간 그 인원 중에 결혼하시고 애기들 두고 가신 분들이 몇 분 계셨어요. 물론 인제 그런 불미스러운 사례들도 있었죠. 아주 없다고 할 순 없어요. 인간사회기 때문에 그런 분들도 있었고, 또 뭐 그렇다고 해서 그분들이 또 아주 다 나쁘게 되진 않았습니다. 그렇게 있었지만 그게 한 예로 프라우 최라고 그분 굉장히 똑똑하신 분이 계셨어요. 근데 그분 오시더니, 그분은 그래도 연세가 꽤 되셨기 때문에 애들도 있는 거로 알고 있는데 독일어를 빨리 배워야 된다고 거의 그 사람 독학, 독선생이라 그럴까요? 독선생을 해서 거기에서 언어를 배운다고 독일 사람한테 배웠습니다. 그러면서 많이 좀 가까워졌죠, 그분하고. 그러는 과정에서 그분은 거기에서 다른 데로 이민 갔어요. 거기서 정리를 하고. 3년 딱 되면서 정리를 하고 독일에서 이민 간 사례도 있었고, 뭐 좀 그런 얘기도 물론 없지 않았습니다.

조영재 : 한 가지만 더 여쭤보겠습니다. 근무지를 이동하셨다고 하셨는데요. 옮기셨다고 하셨는데 당시에 근무지를 옮기신 분들이 많았는지요?

윤기복 : 많았습니다. 거의 다 옮겼다고 봐야 되죠. 있는 사람은 별로 몇 명 없었어요. 왜냐하면 조금 새로운 생활에 접해보고 싶기도 하고 또 그때, 인제 그때가 물론 풍문이었겠지만 또 병원을 옮기면 돈을

더 많이 준다는 그런 얘기가 있었어요. 병원을 옮기면 그쪽에서 더 수당을 많이 준다. 그리고 그때는 이미 언어가 됐잖아요. 그랬기 때문에 휴일 같은 때를 자청을 해서 할 수가 있어요. 그렇기 때문에 경제적인 면에서는 유리했기 때문에 돈 땜에 꼭 갔다 하는 사람들은 많이 옮겼습니다. 그 병원에 그대로는 몇 명 없었구요.

조영재 : 옮기실 때 어떤 어려움은 없으셨습니까?

윤기복 : 옮길 때 어려운 거 없었습니다. 그때에는 왜냐면 간호사나 간호조무사나 뭐 사람이 많이 부족했기 때문에. 1974년도에도 간호사들이 왔습니다, 한국에서. 그때도 다수는 아니지만 조금 왔습니다. 거기에서는 병원을 옮기려면 성적표 같은 게 있어요. 다시겠지마는 근무 잘했다, 못했다 거기서 써주는 게 있기 때문에 그거 갖고 가면 되고, 거기에는 못했다 소리는 전혀 안 써요 전혀. 그거 가져가고, 가서 병원에 원장 만나서 얘기를 해코면 저 같은 경우는 얘기만 하면은 오라 그러데요. 그래서 사실은 4년 그 무렵에 제가 스위스로 갈 기회도 있었어요. 스위스로 가서 거기서 좀 있을까 하고 여행을 갔을 땐데, 있을까하고 병원에 가서 얘기를 하니까 거기도 뭐 대번 아 언제든지 오라고 그렇게 얘길 하시더라고요. 그거 옮기는 거에서는 문제가 하나도 없었습니다.

김택호 : 몇 년 계셨으니까 자신감도 생기시고 그러신 것도 작용을 했겠죠?

윤기복 : 그렇죠. 그때는 인제 모르면 용감하다고 용감했죠.

김택호 : 다른 분 혹시

청중 : 출국하기 전에 선발을 어떻게 선발되셨나요?

윤기복 : 출국하기 전이 저희 같은 경우, 선발요? 그 인원?

청중 : 네.

윤기복 : 저의 케이스는 해외개발공사에서 정식으로 모집을 했어요.

그래서 서류 내고 신체검사 다 하고 그러면서 거의 그때도 100대 1이라 그러는 거 같았어요. 그래서 가고 여기서 신체검사에서 많이 떨어지는 일이 있었고, 또 가서도 신체검사 때문에 도로 돌려보낸다는 말이 있었거든요. 그래 우리 병원에서는 한 사람이 기생충이 발견됐어요. 거기 가서 교육, 같이 친한 사람이 거기 가서 다시 검사를 하는데 아 그 걔를 딱 격리를 시켰어요. 그 우리는 영문도 몰랐는데 나중에 알고 보니까 기생충이 나왔대요. 그래서 뭐 한국에 보낸다, 안 보낸다, 뭐 굉장히 쉬쉬 했었는데 걔는 뭐 약 먹고 그냥 거기서 그대로 근무하게 됐고, 그때 당시에 도로 온 사람도 많답니다. 그러면 다 보상해야 돼요. 비행기 값하고 이런 걸.

청중 : 그 출국 때 들어가는 비행기 값이나 경비는 어떻게 조달하셨습니까?

윤기복 : 아니죠. 3년 근무를 하면은 오는 비행기 값은.

청중 : 서울에서 독일 가실 때요.

윤기복 : 그냥, 비행기 값 그런 거는 거의 없었어요. 그냥 다 대줬어요. 그러고 여기 와서 월급에서 약간씩 이렇게 한 걸로 알고 있어요. 돈을 직접 뭐 내고 그런 거는.

김택호 : 원래 기생충 있으면 격리하는 게 맞나요 의료적으로?

윤기복 : 아니죠. 약만 하나 먹으면 되는데, 거기는 원래 그냥 선진국이라 사람 몸에 어떻게 그렇게 벌레가 있느냐 그거는 거기서는 상상도. 지금 우리 기생충 약 거의 안 먹죠. 근데 저는 아직도 그 그런 저기가 생겨서 우리 손주들한테 봄가을로 꼭 먹여요 봄가을로. 저는 결혼을 해서 딸만 둘을 낳았습니다. 큰애는 남편이 직업군인이에요. 소령이라 거기도 아들 하나 딸 하나 낳았는데 고것들이 초등학생이고 어리거든요. 그래 항상 저는 1년에 두 번 구충제 사서 무조건 그냥 주고 있습니다. 작은 애는 간호산데 남편이 가정의학과 의사에요. 그래 둘이 병원

에 근무하고 잘살고 있습니다.

김택호 : 상당히 보건위생과 관련해서는 좋은 조건에서 자라겠군요, 애들이.

윤기복 : 그렇죠. 손 씻어라 하루에 열 번 이상 씻어라.

김택호 : 아까 기생충 격리 말씀하시니까 제가 뭐 농담입니다만 저도 제 몸 어딘가 벌레가 하나도 없으리란 보장을 못하겠어서 깜짝 놀라서 여쭤봤습니다.

윤기복 : 잡수셔야 돼요 지금도.

김택호 : 또 다른 말씀 없으신가요? 그럼 계속하도록 하겠습니다. 인제 선생님 개인적인 이야기에서 조금 떠나서 종합적으로 선생님께서 평가하시고 있는 부분에 대한 견해를 여쭙는 내용들을 여쭙겠습니다. 독일에 파견돼서 일하신 분들이 여러 직종에 계신데 그때 이분들이 독일에 나가서 일하고 오신 것이 개인적으로도 각자 의미가 있고 할 텐데, 이때 활동을 지금 지나고 나서 보시면 한국사회의 발전이라든가 이런 것과 관련해서 연관이 된다고 판단이 드세요?

윤기복 : 많이 들죠. 사실 그때 갈 적에는 아무것도 몰랐고 갔다 와서도 몰랐습니다. 근데 지금의 우리나라 경제가 이만큼 발전이 되고 이만큼 그래도 위상이 높아짐으로 해서 지금은 진짜 도움을 받는 나라에서 도움을 주는 나라로 됐지 않았어요? 근데 지금에 그 파독관련이나 해외에 가서 일하신 분들에 대해서 연구하신 분들이 상당히 많으시더라고요. 그러면서 더근다나 우리나라가 그렇게 어렵고 힘들었을 때에 박정희 대통령이 어디 가서 차관을 얻으려고 여기 저기 다른 나라에다 알아봤으나 안 준다고 그랬어요. 그래서 독일에서는 또 그래도 그때 당시에 독일에서는 그래도 원조를 주겠다고 차관을 주겠다고 그런데 뭐를 함부로 하겠느냐 했을 적에 그때 우리나라는 너무나 형편이 어려운데 뭐 할 수가 있겠습니까? 그래서 제가 들은 바에 의하면 광부 얼마

만큼 보낼 수 있느냐, 간호사 얼마만큼 보낼 수 있느냐, 이렇게 돼서 보내겠다고 약속을 하고 인원을 보내면 말하자면 거기에 따른 보수가 달러로 정부에 들어오니까 그거가 많이 도움이 됐지 않아요? 그래서 지금의 경제를 이루는 데에 외화가, 그때 당시에 우리는 개개인이 보냈지만 그것이 모여져서 경제에 밑거름이 되고 우리나라 경제발전을 하는데 큰 도움이 돼서 이만큼 발전하는 계기가 됐다고 들었습니다.

김택호 : 선생님께선 1970년대에 독일에 다녀오셨지만, 지금 한국에도 외국인들이 결혼이주도 하시고, 유학생들도 많이 오고, 또 노동자분들도 많이 오시고, 이분들도 비슷하게 단기체류하고 가시는 분들도 계시고, 결혼 후에 오랫동안 계신 분들도 계신데, 그분들을 보시면 느낌이 조금 다를 수도 있을 거 같아요. 선생님 보시기에 이분들에 대한 개인적인 느낌은 어떠시고, 또 보면 주변에서 이분들에게 한국정부에서 어떤 정책을 가지고 대하고 있다는 걸 아시잖아요? 어떤 느낌이신지 좀 말씀해주시면 좋겠습니다.

윤기복 : 거기에 대해서 사실은 생각을 많이 했습니다. 외국인들을 보면서 너무나 가슴 아픈 일이 많습니다. 우리는 외국에 가서, 독일에 가서 그들한테 그렇게 멸시를 당하거나 그렇게 부당한 대우를 받지 않았는데, 지금 매스컴이나 언론을 보면 그들에 대한 대우가 너무 소홀하다든지, 아니면 폭행을 한다든지, 월급을 제대로 안 준다든지, 그분들이 울면서 얘기하는 거를 TV나 언론에 볼 적에 너무나 가슴이 아프고 저분들을 위해서 나도 뭔가가 좀 일을 해야 되지 않을까 그런 생각도 사실은 많이 했었습니다. 그랬을 적에 어느 한 때는 그 이북에서 왜 탈북하신 분들 그분들의 상담역이나 안내하는 그런 역할을 하지 않겠느냐고 그런 제의도 왔었어요. 그랬는데 그 실지로 그거를 하시는 분들의 얘기를 들으니까 굉장히 힘들고 거기서 살았던 사고방식이나 그 문화가 너무 다르기 때문에 굉장히 어렵다고 그 말씀을 하시더라고요. 그래

서 내가 조금 더 생각해보고 하겠다고 보류를 했어요. 그랬는데 외국에서 특히 중국에서 지금 많이 오잖아요? 그래서 그분들 또 우리시대에 그때처럼 먹고 살기가 힘들어서 왔는데 그분들 얘기를 들으면 여기서 1년 벌면 거기서 10년 20년을 잘살 수 있다고 그러더라고요. 또 그분들하고는 또 만나서 얘길 해봤어요. 그러는데 그분들이 하는 일이 그분들은 그네 나라에서 의사나 약사나 아니면 공부를 더 많이 한 사람도 많아요. 근데 우리나라에 와서는 식당에서 일을 합니다. 그들은 일자리가 식당이나 이런 막일밖에 없어요. 그래도 그 나라에서는 고급인력인데 돈을 벌러 와서 너무나 저분들 고생을 하는구나 하면서 그때에 우리생각을 하면서 마음이 좀 같이 아프기도 하고 그랬습니다. 그랬을 적에 독일 같은 데는 외국인을 위한 아우살란트 암트(Ausländer Amt)라는 게 있어요. 그러니까 외국인 관리청이죠. 그래서 그분들에 대해서 거기서 전부 취업도 알선해주고 또 애로사항 있으면 거기 가서 상담도 하고 또 뭐 거기서 물론 비자 같은 것도 해결해주고 그러지만 우리나라에는 그런 게 아주 그런 청 같은 게 없는 거로 알고 있어요. 그래서 만약에 우리나라에서 외국 사람들에 대한 그러한 관심 있는 부서가 있다면 좀 더 확대해서 그분들에게 부당한 대우를 받지 않고 정당하게 일을 한데 대가를 받고 정당한 인간대우를 받을 수 있게끔 그렇게 하는 부서가 좀 있어서 그들을 도와줘야 되지 않을까 하는 생각이 들고요. 기회가 있다면 그런데 또 관여해서 일을 하고 싶은 생각도 있습니다.

김택호 : 선생님 장시간 여러 좋은 말씀을 해주셨습니다. 그렇습니다. 말씀 듣던 중에 아까- 잠깐 감정의 움직임도 있고 했는데요. 선생님 지금 해주신 말씀은 우리들 여기 듣기도 하지만 기록으로 남아서 뒤에 많은 분들이 보게 될 겁니다. 책으로도 출간이 될 거고요. 이 기록을 보게 될 후세대들에게 선생님께서 아 이 말은 꼭 해주고 싶다는 말씀 있으시면 해주십시오.

윤기복 : 후세에 남을 그런 어떠한 좋은 조언을 말씀하시는 거죠? 우리나라도 그렇게 어려운 상황에 있다가 지금은 이렇게 경제적으로 그래도 그나마 안정권이라고 할 수 있는 이곳까지 왔는데 외국인들이 와서 그들에게 일하는 그들에게 너무나 무시하거나 멸시하는 시선으로 보지 말고 그들도 피부색은 다르지만 우리와 똑같은 인간으로 대해주시고 외국인에 대해서 좀 더 친절하게 그리고 그들에게 도움을 줄 수 있는 일이 있다면 같이 힘을 모아서 도움을 줘서 가르쳐주고, 또 외국인이 와서 관광을 하면서 길을 물어본다든지 할 적에 아주 친절하게, 일본이나 외국을 다니다 보면 너무나 친절합니다. 물어보면 거기까지 데려다 줘요. 그러니까 우리도 이렇게 친절하게 외국 사람들에게 대해주면 우리나라의 위상이 더 높아지지 않을까 하는 그러한 생각이 들고요. 지금의 젊은이들은 너무나 어려웠던 시절이나 힘든 그를 좀 모르는 거 같아서 안타깝습니다. 저는 우리 큰사위가 한 번 가자 그래서 판문점에 갔습니다. 판문점에 군인가족만, 좀 특별한 케이스죠. 군인가족만 거기를 갈 수 있는 기회가 있어서 갔는데, 판문점 닫혀있던 문을 들어서서 가는 순간부터 가슴이 저는 뛰고 졸이는 거예요. 가면서 안내하는 말씀이 여기가 도끼만행사건 났던 그 장소, 여기는 무슨 장소, 하면서 들어가는데 너무나 떨리고 무서웠습니다. 웃음은 생각조차 못하고 아주 떨려서 이렇게 의자 있는 그게 그 뭐라 그러죠? 그 판문점에 이야기하는 회의장소도 갔는데 거기 이북사람들도 이렇게 있고 딱 그러는데 거기서는 이렇게 쳐다보는데 무시무시하더라고요. 그런데 거기를 떠나오니까 또 잊어버리는 거예요. 사람이 모든 것은 다 잊어버리게 돼있죠. 그래도 우리의 그 어려웠던 시절 6·25나 8·15 해방됐을 그 일본에 압박당했던 그 시절에 그거를 정부에서 조금 더 젊은이들에게 교육을 좀 시키거나 아니면 현장학습 할 수 있게끔 그러한 기회를 가져서 대학생이나 고등학생이나 어린 학생들에게 그런데 참여의 기회를 주시

고 반공교육과 그런 거를 더 좀 머릿속에 심어주시면 너무나 감사하겠구요. 제가 독일에서 한국으로 도착을 하니까 우리 이모가 그랬습니다, 저를 보고. 야 너네들 비행기 타고 온 사람들은 다 왜 그러냐 그래서 왜요 그랬더니 하나같이 왜들 그렇게 거지같아 이러시더라고요. 하나같이 왜 거지같아, 그래서 그 소리가 안 잊어버려져요 지금도. 그거 무슨 의미냐면 거기 사람들은 그렇게 검소하고 남이 두엇이라 하거나 말거나 내 주장대로 내 범위 내에서 그냥 수수하게. 여름에 내가 추우면 털 코트 입을 수 있어요. 겨울에 더우면 짧은 소매 입고 다닐 수 있어요. 우리나라는 그러면 미친놈이라 그러고 손가락질 할 거예요. 거기는 그런 사고방식이 거의가 그렇더라고요. 그러면서 뭐 은연중에 저도 그런 사고방식이 들었는지는 모르겠지만 거기서 살면서 근검절약하고 아끼고 성실하게 거짓말 하지 않고 세상은 순리대로 물 흐르는 대로 욕심부리지 않고 정직하게 살아야 되겠구나 하는 그러한 마음을 아주 제가 확실하게 갖고 살게 되었습니다. 그래 이제까지 살면서 저는 그러한 생각으로 살고 있는데 젊은 사람들 특히 그렇게 했으면 좋겠고. 저는 물론 딸들은 제가 교육을 많이 시켰죠, 정신교육까지. 그러나 낭비하거나 하여튼 과소비하는 그러한 생활에서 벗어나야 되고. 우리나라가 지금도 그래도 안보상이나 모든 게 너무나 어려운 상황인데 모르는 것 같아서 안타깝습니다. 6·25 전쟁을 겪었던 그 시대의 사람들이기 때문에 그 전쟁에 대한 공포가 많은데 그렇지 않은 세대들이 젊은 세대기 때문에 그러한 점에서 조금 부탁드리고 싶고 그저 절약해서 아끼면서 살아야 되겠다는 마음으로 살았으면 어떨까 싶습니다.

김택호 : 오늘 날씨도 좋지 않은데 이렇게 저희에게 귀한 말씀을 해주신 윤기복 선생님께 박수 크게 쳐드리면서 오늘 포럼 마치겠습니다.

윤기복 : 감사합니다.

──── 필자 & 구술자 ────

나혜심 | 성균관대학교 인문과학연구원 연구교수
이영조 | 경희대학교 국제대학원 교수
이옥남 | 통일연구원 연구원

김태우 | 전 선영필름 대표, 전 파독광부간호사간호조무사협회 회장
황보수자 | 전 인제대 교수, 파독광부간호사간호조무사협회 부회장
권이종 | 전 교원대 교수, 파독광부간호사간호조무사협회 부회장
김인선 | 베를린 동행 호스피스 대표
오종식 | 파독광부 생활 경험자
윤기복 | 대한간호조무사협회 감사, 파독광부간호사간호조무사협회 부회장